本书针对建筑施工企业营改增后的新问题，选取了一些建筑施工企业面临的共性问题，以案例的形式与读者分享，同时给出了一些解决问题的方法，包括建筑施工企业营改增概述、建筑施工企业筹建期案例精解、公司架构调整的营改增案例精解、市场拓展业务的营改增案例精解、建筑施工企业融资业务的营改增案例精解、建设施工模式的营改增案例精解、工程计价与结算的营改增案例精解、建筑施工企业日常业务的营改增案例精解、建筑施工企业涉税风险的案例精解。

本书无论从理论的深度还是从内容实操性来说，无疑都是一本值得建筑施工企业的投资人、财务总监、财务主管及财税人员放在案头的实用工具，也是建筑施工企业营改增业务培训的参考资料。

图书在版编目（CIP）数据

建筑施工企业营改增案例精解/庄粉荣，庄亦如著.
—北京：机械工业出版社，2017.7
ISBN 978-7-111-57587-0

Ⅰ.①建… Ⅱ.①庄… ②庄… Ⅲ.建筑企业-增值税-税收管理-案例-中国 Ⅳ.①F812.423

中国版本图书馆 CIP 数据核字（2017）第 187941 号

机械工业出版社（北京市百万庄大街 22 号 邮政编码 100037）
责任编辑：任淑杰 李欣遥　　版式设计：张文贵
责任校对：舒 莹　　责任印制：李 昂
三河市国英印务有限公司印刷

2017 年 8 月第 1 版・第 1 次印刷
180mm×250mm・14.5 印张・264 千字
标准书号：ISBN 978-7-111-57587-0
定价：59.00 元

凡购本书，如有缺页、倒页、脱页，由本社发行部调换

电话服务	网络服务
服务咨询热线：（010）88361066	机 工 官 网：www.cmpbook.com
读者购书热线：（010）68326294	机 工 官 博：weibo.com/cmp1952
（010）88379203	教育服务网：www.cmpedu.com
封面无防伪标均为盗版	金 书 网：www.golden-book.com

TAX

建筑施工企业营改增案例精解

JIANZHU SHIGONG QIYE YINGGAIZENG ANLIJINGJIE

庄粉荣 庄亦如◎著

根据营改增新政策而著
作者拥有30余年财税工作经验
以案例为入口，解读营改增新政下，
建筑施工企业合理、有效的纳税筹划

机械工业出版社
CHINA MACHINE PRESS

前 言

建筑施工企业的业务范围很广，涉及项目筹资、组织架构设计、项目设计、建材经营、工程建筑、项目施工、园林绿化、工程监理、项目移交……所有这些业务都涉及税收；而当下，国务院正在推广一带一路战略和 PPP 模式，建筑施工企业自然受到越来越多人的关注。

就目前我国企业的情况来看，建筑施工企业的业务流程相当复杂，从原材料的采购到工程设计、建设和管理等，其工期时间长，业务流程复杂。在整个经营业务流程中，有许多活动是建筑施工企业所特有的，有些活动虽然其他企业也存在，但是，其在整个活动中的地位却没有建筑施工企业那么突出。比如工程项目的转包和分包、工程施工期的核算和安排、建筑材料的安排、清包工等事项的处理等。

营改增再一次将建筑施工企业的财税处理问题推到了风口浪尖上。自 2016 年 5 月 1 日起，建筑业、房地产业、金融业和其他生活服务业全面纳入营改增的范围。众所周知，增值税的征税原理与营业税完全不同，而且比较复杂。

建筑施工企业经营业务流程中的每一个环节都存在涉税事项，而且全面实行营改增以后，其操作难度进一步增加。比如，挂靠业务在营业税条件下相对比较简单，而在增值税条件下可能就难以操作；再比如，集团公司模式下的资金集中使用、统一采购等业务在营业税条件下不成问题，而在增值税条件下，如果不能保证"三流对应"，就可能被认定为"未按规定接受增值税专用发票"，其后果不堪设想。不仅如此，还有一些特定模式的业务，比如 BT、BOT、PPP 下的建筑施工业务等，基本上都是多重业务的复合，处理和认定相关事项的涉税问题的难度将会进一步增加。

为了规避涉税风险，许多企业，尤其是规模企业都在加强财务队伍的建设。但是，从税务部门透露出来的信息却不容乐观：这些企业暴露出许多涉税风险，税务机关正在对其进行营改增后增值税的专项检查。

为什么会出现这样的情况呢？笔者曾在《企业涉税风险的表现及规避技巧》一书中提示过：企业中 80% 以上的涉税风险不是在财务环节产生的，进行税收筹划的切入点 80% 也不在财务管理环节。

当今，我国企业存在一种现象：处理涉税基础事项的人员不懂税收，而负责税收管理的人员不处理涉税基础事项。比如，采购人员购买材料接受虚开的发票而形成逃避纳税的事实；采购人员不会选择供货商从而导致企业多缴税的事实；采购人员不会科学安排运输车辆而造成本企业多缴税的事实……营改增以后，税务机关的管理理念也发生了变化，在这样的条件下，作为建筑施工企业，如何规避涉税风险，如何利用现行政策谋取更大的税收利益……这些都是摆在投资人与财务主管面前的问题。

为了帮助建筑施工企业营改增后规避涉税风险，制定科学的纳税方案，笔者对建筑施工企业所特有的涉税问题的处理方法和筹划技巧做了一个专题，从而形成本书。本书只是针对建筑施工企业的个性化问题做探讨，对于建筑施工企业与其他企业共同的涉税事项的处理，则在其他专题中讨论。

笔者坚信本书还存在许多不足，甚至错误，不过笔者同样有理由相信：只要广大读者继续给予关心和支持，笔者将与大家共同努力，争取将税收筹划的理论和实践推上更高的境界。在此，笔者对帮助过我的公司和有关人士表示衷心的感谢！

由于笔者水平有限，本书还存在许多不完善的地方，期待读者不吝赐教！

庄粉荣

2017 年 10 月于上海

手机：18118358758

E-mail: zhuangfr@163.com

目 录

第一章 建筑施工企业营改增概述

最近，我国财税领域发生的最大事件，自然要数营改增（营业税改征增值税）了。自2016年5月1日开始，建筑业、房地产业、金融业和生活服务业告别了营业税，全面实行增值税。而后来的实践表明，营改增对建筑施工企业的影响是最大的。那么作为建筑施工企业，在营改增的条件下如何进行税收筹划？笔者认为有关投资人和生产经营者应当关注税收因素，利用好税收优惠政策，并注意递延纳税和税负转嫁的问题。

案例

营改增对建筑施工企业有哪些影响

振华建筑安装有限公司是一家中型建筑施工企业，该公司2015年度的营业收入为22 200万元，营业成本为19 980万元（营业收入和营业成本均含增值税）。工程结算成本中，原材料为10 988万元（占55%）［其中，水泥为4 945.05万元（占45%），钢铁为4 394.6万元（占40%），其他材料为1 648.35万元（占15%）］，人工成本为5 994万元（占30%），机械使用费为999万元（占5%），其他费用为1 998万元（占10%），其工程毛利率为10%。

营改增前，应缴纳营业税为666(22 200×3%)万元。

案例分析

一、理论测算

根据《财政部、国家税务总局关于全面推开营业税改征增值税试点的通知》（财税〔2016〕36号）的规定，营改增后，人工成本不能抵扣进项税额，因此能够抵扣进项税额为1 741.85[19 980×(55%+5%)÷(1+17%)×17%]万元，销项税额为2 200［22 200÷(1+11%)×11%］万元。这样计算，应缴纳增值税则为458.15(2 200－1 741.85)万元，建筑施工企业的税负有所下降。

从理论测算的角度讲，营改增后企业的税收负担呈下降趋势，但实际上，建筑施工企业的特征会给增值税的计算带来很多挑战。在建筑施工企业实行营业税改征增值税后，最先涉及的是进项税额的抵扣问题，如建筑材料来源方式较多，增值税进项税额抵扣难度大，由于发票管理难度大，很多材料的进项税额无法正常抵扣，使建筑业实际税负加大。根据《财政部　国家税务总局关于部分货物适用增值税低税率和简易办法征收增值税政策的通知》（财税〔2009〕9 号）以及《财政部　国家税务总局关于简并增值税征收率政策的通知》（财税〔2014〕57 号）的规定，一般纳税人销售自产的下列货物，可选择按照简易办法依照 3% 的征收率计算缴纳增值税：①建筑用和生产建筑材料所用的砂、土、石料；②自己采掘的砂、土、石料或其他矿物连续生产的砖、瓦、石灰（不含黏土实心砖、瓦）；③自来水；④商品混凝土（仅限于以水泥为原料生产的水泥混凝土）。以上所列货物都是工程项目的主要材料，在工程造价中所占比重较大。假设建筑施工企业购入以上材料（其他材料部分）都能取得正规的增值税发票，可抵扣的进项税率为 3%，而建筑业的增值税销项税率为 11%，则情况将会如何呢?

根据案例可列如下算式：

$1\,648.35 \times 8\% = 131.87$(万元)

建筑施工企业购入的以上材料必将增加 8% 的纳税成本，从而加大建筑业的实际税负，挤占利润空间。这就要求有关企业从各个角度进行筹划。

二、筹划建议

营改增的实施对于建筑施工企业而言，其影响不仅仅体现在税收上，它从多方面制约着企业的经营行为。因此，有关企业应当从以下几个方面进行重新布局和设计：

1. 完善经营形式

在营业税条件下，有些企业在承包工程后将全部工程转包他人，这是《中华人民共和国建筑法》（以下简称《建筑法》）所明确禁止的，《建筑法》第二十九条规定："禁止总承包单位将工程分包给不具备相应资质条件的单位"。但是，事实上此类事件屡禁不止。不过在增值税条件下，在工程全部转包的情况下，作为第一承包人的建筑企业（从发包方承接工程的单位），应按从发包方取得的全部工程结算收入和价外费用计算确定销售额和销项税额，以从第二承包人（从第一承包人处承接工程的单位）取得的增值税专用发票作为其进项税额，从其账务处理中能够发现没有可供抵扣的外购材料，从而很容易判断出工程全部转包的交易实质。如果分包单位是小规模纳税人或包工头，则抵扣的进项税额将大幅降低，企业税负将上升，利润也随之减少。一旦被税务机关确认为非法转包或非法分包，就会禁止第一承包人抵扣进项税额，此时第一承包人的税负将大大增加，利润也将大大缩水，这对利润空间本来就不大的建筑施工企业的经营成果会产生较大冲击，并将对非法转包行为起到一定遏制作用。

营改增对于挂靠行为的影响也是很大的。许多挂靠单位购买材料时不要发票，采购材料价格较低。税改后若不开具增值税专用发票，被挂靠单位就不能获得抵扣收益，税负就会提高。

因此营改增以后，有关企业应当注意经营形式的重新设计，从而规避涉税风险。

2. 强化企业管理

建筑施工企业施工项目分散在全国各地，材料采购的地域也相应分散，材料管理部门多而杂，每笔采购业务都要按照现有的增值税发票管理模式开具增值税发票，且数量巨大，发票的收集、审核、整理等工作难度大、时间长。按现行制度规定，进项税额要在180天内认证完毕，其工作难度非常大。现实中的税务问题并不如理论分析的那么简单，如收到对方开来的发票，应注意是否为专用发票，发票上的时间、发票章是否正确等。另外，建筑施工企业由于其经营特点，纳税地点也会发生较大变化。这些无疑对建筑施工企业的经营管理等提出了更高的要求。

3. 正确计算造价

（1）营改增条件下，建设单位招标概预算编制将发生重大变化，相应的设计概算和施工图预算的编制也应按新标准执行，对外发布的公开招标书内容也要有相应的调整。

（2）这种变化使建筑施工企业的投标工作变得复杂。如投标书的编制中有关原材料、燃料等直接成本不包含增值税进项税额，编制的投标书很难准确预测有多少成本费用能够取得增值税进项税额。

（3）由于要执行新的定额标准，建筑企业施工预算则需要重新进行修改，企业的内部定额也要重新进行编制。

4. 科学会计核算

（1）营改增对企业财务报表的影响。由于建筑施工企业购置的原材料、辅助材料等存货成本和机械设备等固定资产需要按取得的增值税发票扣除进项税额，则企业的资产总额将比没有营改增前有一定幅度的下降，并引起资产负债率上升。

（2）营改增对企业营业收入和利润的影响。营改增之前，主营业务收入是含有营业税的，属于含税收入额；营改增之后，主营业务收入不包含增值税，属于税后收入额。由于两种不同的计算方法，企业的利润率数值也不同，假定企业实行营业税与增值税的营业收入与实际税负相等，则营改增后会出现企业营业收入减少而利润率升高的现象。

（3）营改增对企业现金流量的影响。由于建筑施工企业普遍实行的是代扣代缴营业税方式，则建设单位验工计价时，从验工计价和付款中直接代扣营业税；营改增之后，建设单位将不能直接代扣代缴增值税，而直接由建筑施工企业在当期向税务机关缴纳增值税，但此时建设单位验工计价并不立即支付工程款给建筑施工企业，即缴纳增值税在前，收取工程款在后，有时滞后时间比较长，导致企业的经营性活动现金净流量增加，加大企业资金的紧张程度。

专家点评

全面实行营改增以后，从政策层面上讲，应当达到减税降负的效果，但是实际情况并不理想。2017 年“两会”期间，国家税务总局的有关人士从多方面进行了分析，并且发文部署开展新一轮的营改增政策大辅导，而要将政策落地，还需要纳税人自身的努力。本案例的具体分析汇集了许多专家的智慧，我们认为，建筑施工企业应当针对营改增的影响适当采取应对措施，主要可以从以下几个方面去努力：

1．培养税收筹划人才，做好全程筹划

目前，有的大型建筑施工企业已经提前储备税收筹划人才，做好相关税收政策的研究工作，并合理进行税收筹划。企业要从建筑施工企业和增值税的特点出发，认真研究新政策的相关规定，并特别掌握针对本行业的特别规定，通过会议、企业内部报纸和网站，对财务人员、企业管理人员、材料采购人员和预决算人员宣讲有关增值税的专业知识，增强员工对增值税基本原理、税率、纳税环节和纳税要求的认识，培养在采购材料、分包环节索要专用发票的意识，确保在税制改革后能够立即进行熟练操作和运用。

营改增对建筑施工企业的影响是广泛而深刻的，涉及企业管理的各个方面，尤其涉及法律、财务管理、会计核算等重要方面，企业在这方面要配备足够的人才，确保企业纳税的合法合规。法律顾问应当深入研究相关税收法律法规和税收政策，财务会计人员应当做好税务的会计处理核算工作。企业必要时要适当配置税收筹划人员，进行合理避税、节税，分享税制改革给企业带来的税收红利，并实现涉税零风险。

2．加强企业内部管理，规范企业经营方式

营改增给建筑施工企业的管理提出更高的要求，作为具有企业法人资格的建筑施工企业，要从公司组织机构，子、分公司的设立和发展战略以及重大投融资项目上做出相应调整。比如投标工作，企业往往以集团公司名义对外投标，中标后再分解给集团内部，具有法人资格的成员企业应与集团公司签订分包合同，取得的收入应在成员企业机构所在地缴纳增值税，并将增值税发票提供给集团公司。集团公司从建设单位取得的全部收入扣除包括成员企业已缴纳的增值税进项税额后，应在企业机构所在地缴纳增值税，建设单位和集团公司都不能代扣代缴税费了。如前所述，营改增对于非法转包、分包，挂靠以及联营项目等经营方式更容易实现监督。建筑施工企业应当规范经营方式，规避法律风险。

3. 加强进项税额抵扣环节的管理

建筑施工企业为了降低施工成本，往往选择个体户和小规模纳税人作为合作商供应材料和机械设备租赁。现在由于税制改革，建筑施工企业更应注重选择具有增值税纳税人资格的合作商，并且要考查其相应的扣减税率，取得增值税专用发票，完善进项税额抵扣问题，以免无法抵扣企业增值税。营改增后，增值税数额的高低直接取决于建筑施工企业能够提供多少增值税专用发票用于进项抵扣。因此，企业所能够提供的进项抵扣部分越高，所缴纳的增值税金额也就会越低。比如增加机械设备的购入，减少劳务的支出等。建筑施工企业从现在起就需要加强管理，注意保管和收集相应的增值税进项抵扣凭证。

营改增后投资和经营是否考虑税收因素

税收作为利益再分配的一个手段，直接影响到投资人和经营管理者的利益。投资人如果进行税收筹划，则可以合理合法地取得经济利益，税收筹划是投资人赚钱的第三个渠道。为了获得超额利益，许多投资人都想方设法地通过各种手段降低税收负担。

投资案例

新风建材专业市场2016年度的经营业绩良好，2017年3月中旬，该企业的主要投资人、新加坡客商李老板看着总经理传来的财务报表，心满意足地反复考虑着……感觉自己抓住了中国基础建设的发展机会。于是，他准备筹划2017年的分配活动。但是，一份“税务检查通知书”打破了他的分配预案。

2017年3月18日，当地主管国税机关对新风建材专业市场2016年度的增值税纳税情况进行了检查，发现该企业2016年5月1日～2016年12月31日收取的进场费等费用存在问题，应当按平销收入计算缴纳增值税。由于上述业务已经按增值税的“商务辅助服务”税目计算缴纳6%的增值税，因此应当补交增值税：

$7\,500/(1+17\%)\times17\%-7\,500/(1+6\%)\times6\%$

$=1\,089.75-424.53$

$=665.22$(万元)。

税务机关确认其偷税665.22万元，并处以偷税额0.5倍的罚款。

当税款及罚款补交入库后，企业的经营成果立刻黯然失色，原来构想的投资分配方案也无法实施了。李老板感觉对其他股东不好交代，于是对这个问题进行了严肃处理。李老板认为是财务部对有关政策理解不透，税收筹划不到位，从而导致企业发生损失。结果将财务经理降职为一般记账会计，并扣发当年的全部奖金。

该企业的财务经理感到十分委屈，他想为自己申辩，但又说不出理由，于是向领导申请，到外部寻求专家帮助。上海普誉财务咨询有限公司的咨询专家到该企业，对该企业的投资和经营情况进行了全面的分析诊断。

案例分析

通过对现场的“望闻问切”，咨询专家了解到新风建材专业市场的主要情况。该企业是新风某市的一家大型建材零售企业，2016 年度实现商品零售收入 218 250 万元，缴纳增值税 1 067.65 万元，税收负担率为 0.489%。

该企业的主要投资人是新加坡的一个客商，内部控制机制比较完善，部门分工明确，因此，招商工作主要由市场部完成，其销售业务流程是由市场部门与供货商签署业务合同，然后供货商供货、收取进场费并开票（市场部经理开票），再由市场部提供清单给财务部结算税款，财务部凭开票金额申报纳税。

新风建材专业市场从 2016 年 5 月 1 日开始，对多数散货的供货商按销售额的 5% 收取进场费、上架费、庆典费和促销费 5 750 万元；对压路机、挖掘机等大型工程机械设备按每件 500 元的方式，合计收取进场费用 1 750 万元。

财务人员根据市场部提供的数据，对商场发生的货物销售收入按 17% 的适用税率计算缴纳增值税，对收取进场费、上架费、庆典费和促销费的 7 500 万元则按增值税的“商务辅助服务”税目计算缴纳 6% 的增值税 450 万元。

通过现场调研，咨询专家不仅掌握了有关情况，了解到产生有关问题的原因，同时还发现企业管理上的其他问题，如接受第三方增值税专用发票、商品促销的涉税处理等方面的涉税风险，同时还发现该企业在投资环节多缴税的问题……

咨询专家认为，该企业有强烈的税收筹划意识，这是应当肯定的。在营改增以前，将平销行为筹划成进场费是商品零售企业进行税收筹划的一个重要内容。因为作为进场费，只按 6% 征收增值税，而一旦确认为平销，就需要按 17% 缴纳增值税，这里税收负担的差异是显而易见的。在这样的情况下，有关企业的业务流程需要重新设计。对于该企业来说，由于业务流程操作不当，没有将税法的规定在企业经营的具体操作流程上反映出来，则导致企业受损。显然，这不是财务部门应当承担的责任，因此处于企业管理流程上的每个员工都需要了解影响税收的基本因素等，实行“全员管税”，从而在源头上规避涉税风险。

专家点评

投资人往往过分关心市场的投资机会和风险控制，而忽视了政策风险的规避。在众多政策风险中，税收风险的控制是十分重要的。税收筹划作为投资人赚钱的第三个渠道，已经得到越来越多投资人的重视，但是投资人寻找税收筹划的方法，首先必须掌握影响纳税人税收负担的因素。

影响税收负担的因素有许多方面，既有客观的因素，又有税收自身的因素，客观因素影响税收的问题我们就不做讨论，在这里主要研究税制本身所规定的各种计税要素的技术因素影响。从税收自身的各要素来讲，这些因素的特性及其变化不仅要引起税收负担在国家和纳税人之间的分配，而且还会导致税收负担在不同纳税人或征税对象之间的转移，因此，税制是影响税收负担的最直接因素。影响税收负担的税制因素主要有：① 课税对象因素；② 税率因素；③ 计税依据因素；④ 加成和加倍因素；⑤ 税收优惠因素。

各国影响税收的因素大同小异。由于各国经济发展水平和经济运行机制的不同，税收制度也就不相同。有的国家实行公民、居民、收入来源地三重税收管辖权，有的国家兼行居民和收入来源地两种税收管辖权，有的国家只实行单一的收入来源地税收管辖权。在税种结构中，有的以直接税为主体，有的以间接税为主体。税种的多少差别很大，同是属于商品及劳务，我国课征增值税、消费税以及城市维护建设税，有的国家却不实行增值税，依然课征制造税、批发税或零售税。即便同是一种税，税率结构也不尽相同，有的实行比例税率，税率高低各有不同。至于应税所得额的计算、费用的列支标准、资产的税务处理、关联企业收入与费用的分配、税收优惠措施等也是差别很大。作为一个跨国投资者，面对形形色色千差万别的税收制度，应当怎样做出明智的税收抉择呢？这就必须借助于跨国的税收筹划。

结合本案例，该企业虽然了解影响税收负担的税制因素，但是还没有将相关政策与具体的业务流程结合起来筹划，从而导致筹划失败。

享受税收优惠是否一定对企业有利

争取享受税收优惠政策，几乎是投资人和经营者的一个共识，所以人们都在想方设法地争取。笔者并不否认，利用税收优惠政策是税收筹划的基本方法之一，但是有政策还要会运筹，运作不当最终可能还是竹篮打水一场空。

案例

金沙花木栽培有限公司是一家花木栽培、研发和经营的企业，主要从事各种花木草坪的收购和销售，2016 年度实现销售收入 1.6 亿元，是增值税一般纳税人。由于该企业的主要负责人王建华为人正派，经营有方，因此该企业不断发展，在当地也有良好的口碑。

但是，最近王老板很郁闷，因为当地主管税务机关在检查该企业 2014 年 1 月 1 日 ~2016 年 12 月 31 日期间的增值税纳税额的过程中，发现该企业偷税 268.28 万元。

让王老板不理解的是，自己的企业享受免税待遇，怎么会偷税呢?

该企业的主营业务是收购半成品花木，回来栽培后出售，部分产品在销售的过程中同时提供管护服务。

《中华人民共和国增值税暂行条例》（以下简称《增值税暂行条例》）第十五条规定，农业生产者销售的自产农产品免征增值税。《中华人民共和国增值税暂行条例实施细则》（以下简称《增值税暂行条例实施细则》）第三十五条规定，《增值税暂行条例》第十五条所称农业，是指种植业、养殖业、林业、牧业、水产业；农业生产者，包括从事农业生产的单位和个人；农产品，是指初级农产品，具体范围由财政部、国家税务总局确定。另外，“苗木种植出售 + 同时管护”的经营模式，属于财税〔2016〕36 号文件中规定的混合销售行为，“销售货物 + 应税行为”免征增值税。根据财税〔2016〕36 号文件附件 3《营业税改征增值税试点过渡政策的规定》，农业机耕、排灌、病虫害防治、植物保护、农牧保险以及相关技术培训业务，家禽、牲畜、水生动物的配种和疾病防治免征增值税。因此，单独提供管护属于营改增应税行为，其取得的收入中，属于销售植物保护行为取得的收入，免征增值税。

那么，享受免税待遇的企业，为什么会发生偷税行为呢?

案例分析

为了弄清问题，在以后的经营中吸取教训，王老板特意聘请了咨询专家。上海普誉财务咨询有限公司的咨询专家为该企业进行了专业诊断性分析。

原来，具体情况是这样的：目前建筑市场竞争激烈，花木经营生意也很难做，为了提升产品的市场竞争能力，大家都在压价销售。以 2016 年度的经营情况为例，当年该企业实现销售收入 16 000 万元，而采购成本就达 15 000 万元，其进销差价只有 1 000 万元。

在这样的前提下，该企业销售花木享受免税待遇不仅得不到好处，相反还要倒贴税款。仅 2016 年就需缴纳税款 109.29 万元。为什么会出现享受免税待遇而实际上得不到实惠的现象呢？下面对农产品的涉税政策的变化过程做一个简要归纳：

在 2001 年 12 月 31 日以前，人们经营农产品争取享受免税待遇是顺理成章的，会从税收上得到好处。但是，财政部和国家税务总局联合以财税〔2002〕12 号文件下发的《关于提高农产品进项税抵扣率的通知》，明确从 2002 年 1 月 1 日起，增值税一般纳税人购进农业生产者销售的免税农业产品的进项税额扣除率由 10% 提高到 13%，因此情况就发生了变化。

但是，上述事项如果发生在 2017 年 7 月 1 日以后，纳税人就需要注意：财政部和税务总局在《关于简并增值税税率有关政策的通知》（财税〔2017〕37 号）中规定，自 2017 年 7 月 1 日起，简并增值税税率结构，取消 13% 的增值税税率。纳税人销售农产品按 11% 的税率征税，纳税人购进农产品，除营业税改征增值税试点期间，纳税人购进用于生产销售或委托受托加工 17% 税率货物的农产品维持原扣除力度不变外，纳税人购进农产品，取得一般纳税人开具的增值税专用发票或海关进口增值税专用缴款书的，以增值税专用发票或海关进口增值税专用缴款书上注明的增值税额为进项税额；从按照简易计税方法依照 3% 征收率计算缴纳增值税的小规模纳税人取得增值税专用发票的，以增值税专用发票上注明的金额和 11% 的扣除率计算进项税额；取得（开具）农产品销售发票或收购发票的，以农产品销售发票或收购发票上注明的农产品买价和 11% 的扣除率计算进项税额。《增值税暂行条例》第八条第（三）项和本通知所称销售发票，是指农业生产者销售自产农产品适用免征增值税政策而开具的普通发票。

结合到具体业务，如果相关事项发生在 2001 年 12 月 31 日以前，作为一般纳税人的经营者从农业生产者处每收购 100 元的农产品，如果以原价销售出去，则经营企业在采购环节所取得的增值税进项税额为：10(100×10%)元，销项税额为 11.50(100/1.13×13%)元，作为一般纳税人的经营单位经营 100 元农产品就应缴纳增值税 1.5 元。

如果相关事宜发生在 2001 年 12 月 31 日至 2017 年 6 月 30 日之间，从农业生产者处每收购 100 元的农产品，如果仍以原价销售出去，则经营单位在采购环节取得的增值税进项税额为 13(100×13%)元，销项税额仍为 11.50(100/1.13×13%)元，其中就存在 1.5 元的差额。也就是说，在新政策条件下，作为一般纳税人的经营者通过农产品生产者收购的农产品，按原价每经销 100 元的农产品，不仅不用缴纳增值税，而且还可以获得 1.5 元的收益。

对于享受免税政策的经营者来讲，情况就不同了。根据现行税法规定，销售免税产品的，在销售环节免征销项税额，同时，在购进环节发生的进项税额不允许抵扣。这样对于经营者来讲，其购进农产品所含的进项税额在会计上就应该做“进项税额转出”处理。

金沙花木栽培有限公司主要从事花木经销业务，其经营过程是：从花木种植者手中收购半成品花木，栽培一段时间后再销售给建筑单位或者其他花木使用者。该企业按照法定程序完成了免税申请手续，享受免征增值税的税收优惠待遇。仅以该企业2016年度的销售情况为例，该企业采购取得的增值税进项税额为

$15\,000\times13\%=1\,950$(万元)

该企业发生销项税额为

$16\,000/1.13\times13\%=1\,840.71$(万元)

其中，增值税进项税额比销项税额大109.29(1 950 - 1 840.71)万元。

从最近几年的经营情况测算结果来看，该企业产品的销售毛利率只有6.67%。

由此可见，因为享受减免税，企业销售越多，企业的贴税额也就会越大。如果不享受免税待遇，企业就可以从国家税收上获得13%的“补贴”。这样，享受税收优惠反倒不划算。

金沙花木栽培有限公司的免税问题在全国来讲也许不是个别的，其中所反映的情况值得人们深思。就增值税的原理而言，销售免税产品，其进项税额应该转出，这在我国的其他免税产品销售过程中都是这样执行的，纳税人并未对这个操作原理提出异议。而作为免税农产品，其情况就有例外，因为对于农产品的税法规定有其特殊性，税法规定，购进农产品以其买价作为计算依据扣除13%的进项税额，而在销售环节则以不含税销售额作为计算依据按13%计算销项税额，这就形成了“高扣低征”的现象。

为了促进经济发展，任何一个国家都会根据本国的实际情况，通过税收手段对本国的经济进行调节，税收调节经济的手段包括限制和鼓励两个方面。这里的限制实际上就是对调节对象征收较高的税。比如，我国目前对应税消费品征收消费税。而鼓励就是对调节对象征收较少的税，甚至不征税，也就是对其实施税收优惠。但是，税收优惠是不是对所有的纳税人都实惠呢？其实并非如此，上述“税收馅饼”变成“税收陷阱”的情况其实不是个别现象，在其他情况下也有类似的情景，纳税人可以通过有关案例分析举一反三。

专家点评

在日常生活中，往往存在一个认识上的误区，认为税收优惠政策是要争取享受的，税收优惠政策可以给纳税人带来税收上的好处。可事实上并非如此，我国的增值税是对应税项目在各流转环节中的增值额计征的，其征收方式实行环环相扣的链

条式，任何一个环节征税或抵扣不足，都会导致该链条的脱节，使税收负担在不同环节间发生转移。正因如此，使得免税在某些情况下不但不能给纳税人增加利益，反而会加重其税收负担。

（1）对税收政策要有一个正确的理解。人们应该建立这样的观念，我国税收优惠政策的制定，是从一个区域或者一个行业的角度考虑的，有其宏观的意义。但是对于某些纳税人而言，并非所有的优惠政策都适合自己。纳税人面对税收优惠政策就应进行全面的分析和筹划：这个税收政策对本企业而言是否具有实质性优惠。如果确实有优惠，我们就去争取，否则还是等一等，需再进一步分析和论证后决定。

当然，从立法的角度来看，当某项免税的优惠政策变成"软肋"，被纳税人摒弃时，政策制定者更应进行深刻的反思。

（2）从纳税人的角度看，依法纳税是其应尽的义务，选择放弃免税优惠是其享有的权利。免税优惠权利的享受或者放弃，纳税人有选择的自由。放弃免税后，36个月内不得再申请免税。但某热电企业涉及的优惠政策只执行到2018年，政策到期后自动失效。2018年以后，国家再出台与本政策无关联的其他优惠政策，该企业仍可申请享受，不应受36个月的放弃免税声明的约束。

（3）从本案例看到，筹划者独辟蹊径，主动选择放弃免税政策，其大胆探索的思路值得肯定和借鉴。

注意事项

根据《增值税暂行条例实施细则》第三十六条规定，纳税人销售货物或者应税劳务适用免税规定的，可以放弃免税，依照条例的规定缴纳增值税。放弃免税后，36个月内不得再申请免税。但是，事物都是一分为二的，当纳税人获得更大的选择权以后，必然带来更大的涉税风险。因为如果纳税人对有关权利做出选择，也就是说在操作过程中发生政策变化，则税务机关必然会加强管理和审核，纳税人在此过程中如果想规避涉税风险，在具体的操作过程中就应当注意以下五点：

（1）生产和销售免征增值税货物或劳务的纳税人要求放弃免税权时，应当以书面形式提交放弃免税权声明，并报主管税务机关备案。纳税人自提交备案资料的次月起，按照现行有关规定计算缴纳增值税。如果不申请不放弃，税务机关则不能主动要求纳税人放弃。

（2）放弃免税权的纳税人符合一般纳税人认定条件且尚未认定为增值税一般纳税人的，应当按现行规定认定为增值税一般纳税人，其销售的货物或劳务可开具增值税专用发票。

（3）纳税人一经放弃免税权，其生产销售的全部增值税应税货物或劳务均应按照适用税率征税，不得选择某一免税项目放弃免税权，也不得根据不同的销售对象选择部分货物或劳务放弃免税权。

（4）纳税人自税务机关受理纳税人放弃免税权声明的次月起36个月内不得申请免税。

（5）纳税人在免税期内购进用于免税项目的货物或者应税劳务所取得的增值税扣税凭证，一律不得抵扣。

筹划难点

这是一个综合性税收筹划问题。谁都希望自己的产品免除税收负担，但是，如果企业享受免税待遇，则与之相应的增值税进项税额也就不能抵扣。在这样的情况下，就要考虑增值税进项税额与销项税额的关系。对于本案例而言，操作难点是：① 作为企业人员，对本企业的具体情况未必能够完整把握；② 对有关税收政策的变化难以及时了解；③ 将企业的情况与税收政策的变化有机地结合起来进行筹划。

专家点评

获得减免税资格和权利是任何一家企业都在争取的事情，但是事实上并不是所有的企业都能开发利用的。如果企业放弃免税权，按正常的税收政策规定纳税，则企业可以少交税，同时购买方可抵扣增值税进项税额，并且销售方可适当提高销售价格，因此为了对企业有利，应放弃免税权。反之企业不应放弃免税权。由此可见，金沙花木栽培有限公司取消增值税的免税权更划算。

当然新政策出台之后，从纳税人的角度讲，操作起来就更加灵活，如果市场发生变化，则在满36个月后企业仍可选择按免税政策处理。

通过这个案例分析，我们应当学会税收优惠政策的使用是有讲究的，既要注意相关政策的衔接和配合，还要注意政策的差异。

税收优惠政策是指《税法》对某些纳税人和征税对象给予鼓励和照顾的一种特殊规定。比如，免除其应交的全部或部分税款，或者按照其缴纳税款的一定比例给予返还等，从而减轻其税收负担。税收优惠政策是国家利用税收调节经济的具体手段，国家通过税收优惠政策，可以扶持某些特殊地区产业、企业和产品的发展，促进产业结构的调整和社会经济的协调发展。

相比较而言，发达国家的税收优惠政策与发展中国家的税收优惠政策的差异主要体现在优惠的范围、优惠的重点和优惠的方法三个方面。

一般来说，发达国家对税收优惠的范围选择较为慎重，覆盖面较小，针对性较强。而发展中国家的税收优惠范围相对要广泛得多，为了吸引外资，引进先进技术，增加出口，经常对某个地区或某些产业、行业给予普遍优惠。据不完全统计，全世界525个经济特区中，有347个（占总数的三分之二）分布68个发展中国家，比如说巴拿马科隆、泰国曼谷、巴西玛瑙斯、菲律宾巴丹等经济特区都位于发展中国家，并实行十分广泛的税收优惠政策。

税收优惠的重点有所区别。发达国家的税收优惠重点放在促进高新技术的开发、能源的节约、环境的保护和充分就业上，而发展中国家的税收优惠重点往往不够明确和集中，有些国家甚至对那些技术落后、能源消耗大、资源使用效率低的所谓困难企业也给予优惠照顾。

税收优惠的方法也有差异。发达国家较多采用与投入相关的间接性鼓励方法，如加速折旧、投资抵免、再投资免税等，而很少使用直接性的减免税，如有使用，也严格控制。而发展中国家经常采用一般性的减税期或免税期，如泰国曼谷中转区前3年免征所得税、后5年减半征收所得税，韩国马山出口加工区前5年免征所得税、后5年减半征收所得税，我国台湾新竹免征5年所得税等。

在投资者眼里，税收利益的取得基本来源于两个方面：① 是通过政府提供的税收优惠政策；② 通过纳税人对税收方案的选择。它们共同的特点是风险与收益并存，在税收筹划中必须进行仔细的权衡和慎重的决策。

营改增后建筑施工企业如何利用政策差异

对于同一个经济事项，可能存在两个或者两个以上的税收政策，而这些税收政策可能存在差异。即使是同一个经济事项征收的同一个税种，也可能有不同的税率。针对税收政策的不同规定，纳税人可以根据自身生产经营的特点和具体情况，在分析适应不同的税收政策的基础上，做出具体的决策。

筹划案例

2016年8月，刚刚大学毕业不久的程佳佳想自己创业，于是筹集了50万元资金，准备以个人的名义投资创办一家建筑服务性企业。他的计划是：以自己的建筑施工教育和咨询专业特长，同时招聘几个大学毕业生做市场，在从事建筑施工人员的后续教育的同时，为部分企业提供建筑施工技术指导和咨询服务。经过测算，在不考虑自己费用的情况下，在最初的两年里，年收入大约为200万元，计税利润为34.3万元，以后企业的盈利能力会进一步增强，第三年和第四年的计税利润为50万元，以后每年的计税利润为100万元。

程佳佳知道，虽然我国目前的经济政策在不断变化，但是总体趋势是不断完善的。而对未来企业收益影响最大的就数税收政策，其在企业设立阶段的筹划十分重要。

程佳佳虽然对税收政策也比较熟悉，但是考虑到“旁观者清，当局者迷”，于是他向专业咨询机构进行了咨询。

筹划预案

税收筹划咨询专家与程佳佳进行了深度沟通以后，结合目前的所得税（包括企业所得税和个人所得税）规定，给他提出了两种方案：一个是个人独资企业，另一个是有限责任公司。

在两个法律形式的经济实体之间，他应当如何选择?

案例分析

程佳佳遇到的问题，是投资人经常遇到的。就我国目前的税收政策而言，不同的企业法律形式对应不同的税收待遇。有关政策差异问题在这里通过以下几个方面进行梳理：

一、选择不同组织形式的所得税差异

依据财产组织形式和法律责任权限，国际上通常把企业组织形式分为三类，即公司企业、合伙企业和独资企业。从法律角度上讲，公司企业属于法人企业，出资者以其出资额为限承担有限责任；合伙企业和独资企业属于自然人企业，出资者需要承担无限责任。这便是企业组织形式分类的第一个层次，即外部层次。

企业组织形式分类的第二个层次是在公司企业内进行划分的。这个层次分为两对公司关系，即总分公司及母子公司。

1. 个人独资（合伙）企业与公司的选择

个人独资企业（Sole Proprietorship），即个人出资经营、归个人所有和控制、由个人承担经营风险和享有全部经营收益的企业。自然人企业是指个人独资企业中营业执照最古老、最简单的一种企业组织形式，主要盛行于零售业、手工业、农业、林业、渔业、服务业和家庭作坊等。合伙制企业是由几个或者几十个人，甚至超过一百个人联合起来经营的，它不同于某一个人开办的单人业主制企业，也不同于所有权和经营权分离的公司。合伙制企业是依据合同或协议组织起来的，结构很不稳定，每当接纳一个新的合伙人，或者旧的合伙人死去或退出时，新的合伙制企业就又会出现。

公司是指以盈利为目的，为从事商业经营活动或实现某些目的而成立的组织。根据现行《中华人民共和国公司法》的规定，其主要形式为有限责任公司和股份有限公司。

国务院发布的《关于个人独资企业和合伙企业征收所得税问题的通知》（国发〔2000〕16号）规定："自2000年1月1日起，对个人独资企业和合伙企业停止征收企业所得税，其投资者的生产经营所得，比照个体工商户的生产、经营所得征收个人所得税，具体税收政策的征税办法由国家财税主管部门另行制定。"

综上所述，涉及个人独资（合伙）企业与公司选择的税收筹划应关注以下方面：

（1）要认真分析各国对个人独资（合伙）企业的法律界定和税收规定，并从其法律地位、经营和筹资便利、税基、税率、税收待遇（如是否可以享受协定的条款规定）等综合因素上进行分析和比较，因为综合税负是各种因素作用的结果，所以不能只考虑一种因素，以偏概全。

（2）从多数国家来看，个人独资（合伙）企业的名义税负一般要低于子公司制，但个人独资（合伙）企业往往没有其他优惠政策。

（3）在比较税收利益时，不能仅看名义上的差别，更要看实际税负的差别。比如对重复征税的现象是否采取"整体化"措施，"整体化"措施对重复征税现象的消除程度如何。因为完全的整体化，意味着重复征税现象将被彻底消除。

2. 分公司与子公司的税收待遇

根据世界上一些主要国家和地区的现行税制，可以看出分公司与子公司不同的税收待遇，具体为：

（1）子公司是独立的法人实体，在设立公司的所在国被视为居民纳税人，通常要承担与该国的其他居民公司一样的全面纳税义务。母公司所在国的税收法规对子公司没有约束力，除非它们与所在国之间缔结的双边税收协定有特殊的规定。

（2）分公司不是独立的法人实体，在设立分公司的所在国被视为非居民纳税人，其所发生的利润与亏损与总公司合并计算，即人们通称的"合并报表"。分公司与总公司经营成果的合并计算，所影响的是居住国的税收负担，至于作为分公司所在的东道国，照样要对归属于分公司本身的收入课税，这就是实行所谓的收入来源税收管辖权。

（3）子公司作为居民纳税人，而分公司作为非居民纳税人，两者在东道国的税收待遇上有很大差别。通常情况下，前者承担无限纳税义务，后者承担有限纳税义务。但是如果对不同的国家进行具体分析，这一差别的程度并不相同。

二、税率差异

税率差异是指性质相同或相似的税种适用的税率不同。在我国如果以所得税为例，对个人独资企业和合伙企业比照个体工商户的生产、经营所得征收个人所得税，适用税率为五级超额累进税率，最高为35%；而公司制企业的基本税率为25%，高新技术企业可以适用优惠税率15%，小型企业则适用低税率20%等，在其他国家也有类似的现象。

税率差异是普遍存在的客观情况。一个国家的税率差异，往往是要鼓励某种经济、某类型企业、某类行业、某类地区的存在和发展，它体现国家的税收优惠政策。

三、价外费用的机构差异

在日常经营活动中，如果一项销售行为既涉及货物又涉及非应税劳务，则属于混合销售行为。

在营改增之前，人们对混合销售行为的理解容易出现偏差，究其根本原因是因为未抓住混合销售行为的特点。混合销售行为的特点是：销售货物与提供非应税劳务的价款是同时从一个购买方取得的。例如，企业销售太阳能热水器时代为客户安装，其中，销售热水器属于增值税的征收范围，而安装热水器则属于营业税的征收范围，如果按各自的收入划分不同的税种，则在实际征收时往往难以划分清楚，而且使征管活动复杂化。因此，税法明确规定：从事货物的生产、批发或零售的企业、企业性单位以及个体经营者的混合销售行为，视为销售货物，应当征收增值税；其他单位和个人的混合销售行为，视为销售非应税劳务，不征收增值税，应当征收营业税。

如果通过筹划，设立单独的机构分别经营原来属于混合销售的项目，就可能实现其筹划利益。营改增以后的混业经营，同样存在筹划的空间。

四、企业管理的政策差异

按税法的规定，企业所得税的征收管理方式有两种，即查账征收和核定征收。查账征收适用于财务管理比较规范，能够建账建制，成本费用核算准确，能向税务机关提供准确、完整的纳税资料的企业。实行查账征收的企业，所得税税率一般为25%。这些企业如果发生年度亏损，不但当年可以不缴纳企业所得税，而且企业的亏损还可以在以后的五年内弥补。

核定征收方式按《核定征收企业所得税暂行办法》的规定，适用于存在不设置账簿，不能准确核算收入或成本费用，不能提供准确、完整的纳税资料等情况的企业。核定征收方式有个“特点”：无论盈亏，都应缴纳企业所得税。

如果纳税人未按《税法》规定进行会计核算，当年虽然亏损，但仍要缴纳所得税。其实，企业完善会计核算，其好处不仅在于可能会节约一些税收支出，更重要的是其符合企业发展的内在要求。

类似的，《财政部、国家税务总局关于全面推开营业税改征增值税试点的通知》（财税〔2016〕36号）附件1：《营业税改征增值税试点实施办法》第三十九条规定，纳税人兼营销售货物、劳务、服务、无形资产或者不动产，适用不同税率或者征收率的，应当分别核算适用不同税率或者征收率的销售额；未分别核算的，从高适用税率。其第四十条则规定，一项销售行为如果既涉及服务又涉及货物，为混合销售。从事货物的生产、批发或者零售的单位和个体工商户的混合销售行为，按照销售货物缴纳增值税；其他单位和个体工商户的混合销售行为，按照销售服务缴纳增值税。因此，纳税人可以事先根据其生产和经营情况具体安排经营方式。

有的人认为，进行税收筹划就是“钻政策的空子”“浑水摸鱼”。持这种观点的人，往往会将有关企业的会计核算有意做得似是而非，让人无法看清事实。其实，这种做法完全误解了税收筹划。我们在这里讲的利用政策的差异做筹划，意思是正确理解相关政策，然后根据不同的政策设计出与其相适应的生产和经营模式，在真实可靠的会计信息的支持下，让主管税务机关认可纳税人的真实意图，从而合理地利用对自己有利的政策规定。针对程佳佳遇到的问题，我们倾向于选择以有限责任公司作为经营平台，当然具体的筹划意见还需要结合投资人和经营者的实际情况做具体分析。

营改增后递延纳税方案案例精解

纳税期的递延也称为延期纳税或税收递延，即允许企业在规定的期限内，分期或延迟缴纳税款。将应纳税款留在企业使用一段时间，赚取资金的时间价值，也是进行税收筹划的基本方法和思路之一。

稽查案例

某水泥生产设备企业是生产水泥窑炉设备流水线的专业生产厂家，2016 年实现销售收入 17 000 万元。2017 年 6 月 8 日，当地税务局稽查局对该企业 2016 年度的增值税纳税情况进行了检查。在检查过程中，税务稽查人员发现该企业存在如下问题：

（1）2016 年 1 月 12 日，向广西某水泥窑炉机械经营机构发出商品 476 万元，企业的账务处理方法是：借记发出商品——发出广西某经营机构商品 476 万元，贷记库存商品 476 万元；2016 年 4 月 5 日，借记银行存款 200 万元，贷记发出商品——发出广西某经营机构商品 200 万元。

（2）2016 年 3 月 16 日，向山东某水泥有限公司发出商品 648 万元，企业的账务处理方法是：借记发出商品——发出山东某水泥有限公司商品 648 万元，贷记库存商品 648 万元；2016 年 9 月 16 日，借记银行存款——收到山东某纺织有限公司购货款 234 万元，贷记主营业务收入 200 万元，贷记应变税费——应交增值税（进项税额）34 万元。

（3）2016 年 4 月 15 日，收到河北省某水泥有限公司购货款 400 万元，企业进行了如下账务处理：借记银行存款 400 万元，贷记预收账款 400 万元。2016 年 5 月 15 日，企业将设备发出，未做账务处理，只在备查账中反映发出设备 600 万元；2016 年 7 月 15 日，对方将剩余货款汇来时，企业开出销售发票，并做了相应的账务处理：借记预收账款 400 万元，借记银行存款 302 万元，贷记主营业务收入 600 万元，贷记应交税费——应交增值税（销项税额）102 万元。对于这笔税款没有及时缴纳的原因，该企业财务负责人解释：当时企业受灾，暂时没有资金。

税务认定

税务稽查人员在企业的有关销售合同和协议书中发现，企业所提供的书面协议对设备的技术性能要求、设备运输方法、设备安装责任等事项约定得比较具体，而应对方式却没有明确。据此，税务稽查人员认为以上三笔业务都存在问题：

（1）虽然该企业向广西某水泥窑炉机械经营机构发出商品 476 万元是一笔代销业务，但是企业无法提供委托代销合同，则该业务就应该按直接销售业务来处理，即在货物发出的当天按销售额计算缴纳增值税。如果企业能够提供委托代销合同，则可以在对方将商品销售完毕并向该企业提供代销清单时，再行申报纳税。

（2）企业向山东某水泥有限公司发出商品 648 万元，虽然是按照分期收款发出商品的销售方法进行销售的，但是由于该企业无法提供证明其分期收款销售商品的合同和协议书，就应按照直接销售方式，在货物发出时计算缴纳增值税。如果企业可以提供相关证明，则可以在合同约定的收款日期计算缴纳增值税。

（3）企业与河北省某水泥有限公司的业务是一笔预收货款销售业务，应在货物发出时申报缴纳增值税，而企业在货物发出时没有及时申报纳税，这显然是错误的。对于企业因受灾暂缺资金的现象，可以通过向税务机关申报暂缓纳税来解决。

政策分析

《增值税暂行条例》对增值税纳税义务发生时间的确定，是从销售实现的形式上来加以界定的，具体规定如下：

（1）销售货物或者应税劳务，其纳税义务发生时间为收讫销售款或者取得索取销售款凭据的当天。根据结算方式不同，具体的有七种情况。

（2）进口货物，其纳税义务发生时间为报关进口的当天。

国家税务总局在《关于增值税纳税义务发生时间有关问题的公告》（国家税务

总局公告〔2011〕40号）中规定，纳税人生产经营活动中采取直接收款方式销售货物，已将货物移送对方并暂估销售收入入账，但既未取得销售款或取得索取销售款凭据也未开具销售发票的，其增值税纳税义务发生时间为取得销售款或取得索取销售款凭据的当天；先开具发票的，为开具发票的当天。

《中华人民共和国税收征收管理法》（以下简称《税收征收管理法》）第三十一条规定，纳税人、扣缴义务人按照法律、行政法规规定或者税务机关依照法律、行政法规的规定确定的期限，缴纳或者解缴税款。纳税人因有特殊困难，不能按期缴纳税款的，经省、自治区、直辖市国家税务局、地方税务局批准，可以延期缴纳税款，但是最长不得超过三个月。

《中华人民共和国税收征收管理法实施细则》第四十一条做了明确规定，纳税人有下列情形之一的，属于《税收征收管理法》第三十一条所称特殊困难：① 因不可抗力，导致纳税人发生较大损失，正常生产经营活动受到较大影响的；② 当期货币资金在扣除应付职工工资、社会保险费后，不足以缴纳税款的。

计划单列市国家税务局、地方税务局可以参照《税收征管法》第三十一条第二款的批准权限，审批纳税人延期缴纳税款。

专家点评

《国际税收词汇》中对延期纳税条目的注释做了精辟的阐述："延期纳税的好处有：有利于资金周转，节省利息支出，以及由于通货膨胀的影响，延期以后缴纳的税款币值下降，从而降低了实际纳税额。"纳税期的递延获取是节税的基本方法之一。

1. 递延纳税的途径

在某些情况下，纳税人还可获得税法本身未规定的递延纳税，以达到避税的目的。例如，纳税人利用在国外的控股公司来积累外国来源的所得，而不是汇回国内。有些国家，如法国、德国、英国和美国已制定了税法条款来抑制这种避税活动。

事实确实如此，递延纳税的途径有很多，纳税人从中可得到不少的税收优惠。特别是在跨国公司迅速发展的今天，假定母公司位于高税管辖权的地区，其子公司设在低税管辖权的地区，子公司取得的收入长期留在账上，母公司由于未取得股息分配的收入，则这部分税款自然就递延下来了。

采取有利的会计处理方法，是企业实现递延纳税的重要途径。在企业的利润表上我们经常可以看到，会计所得与所得税申报表上的计税所得在许多情况下是不一致的。原因是会计师编制利润表、核算经营结果基本是依据公认的企业会计准则，而计税所得依据的是税法。由于企业会计准则和税法服务于不同的目的，所以计算出来的数值出现差异。

2. 递延纳税的筹划

（1）争取更多的递延项目。在其他条件（包括一定时间纳税总额）相同的情况下，递延纳税的项目越多，本期缴纳的税收越少，现金流量也越大，可用于扩大流动资本和进行投资的资金也越多，将来的收益也越多，因而相对节税的税收就越多。

（2）争取更长的递延期限。在其他条件包括一定时期纳税总额相同的情况下，递延纳税期越长，由递延纳税增加的现金流量所产生的收益也将越多，所以相对节减的税收也越多。那么，国外的投资所得留在境外的企业，会有更多的资金用来再投资，将来也可取得更多的收益，相当于冲抵税收，增加税后所得，节减了税收。这个理念在我国的税收政策上也有体现，比如，税法规定部分企业可以采用加速法折旧，或者将特定的设备在当年作为费用一次性扣除。这样，在其他条件基本相似或利弊基本相抵的条件下，尽管总的扣除额基本相同，但企业选择作为当年费用一次性扣除的话，在投资初期可以少税，而把税收推迟到以后缴纳，相当于递延纳税。

鉴于此，企业如果要从降低纳税成本的角度出发筹划税收，就应该根据企业的销售情况签订好相关的经济业务合同，尤其是当企业与对方发生委托代销业务、分期收款业务和赊销业务时，如果能够在相关业务合同中明确，就可以将有关纳税义务向后推延，从而实现经营效益最大化。

3. 完善延期纳税手续

企业遇到特殊情况可以申请延期纳税。按照纳税服务规范的要求，纳税人申请延期纳税必须提交以下资料：①“税务行政许可申请表”；②“延期缴纳税款申请审批表”；③纳税人申请延期缴纳税款报告（详细说明申请延期原因，人员工资、社会保险费支出情况，连续3个月缴纳税款情况）；④当期货币资金余额情况及所有银行存款账户的对账单；⑤应付职工工资和社会保险费等省税务机关要求提供的支出预算；⑥“资产负债表”；⑦因不可抗力，导致纳税人发生较大损失，正常生产经营活动受到较大影响的，应报送因不可抗力的灾情报告或公安机关出具的事故证明原件及复印件。

营改增后微观环节税负转嫁案例精解

税负转嫁是税收筹划的特殊形式。某些税收的最初纳税人，并不一定是该税收的最后承担者，他可以把所缴纳税款的部分或全部转嫁给其他纳税人承担。这种纳税人将所缴纳的税款转移给他人承担的过程就叫作税负转嫁。税负转嫁的结果是最终有人承担，最终承担税负的人称负税人，税负最终落到负税人身上的过程称为税负归宿。税负转嫁和税负归宿是一个问题的两个方面。可见，在税负转嫁的条件下，纳税人和真正的负税人是可以分离的，纳税人只是法律意义上的纳税主体，负税人是经济意义上的承担主体。

筹划案例

某市光明工程机械有限公司是增值税一般纳税人，主要生产大型建筑设备。2016 年企业实现销售收入 18 000 万元，申报缴纳增值税 280 万元。

风险应对

税务机关通过决策监控系统数据平台的比对分析发现，该企业的增值税税负率只有 1.5%，明确偏低。于是，对该企业的负责人进行约谈。

通过约谈和现场实地核查，风险应对专业人员发现该企业的运输费用明显偏高，达 1 850 万元，超过销售额的 10%，怀疑其接受虚开代开的增值税专用发票，于是责令其自查补税……而企业则感到十分委屈，因此，双方处于僵持状态。

企业咨询

为了打破僵局，该企业请来了上海普誉财务咨询有限公司的咨询专家。咨询专家到现场，对该企业的生产和经营情况进行了诊断，了解到：由于该企业的产品价值低、体积大、销售半径比较大，并且当地的产品只能通过汽车运输出去，因此，发生较大的运输费用有其合理性。

同时，咨询专家对该企业的运输业务情况进行了具体分析，发现该企业的合作对象主要是个体工商户，所取得的运输发票几乎都是通过税务机关代开的，最后鉴定，该企业不仅不存在少交税的问题，而且还多交了税。这个结论让该企业的负责人感到十分意外。

案例分析

为了帮助该企业改善经营，在签署了筹划协议之后，咨询专家对相关业务进行了分析。

根据企业现行方案，企业取得的增值税进项税额为

1 850 × 3% = 55.5(万元)

如果企业与一般纳税人合作，从接受服务方的角度来看，根据税法的有关规定，购进或销售货物所发生的运输费用可以取得适用税率为 11% 的增值税进项税额。在这样的方式下，企业可以抵扣增值税进项税额为

1 850 × 11% = 203.5(万元)

这两种方式相比，后者比前者多抵扣增值税进项税额 148 万元。

专家点评

对于建筑机械生产设备企业而言，运输费用是一笔不小的支出。而运输费用在增值税条件下，如果安排具有一般纳税人身份的企业提供服务，则最高可以抵扣 11% 的增值税，但是，如果安排小规模纳税人，或者其他临时性经营者提供服务，在税收上就可能要吃亏。

我国现行增值税形成了环环相扣的一个完整链条，在这个链条上的企业是互相牵制的。所以，从一对合作方的角度分析，其存在此消彼长的关系，换句话说，增值税的税收负担在合作方可以转嫁。

典型的税负转嫁或狭义的税负转嫁是指商品流通过程中，纳税人通过提高商品销售价格或压低商品购进价格的方法，将税负转移给商品购买者或商品供应者。因此，对税负转嫁的理解应把握以下几点：

（1）税负转嫁问题是与商品价格直接联系的，与价格无关的问题不能纳入税负转嫁的范畴。

（2）税负转嫁是一个客观过程，没有税收价值的转移过程不能算转嫁。

（3）税负转嫁应理解为纳税人的主动行为，与纳税人主动行为无关的价格再分配性质的价值转移也不能算税负转嫁。

明确以上几点，既有利于明确税负转嫁概念的外延，也有利于将税负转嫁与避税做一体化进行区别比较。

一、税负转嫁是税收筹划的特殊形式

税负转嫁意味着税收负担的终极承担者不是直接的纳税人，而是其背后的隐匿者或潜在的替代者。税款的直接缴纳人通过转嫁将税负推给他人，自己只是承担部分甚至完全不承担任何的纳税义务，因此，只类似于税务机关和负税人的中介者。然而，纳税人实施税负转嫁策略并不侵害国家利益，因为，他只是改变了税款在不同经济主体之间的承担状况，没有减少国家应收税款的总量，没有违反税法的规定，所以受到普遍的青睐。利用税负转嫁减轻税负是十分普遍的经济现象。

比如，香烟的消费者实际上是消费税的负担者，但由于预先并不能确定每包香烟的消费者（或购买者）是谁，因而只能以香烟为标准，并以其制造者和销售者为纳税人，由制造者和销售者将税款转移给消费者或购买者。类似香烟消费税的还有其他消费税、货物税、关税等税种，它们的共同点在于，随着课税商品的转移，将税负加在价格之上，并与商品同时转移到消费者身上。

二、税负转嫁的筹划

一般认为，物价自由波动是税负转嫁的基本前提条件，商品供求弹性、市场结构、成本变动和课税制度等原则是税负转嫁的制约和影响因素。因此，税负转嫁的方法有很多，不同国家的纳税人都会根据本国的特点和自身的纳税身份，寻找一条适合自己的途径。根据我国情况，笔者将税负转嫁归纳为以下几种方法：

1. 市场调节法

市场调节法是根据市场变化进行税负转嫁筹划的方法。市场价格受供求规律的支配，需求的变动影响供给，供给的变动反作用于需求。商品价格随着供给与需求的变动上下波动。

2. 商品成本转嫁法

商品成本与税负具有极为密切的关系。商品成本转嫁法是根据商品成本状况进行税负转嫁的方法。成本是生产经营者从事生产经营活动而做的各种预先支付和投入费用的总和。它一般有三种形态，即固定成本、递减成本和递增成本。固定成本是在生产经营过程中不随产品产量变化而变化的费用和损失。递增成本是随产品产量增加和经营范围的扩大而增加的费用和损失。递减成本则与递增成本相反，它是单位产品随着经营扩大和服务范围的扩展而减少的费用和损失。

3. 税基转嫁法

税基转嫁法也叫税基宽窄运用法，是根据课税范围的大小、宽窄实行的不同税负转移的方法。一般来说，在课税范围比较广的情况下，正面、直接的税负转移就要容易些，这时的税负转移可称为积极性的税负转嫁；在课税范围比较窄的时候，直接地进行税负转移便会遇到强有力的阻碍，纳税人不得不寻找间接转嫁的方法，这时的税负转嫁就可以称为消费性的税负转嫁。

4. 交易选择法

这是针对具体个案而言的，对于一笔具体的交易活动，其对象主导方可以利用自己的独特优势，让对方接受不利的交易方式或者服务手段，使对方接受较高的税收负担，从而实现税负转嫁。比如，提供物流服务的纳税人如果自己处于主导地位，让对方接受小规模纳税人提供的服务，并提供3%的增值税专用发票。这样在其他条件不变的前提下，主导方就将8%（11% －3%）的税负转嫁给了对方。再比如，资产重组交易的资产出让方尽量让对方接受免税重组，这往往也可以实现税负转嫁。

在这里，前三种情况是宏观的，而第四种情况则是微观的。微观的税负转嫁大量且普遍地存在于日常交易过程中，纳税人往往可以通过市场手段的博弈获得相应的税收利益。

企业融资离不开税收筹划

投资人办企业从事生产和经营活动，其目的是要取得投资收益。但是，一旦企业进入正常的生产和经营活动，就要依法纳税。所以投资与纳税是一对孪生兄弟，两者存在必然的联系：税收构成企业生产和经营活动的成本支出或者是现金流出，对企业的盈利能力产生极其重要的影响；企业对生产和经营活动过程中的涉税事项进行必要的税务管理，是其应尽的法定义务。所以，税收筹划直接影响投资人的投资、生产和经营活动的效果。

如果从操作的层面上讲，涉税利益（包括纳税风险）可能产生的环节很多。企业交易行为、税收政策理解方式、企业员工等多方面的因素都可能给企业的税收利益带来影响。但是，许多投资人往往存在一个误区：认为企业税收筹划的重点在财务环节，企业的涉税责任主要由财务会计人员承担。而事实上，企业理财操作属于事后控制，纳税义务产生的环节，80%以上是在决策、生产和购销等其他环节上。因此进行税收筹划，如果在业务流程上下功夫，则可以收到预想不到的效果。笔者不妨在这里举一个实例来加以说明。

案例

2017年3月5日，笔者应邀到成都某建筑企业集团提供现场咨询，在咨询过程中，一位财务总监反映了如下业务问题：该企业集团下有二十个子公司。其中的A公司准备上一个项目，通过银行融资以后，还有1亿元的资金缺口。该公司通过其他渠道了解到M公司有富余资金，但是，M公司对A公司缺乏信任，不想借给A公司。

A公司的有关人员了解到，C公司与M公司的关系比较好，由C公司向M借款是没有问题的。而C公司正好是A公司的协作单位，于是，A公司通过C公司以循环借贷的形式向M公司借到了这笔资金（借贷时间为一年，约定年利率为10%，城市维护建设税适用税率为7%，教育费附加征收率为3%）。其具体操作流程如图1-1所示。

图1-1 A公司通过C公司循环借贷的形成向M公司借用资金的具体操作流程

请问，这位财务总监咨询的这笔业务是否存在涉税问题？

解剖精解

如果对这笔业务进行具体分析，就可能发现其中的问题。C 公司虽然出面帮助搭了桥，向 M 公司借入资金 10 000 万元，同时再转借给 A 公司，但是从税收的角度讲，相应的业务需要纳税。根据约定的 10% 的利率应收取利息为

10 000 × 10% = 1 000（万元）

应缴纳增值税为

1 000/（1 + 6%）× 6% = 56.60（万元）

应缴纳城市维护建设税及教育费附加为

56.60 ×（7% + 3%）= 5.66（万元）

由于 C 公司收取的利息要支付给 M 公司，一收一支最后 C 公司没有利润，所以不需要缴纳企业所得税（为使分析简单化，这里就不考虑在借贷过程中发生的印花税和其他费用等）。

对于 C 公司来说，在这笔借贷业务中缴纳的流转税合计为：56.60 万元 + 5.66 万元 = 62.26 万元。而且对于 C 公司取得的利息，增值税专用发票不能抵扣进项税额。

筹划分析

在这笔业务中，C 公司只是就有关业务进行了信用保证，并没有从中获得任何利益，他们怎么也没有想到，做人情却做出了几十万元的纳税义务，这是他们怎么也不愿意接受的。所以 C 公司的董事长说：“真是不算不知道，一算吓一跳！”

那么，有没有办法通过税收筹划来解决这个问题呢？于是笔者组织该企业集团的专家们（财务总监和有关企业的董事长）一起讨论。

在讨论过程中，财务人员提出，将循环借贷筹资改为循环投资的方式较好。的确，如果将借款改为投资，根据现行税法规定，以现金外投资，所取得的收入属于分配，不用缴纳城市维护建设税和教育费附加。但是，这个方案被 C 公司的董事长否认了，因为如果利用投资方案进行操作，C 公司可能承担自己所不愿意承担的风险。

专家筹划

这个案例的最大特点就是多环节操作，从而导致 C 公司多交税。因此，解决问题的思路还应当在业务操作流程上做文章：如果将借贷改为担保，可以解决因循环借款而造成的重复纳税问题。具体操作流程如图 1－2 所示。

图1-2　C公司担保M公司与A公司的借贷关系

由于是担保，C公司没有取得收入，所以，按原方案应当分别缴纳的有关税收就不需要交了。此外，贷款合同到期，C公司可以随时解除担保责任，也不需要承担其他经营上的风险。

专家点评

这是一个税收筹划的典型案例。企业税收筹划就是纳税人在现行的税制条件下，通过充分利用各种有利的税收政策，适当安排融资行为和业务流程，通过巧妙的财务协调和会计处理，合理地安排纳税方案，在合法的前提下，以实现股东利益最大化为目标的涉税经济行为。从实务操作过程来看，一个好的税收筹划方案，绝大多数都是从业务流程入手，通过机构设置、业务协调，使企业的税收负担达到合理状态。

上述案例说明筹划的重点不在会计核算环节，而是业务流程上。

1. 纳税地点以及经营方向的选择

各国的税收政策因为政治、经济、文化等多方面的差异而存在差别，即使在一个国家的内部，在不同的区域也存在税收待遇上的不同。反映到税收上就是税收负担的高低、税收管理手段的繁简给企业造成的实际成本的大小。目前，世界上有许多被称为国际避税地的国家和地区，被认为是跨国税收筹划的热点地区。

2. 机构建设的税收影响

许多国家往往针对不同的组织机构和形式设置不同的税收政策。在一个经营主体的设立过程中，很重要的一点就是考虑该企业的性质，对新设立的公司而言，可以是分公司，也可以是子公司；可以是有限责任公司，也可以是个体工商业户（无限责任公司）。其中的选择，对一个企业的税收负担影响非常大。在所得税方面，个体工商户适用5%~35%的五级累进税率；公司则按25%的适用税收计算缴纳企业所得税，在分配时还要交20%的个人所得税。因此纯粹从税收角度来考虑，个体工商户的税负较公司要轻。

3. 业务部门的运筹

税收筹划离不开有关部门的配合。实践证明，80%的税收筹划业务发生在财务部门以外的其他业务部门。

（1）企业进货渠道的选择。企业进货向一般纳税人购买可以取得17%（或者13%、11%）的增值税进项抵扣，向小规模纳税人购买则可以取得3%的增值税进项抵扣，究竟向谁进货最适合，这就需要测算利益的平衡点。

（2）管理指标的运筹。如福利企业的“四残人员”是否达到税法规定的比例，一般由人力资源部门操作；水泥企业综合利用指标是否达到要求，则由企业技术部门控制；工资应当如何发放，是由企业劳动工资部门管理。其实这里都存在许多税收筹划的业务问题。

（3）纳税义务实现的时间。推迟纳税义务实现的方法有很多，比如通过赊销、分期付款、委托代销等方式销售货物，从而推迟实现销售，推迟缴纳增值税；将大宗货物的销售改为租赁（或先租赁，后销售）也可以节约增值税税额；适当选择材料计价方式、折旧方式以及外汇折算方式，可以推迟企业所得税的实现；适当选择预缴方式也可以推迟企业所得税的实现等。

4. 财务会计的技术操作

会计人员只要正确地进行会计核算，适时地采用必要的会计核算技巧，就能够取得较好的税收筹划收益。如微利企业正确核算账务所取得的查账征收权利就可以按实计征，从而少交企业所得税；兼营不同税率的商品，或者兼营不同税种的项目，分开核算就可以取得税收优惠等。在日常会计操作过程中的税收筹划，主要表现在两个方面：① 通过报表分析，对税收负担的变化情况做出职业判断。任何纳税人只要从事生产经营活动，就存在一定的税收负担，那么其税收负担水平如何、是否合理，税收筹划人应该对纳税人的税收负担进行分析，具体的可以与该企业的同行业平均税收负担、该企业的历史水平等多方面进行横向的以及纵向的比较和分析，如果发现该企业的税收负担水平畸重，则要有针对性地分析其生产经营过程和财务核算情况，解剖税收负担畸重的原因，从而找到该企业的税收筹划切入点，有针对性地开展税收筹划。② 会计方法的选择。会计方法的选择对企业当期的税收负担可能产生影响，如材料发出的计价方法、折旧方法等。在技术更新、产品开发等环节也可能因为接受现行税收政策给出的适当建议，而使企业的税收负担合理下降，如在固定资产修理时适当控制费用支出，避免修理费用的资本化，可以实现递延纳税等。

5. 利用专家工作

善于利用专家（包括外部专家）工作是企业发展战略的一个重要部分。我们应当认可能够为纳税人提供税收筹划服务的是那些专门从事相关研究的专家。

与专家合作的过程，实际上是一个“磨刀”的过程。对于一个处于发展过程中的成长性企业来说，其自身具有很高的素质，就好像是一把用很好的材质做成的宝剑或者钢刀，如果欲使其更加锋利，就需要一块磨刀石。而专家或者由专家组成的专业咨询机构，往往就是那块磨刀石，企业通过咨询机构的咨询和交流，就是“磨刀”——宝刀与磨刀石的配合过程。在这个过程中，宝刀因经过磨砺而更加锋利。一般而言，作为专家机构，往往都是集中了相应的专家和权威人士的服务机构，这些人士都是在某一个方面具有理论和实践的权威。企业接受这些机构的专业服务可以提升企业的管理水平，强化某些经济事项的合法性和合理性。我们以咨询的形式提供服务，主要是通过彼此双方的交流和研讨，从而为委托方提供专业服务，解决相关专业问题。因此，作为纳税人的委托人，应当主动将相关问题或者需要决策的相关事项提出来，与有关专家进行交流和探讨。否则就会影响企业的咨询效果。

作为纳税人，如果想与有关专家进行合作，其前提是要对知识的价值有正确的认识。一般认为，在市场经济条件下，交易双方是以等价交换为基础的，如果背离了这个基础，就无从达成交易。这个原则落实在日常经营活动中，就是“互利互惠”“双赢”和“共同发展”，作为交易双方，只能在彼此诚信和双赢的价值基础上提出服务要求。而对于咨询服务机构所提供的知识服务产品而言，其价值是随着接受服务者科学地运用而不断增加。相反，如果不能正确地运用，其价值也就不能正确地体现出来。

第二章 建筑施工企业筹建期案例精解

通过十多年的理论普及和推广，人们已经从不同的角度，不同的层面找到了很多税收筹划的技巧和方法，但是，如果站在一个纳税主体的角度博弈税收利益，则可以利用的税收筹划基本方法主要有四个，即政策差异、税收优惠政策、递延纳税和税负转嫁。但是，如果落实到建筑施工企业，则在筹建期间应如何操作？在这里我们引用有关资料并结合建筑施工企业案例做一个简要介绍。

案例

建筑施工企业法律形式的选择

自由执业人李老板发现我国的 PPP 和“一带一路”建设咨询业务存在很大的操作空间和发展空间，于是，准备以个人的名义投资创办一个建筑施工咨询服务性企业。他的计划是以自己建筑施工专业特长，同时招聘几个大学毕业生做市场，在从事建筑施工技术人员的后续教育的同时，为部分企业提供建筑施工指导和咨询服务。经过测算，在不考虑自己费用的情况下，在最初的两年里，年收入大约为 300 万元，计税利润为 54. 32 万元，以后企业的盈利能力会进一步增强，以后每年的计税利润为 100 万元。

李老板知道，我国目前的经济政策不断变化，但是，总的趋势是不断完善的。而对未来企业收益影响最大的，就数税收政策，而且在企业设立阶段的纳税筹划十分重要。

李老板虽然对税收政策也比较熟悉，但是，考虑“旁观者清，当局者迷”。于是他向专业咨询机构进行了咨询。

税收筹划咨询专家与李老板进行了深度沟通以后，结合目前的所得税（包括企业所得税和个人所得税）规定，给他提出两种方案：一个是个人独资企业，另一个是有限责任公司。

在两个法律形式的经济实体之间，李老板应当如何选择？

案例分析

投资人从事经济活动的目的就是最大化地取得投资收益，在投资收益的构成上，除生产和经营收益以外，还包括税收筹划收益。因此，税收方面的问题应当引起投资人的关注。为了说明有关问题，税收筹划咨询专家跟李老板一起对两种操作方案进行数据计算和分析（为了分析简便，在这里我们利用一人公司作为分析对象，不考虑“四金”对税收的影响）。

李老板如果成立独资企业和成立责任有限公司（一人公司）两种情况下，其发生的费用相同，即在个人独资企业未扣除投资者费用，一人公司未扣除投资者工资的情况下，年度利润都为54.32万元。

1. 个人独资企业的税收负担水平

其个人独资企业在此利润水平下适用税率为35%，同时可以扣除投资者费用4.2万元/年，李老板则应缴纳个人所得税：

(543 200 - 42 000) × 35% - 14 750 = 160 670(元)

也就是说，如果李老板成立个人独资企业，根据现行政策，其税收负担率为

160 670 ÷ 543 200 × 100% = 29.58%

2. 有限公司的税收负担水平

在公司利润水平为54.32万元的前提下，如果李老板平时的工资发放标准掌握在每月3 500元，那么，他所缴纳的税收情况计算如下：

（1）工资的税收负担。如果给李老板每月发放3 500元工资，全年发放42 000元工资，则免缴个人所得税。

（2）企业所得税。公司年度应缴纳企业所得税：

(543 200 - 12 × 3 500) × 25%

= (543 200 - 42 000) × 25%

= 125 300(元)

（3）红利应缴纳个人所得税。为了说明问题，这里假设投资者将利润全部分配给投资者（下同），投资者个人分回股利收入应缴纳个人所得税：

(543 200 - 12 × 3 500 - 125 300) × 20% = 75 180(元)

作为公司制企业，其三个纳税事项合计应当缴纳个人所得税与企业所得税为

0 + 125 300 + 75 180 = 200 480(元)

最后再计算出公司合计所得税的税收负担率为

200 480 ÷ 543 200 × 100% = 36.91%

不同法律形式企业税负对照如表2-1所示。

表 2-1　不同法律形式企业税负对照

企业	老板年费用	所得总税负	税负率（%）
个人独资企业	42 000	160 670	29. 58
一个公司	42 000	20 0480	36. 91

政策分析

对于李老板来说，他考虑的应当是通过经营自己最终所取得的净收入是多少?在这个前提下，无论是选择什么企业形式来经营，如果营业收入相等，所缴纳的增值税都一样，所以在这里我们可以不去分析。关键是所得税。

从所得税的角度讲，如果他选择有限责任公司，那么他就需要缴纳企业所得税和个人所得税。最后才是他的净收入。但是，如果他选择的是个人独资企业，那么，他就需要缴纳个人所得税。在两种情况下，哪种企业能够使其实现税收利益最大化呢？下面我们对其做一个简要分析：

对于个人独资企业而言，根据《国务院关于个人独资企业和合伙企业征收所得税问题的通知》（国发〔2000〕16 号）规定，从 2000 年 1 月 1 日起，个人独资企业和合伙企业不再缴纳企业所得税，只对投资者个人取得的生产经营所得征收个人所得税。并且《中华人民共和国企业所得税法》也明确规定个人独资企业、合伙企业不适用本法。因此，对个人独资企业只对其征收个人所得税。根据现行的税收法律法规的规定，个人独资企业按个体工商户的生产、经营所得税目适用 5% ~35% 的超额累进税率。根据《财政部、国家税务总局关于调整个体工商户业主、个人独资企业和合伙企业自然人投资者个人所得税费用扣除标准的通知》（财税〔2011〕62 号）规定其费用标准为每年 4. 2 万元。

对于公司制企业而言，2006 年 1 月实施的新《公司法》使得一人公司法律制度在我国首次得以确立，一人公司是依照《公司法》成立的承担有限责任的法人企业。作为法人企业，就应当缴纳企业所得税。

2008 年 1 月 1 日实施的《企业所得税法》第四条规定，企业所得税的税率为 25% 。同时，《企业所得税法》第二十八条明确，符合条件的小型微利企业，减按 20% 的税率征收企业所得税。国家需要重点扶持的高新技术企业，减按 15% 的税率征收企业所得税。

当然，对于投资者来说，其税收负担并不到此就结束，因为，投资者进行投资的目的是需要收回投资的。由于有限责任公司与其股东是两个不同的法律主体，因此，在纳税时将有限责任公司与其股东分别对待，即对有限责任公司征收企业所得税，再对股东分得的税后利润征收个人所得税，作为投资人还需要就取得的红利计算缴纳20%的个人所得税，实行双重征税。所以，投资者的实际综合税收负担率为45%（这里简单相加，复合税率为40%）。

根据2011年7月19日《国务院关于修改〈中华人民共和国个人所得税法实施条例〉的决定》第三次修订的《中华人民共和国个人所得税法实施条例》（以下简称《个人所得税法实施条例》），工资、薪金所得按以下步骤计算缴纳个人所得税：每月取得工资收入后，先减去个人承担的基本养老保险金、医疗保险金、失业保险金，以及按省级政府规定标准缴纳的住房公积金，再减去费用扣除额3 500元/月（来源于境外的所得以及外籍人员、华侨和香港、澳门、台湾同胞在中国境内的所得每月还可附加减除费用1 300元），为应纳税所得额，按3%～45%的七级超额累进税率计算缴纳个人所得税。

但是，从税收筹划的角度讲，还有如下政策要点需要关注：

一是《企业所得税法》第八条明确规定，企业实际发生的与取得收入有关的、合理的支出，包括成本、费用、税金、损失和其他支出，准予在计算应纳税所得额时扣除。

二是国家根据当时的经济形势不断出台扶持政策，而这些政策基本上会对公司制企业。

三是公司制有许多税收优惠政策可以利用。

筹划分析

1. 适当调整工资（增加100元）

《企业所得税法》明确规定，公司制企业所发生的合理性工资可以在企业所得税前列支。这里我们假设将投资者的月工资增加100元，以每月3 600元发放，即全年发放工资43 200元，并且已经得到当地主管税务机关的认可。

其一，工资的税收负担。公司的投资者如果每月发放3 600元工资，则其投资者个人年度工资薪金收入应缴纳个人所得税：

$$[(3\,600-3\,500)\times 3\%-0]\times 12=36(元)$$

其二，企业所得税。财政部和国家税务总局在《关于扩大小型微利企业所得税优惠政策范围的通知》（财税〔2017〕43号）中明确，扩大享受企业所得税优惠的小型微利企业范围。自2017年1月1日～2019年12月31日，将小型微利企业年应纳税所得额上限由30万元提高到50万元，符合这一条件的小型微利企业所得减半计算应纳税所得额并按20%优惠税率缴纳企业所得税。我们假设该公司的经营计划期正好在这个范围内，且年度计税利润在 50 万元（含），所以，其适用税率为 20%，且减半征收企业所得税，其应缴纳企业所得税为

(543 200 - 12 × 3 600) × 20%/2 = (543 200 - 43 200) × 20%/2 = 50 000(元)

其三，红利应缴纳个人所得税。投资者个人分回股利收入应缴纳个人所得税

(543 200 - 12 × 3 600 - 50 000) × 20% = 90 000(元)

李老板投资的公司，其三个纳税事项合计应当缴纳个人所得税与企业所得税为

36 + 50 000 + 90 000 = 140 036(元)

然后再计算出公司合计所得税的税收负担率为

140 036 ÷ 543 200 × 100% = 25.78%

作为公司制企业，将筹划前后企业的税收负担进行比较，筹划后的税收负担水平比筹划前的下降了 11.13 个百分点（36.91% - 25.78%）。

2. 大幅提高发放水平（工资增加到 12 500 元）

这里我们假设将投资者李老板的月工资以每月 12 500 元发放，即全年发放工资 15 万元，并且已经得到当地主管税务机关的认可。在这样的情况下：

其一，工资的税收负担。如果李老板每月发放 12 500 元工资，则其投资者个人年度工资薪金收入应缴纳个人所得税为

[(12 500 - 3 500) × 20% - 555] × 12 = 14 940(元)

其二，企业所得税。公司年度应缴纳企业所得税为

(543 200 - 12 × 12 500) × 20%/2 = 39 320(元)

其三，红利应缴纳个人所得税。投资者个人分回股利收入应缴纳个人所得税为

(543 200 - 12 × 12 500 - 39 320) × 20% = 70 776(元)

李老板投资的公司，其三个纳税事项合计应当缴纳个人所得税与企业所得税为

14 940 + 39 320 + 70 776 = 125 036(元)

然后再计算出公司合计所得税的税收负担率为

125 036 ÷ 543 200 × 100% = 23.02%

作为公司制企业，将筹划前后企业的税收负担进行比较，进一步筹划后的税收负担水平比筹划前的下降 13.89 个百分点（36.91% - 23.02%）。

3. 进一步筹划（工资增加到 28 500 元）

这里我们假设将投资者的工资以每月 28 500 元发放，即全年发放工资 34.2 万元，并且已经得到当地主管税务机关的认可。在这样的条件下有关所得税计算如下：

其一，工资的税收负担。公司的投资者如果每月发放 28 500 元工资，则其投资

者个人年度工资薪金收入应缴纳个人所得税为

[(28 500 − 3 500) × 25% − 1005] × 12 = 62 940(元)

其二，企业所得税。公司年度应缴纳企业所得税为

(543 200 − 12 × 28 500) × 20%/2 = 20 120(元)

其三，红利应缴纳个人所得税。投资者个人分回股利收入应缴纳个人所得税为

(543 200 − 12 × 28 500 − 20 120) × 20% = 36 216(元)

李老板投资的公司，其三个纳税事项合计应当缴纳个人所得税与企业所得税为：

62 940 + 20 120 + 36 216 = 119 276(元)

然后再计算出公司合计所得税的税收负担率为

119 276 ÷ 543 200 × 100% = 21.96%

作为公司制企业，将筹划前后企业的税收负担进行比较，进一步筹划后的税收负担水平比筹划前的下降 14.95 个百分点（36.91% − 21.96%）。

4．筹划到接近极限（工资增加到 38 500 元）

这里我们假设将投资者的工资以每月 38 500 元发放，即全年发放工资 46.2 万元，并且已经得到当地主管税务机关的认可。在这样的条件下有关所得税计算如下：

其一，工资的税收负担。公司的投资者如果每月发放 28 500 元工资，则其投资者个人年度工资薪金收入应缴纳个人所得税为

[(38 500 − 3 500) × 25% − 1 005] × 12 = 92 940（元）

其二，企业所得税。公司年度应缴纳企业所得税为

(543 200 − 12 × 38 500) × 20%/2 = 8 120（元）

其三，红利应缴纳个人所得税。投资者个人分回股利收入应缴纳个人所得税为

(543 200 − 12 × 38 500 − 8 120) × 20% = 14 616（元）

李老板投资的公司，其三个纳税事项合计应当缴纳个人所得税与企业所得税为

92 940 + 8 120 + 14 616 = 115 676(元)

然后再计算出公司合计所得税的税收负担率为

115 676 ÷ 543 200 × 100% = 21.30%

作为公司制企业，将筹划前后企业的税收负担进行比较，进一步筹划后的税收负担水平比筹划前的下降 14.95 个百分点（36.91% − 21.96%）。

工资与税负对照如表 2－2 所示。

表 2-2　工资与税负对照

（单位:元）序号	月工资	所得总税负	税负率%	节税额	筹划弹性
1	3 500	200 480	36.91	0	0
2	3 600	140 036	25.78	60 444	11.13
3	12 500	125 036	23.02	75 444	13.89
4	28 500	119 276	21.96	81 204	14.95
5	38 500	115 676	21.30	84 804	15.61

工资（1 人公司）与税负对比示意图如图 2-1 所示。

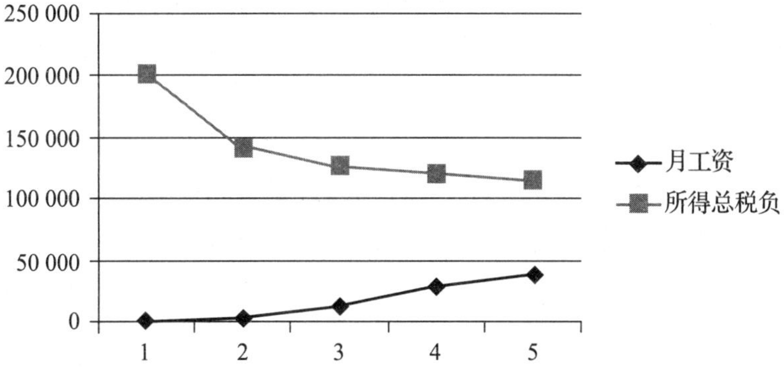

图 2-1　工资（1 人公司）与税负对比示意图（单位：元）

5. 筹划结论

目前部分小型企业主对自己工资如何发放问题认识不清，认为平时少拿一点儿，控制在免税范围内可以避税。但是实际上，正确利用现行税收政策，通过工资的适当筹划，企业的税收负担水平可以大幅降低（这里降低了 14.95 个百分点）。

工资（1 人公司）筹划节税效果分析示意图如图 2-2 所示。

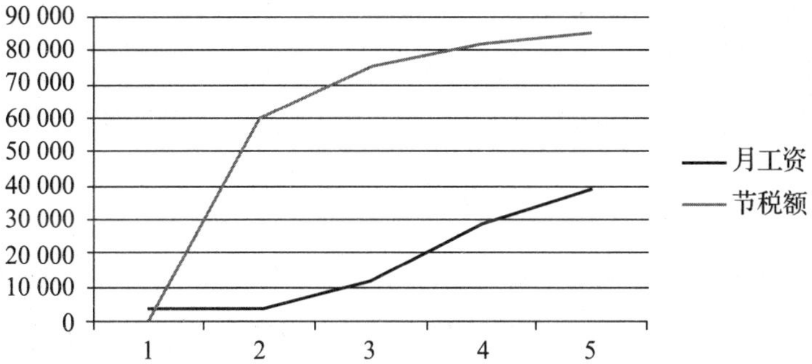

图 2-2　工资（1 人公司）筹划节税效果分析示意图（单位：元）

注意事项

笔者在《纳税筹划实战精典百例（第6版）》和《企业涉税风险的表现及规避技巧（第2版）》等书中分析过企业设立环节的增值税一般纳税人身份的筹划问题，其实，企业注册环节需要考虑的问题很多，涉及许多政策，仅税收方面就有增值税、营业税、企业所得税和个人所得税等方面。为了分析问题方便，我们在此仅假设在特定的情况下的涉税分析，因此，其操作思路只有参考意义。

工资的“合理性”必须得到主管税务机关的认可。根据现行政策，对于应当计缴企业所得税的企业可以根据实际情况和需要核发员工的工资，包括在职投资者的工资支出，也就是税法规定的“合理的工资”支出。在本案例中，为了分析问题方便，我们仅假设了同口径对比分析，但是，对于一个具体公司而言，则可以在合理性上做文章。

注意企业所得税的适用税率。本案例分析如果基于小型企业的适用税率20%的企业所得税，所产生的结论已经十分明显，但是对企业的财务核算提出更高的要求，否则，一旦计税利润超过标准，企业的税收负担就会相应的上升5个百分点。如果计税利润超过50万元，企业则需要按25%的税率计税，在这样的情况下，就需要进行综合筹划。

经营者选择一人公司，以有限责任公司的形式出现，只承担有限责任，风险相对较小；个人独资企业由于要承担无限责任，风险较大。因此，投资者要综合考虑所得税的实际负担水平，兼顾其他各方面的因素，选择设立适合自身实际情况的企业组织形式，以实现投资效益的最大化。

第一，注意政策变化情况。最近，国家为了扶持小微企业的发展，出台了一系列所得税优惠政策，并且表现出阶段性特点，《财政部　国家税务总局在关于扩大小型微利企业所得税优惠政策范围的通知》（财税〔2017〕43号）明确，为进一步发挥小型微利企业在推动经济发展、促进社会就业等方面的积极作用，自2017年1月1日~2019年12月31日，对年应纳税所得额在30万~50万元（含50万元）之间的小型微利企业，其所得减按50%计入应纳税所得额，按20%的税率缴纳企业所得税。

第二，营改增以后个人所得税的计税依据也发生了变化，根据《财政部、国家税务总局关于营改增后契税 房产税 土地增值税 个人所得税计税依据问题的通知》（财税〔2016〕43号）的规定，自2016年5月1日起个人所得税计税收入为不含增值税收入。

出资方式选择：权益性投资与债权性投资的划分

在 PPP 筹划初期，作为国有投资公司来说，考虑的问题比较多。反映到投资行为的操作上，主要是投资金额和投资方式的考量问题。比如，在考虑决策如何参与 PPP 项目的时候，是选择投“股本”，还是选择投“准股本”（名股实债）。

一、股东在公司中的责任

国有投资公司在 PPP 筹划初期考虑更多的是有关项目建设过程中的安全生产责任问题，那么，股份有限公司中的股东的安全责任如何界定呢？根据现行法律规定，实际控股方是安全生产第一责任方，其他股东的安全责任国家无硬性规定，可协议约定，但参与管理的股东必须负责分管领域内的安全生产。因此，决定主要负责人的人选，主要看负责人对安全生产是否全面负责。

1. 有限责任公司的特点

有限责任公司又称有限公司，是指符合法律规定的股东出资组建，股东以其出资额为限对公司承担责任，公司以其全部资产对公司的债务承担责任的企业法人。有限责任公司中的“有限责任”具体含义如下：

（1）承担有限清偿责任，是指投资人仅以自己投入企业的资本对企业债务承担清偿责任，资不抵债的，其多余部分自然免除的责任形式。有限责任是大公司兴起的重要因素。而合伙制和个人业主制的所有者在一般情况下却需要对债务负有无限的责任。

（2）根据《中华人民共和国公司登记管理条例》的规定登记注册，由五十个以下的股东出资设立，每个股东以其所认缴的出资额对公司承担有限责任，公司以其全部资产对其债务承担责任的经济组织。有限责任公司包括国有独资公司以及其他有限责任公司。

（3）社会经济发展的产物，对于近现代公司的发展起着重要的作用，其克服了无限公司股东负担的因公司破产而导致个人破产的风险，便于人们投资入股，是广泛募集社会大量资金、兴办大型企业最有效的手段。这一专用语多用于组建公司或者企业，以表示该公司或者企业的性质，如“有限公司”“有限责任公司”“股份有限公司”等。

2. 有限责任公司与股份有限公司的比较

股份公司，或股份企业、股份制公司、股份制企业，均指由两个或两个以上个体持有公司股票份额的企业组织形式。在股份公司的形式下，股份是企业组织（公司、合伙制企业）的所有权凭证。股份公司通过公开、非公开的方式发行股票，通过经营、投资、财务融资等方式创造利润回报股东；而股东则可以出售手中股票，将代表自己对公司所有权的利益转让给其他人。

（1）有限责任公司与股份有限公司的共同点如下：

1）股东都对公司承担有限责任。无论在有限责任公司中，还是在股份有限公司中，股东都对公司承担有限责任。有限责任的范围，以股东公司的投资额为限。

2）股东的财产与公司的财产是分离的，股东将财产投资给公司后，该财产即构成公司的财产，股东不再直接控制和支配这部分财产。同时，公司的财产与股东没有投资到公司的其他财产是没有关系的，即使公司出现资不抵债的情况，股东也只以其对公司的投资额承担责任，不再承担其他的责任。

3）有限责任公司和股份有限公司对外都是以公司的全部资产承担责任。也就是说，公司对外也是只承担有限的责任，“有限责任”的范围，就是公司的全部资产，除此之外，公司不再承担其他的财产责任。

（2）有限责任公司与股份有限公司的不同点如下：

1）两种公司在成立条件、募集资金和股东人数方面有所不同。有限责任公司的成立条件比较宽松，股份有限公司的成立条件比较严格；有限责任公司只能由发起人集资，不能向社会公开募集资金，股份有限公司可以向社会公开募集资金；有限责任公司的股东人数有最高和最低的要求，股份有限公司的股东人数只有最低要求，没有最高要求。

2）两种公司的股份转让难易程度不同。在有限责任公司中，股东转让自己的股份有严格的要求，受到的限制较多，比较困难；在股份有限公司中，股东转让自己的股份比较自由，不像有限责任公司那样困难。

3）两种公司的股权证明形式不同。在有限责任公司中，股东的股权证明是出资证明书，出资证明书不能转让和流通；在股份有限公司中，股东的股权证明是股票，即股东所持有的股份是以股票的形式来体现的，股票是公司签发的证明股东所持股份的凭证，股票可以转让和流通。

4）两种公司的股东会、董事会权限大小和两权分离程度不同。在有限责任公司中，由于股东人数有上限，人数相对来讲比较少，召开股东会等也比较方便，因此股东会的权限较大，董事经常是由股东自己兼任的，在所有权和经营权的分离上，程度较低；在股份有限公司中，由于股东人数没有上限，人数较多且分散，召开股东会比较困难，股东会的议事程序也比较复杂，所以股东会的权限有所限制，董事会的权限较大，在所有权和经营权的分离上，程度也比较高。

5）两种公司财务状况的公开程度不同。在有限责任公司中，由于公司的人数有限，则财务报表可以不经过注册会计师的审计，也可以不公告，只要按照规定期限送交各股东即可；在股份有限公司中，由于股东人数众多且很难分类，则财务报表必须要经过注册会计师的审计并出具报告，还要存档以便股东查阅，其中以募集设立方式成立的股份有限公司，还必须要公告其财务会计报告。

二、股东出资方式的选择

作为投资人向某个项目进行投资的方式无非有两种，即权益性投资与债权性投资。通常情况下，许多投资人（老板）考虑更多的是投资风险和话语权的问题。实际上投资人（老板）还需要考虑另外一个问题——税收问题。

1.“税盾”对投资成果的影响

所谓的“税盾效应（TAXSHIELD）”，即债务成本（利息）在税前支付，而股权成本（利润）在税后支付，因此，企业如果要向债权人和股东支付相同的回报，则实际需要生产更多的利润。例如，设企业所得税税率为25%，利率为10%，如果企业要向债权人支付100元利息，由于利息在税前支付，则企业只需产生100元的税前利润即可（企业完全是贷款投资）；但如果要向股东支付100元投资回报，则需产生100元/（1－25%）＝133.33元的税前利润（企业完全是股权投资），“税盾”的作用使企业贷款融资比股权融资更为便宜。因此，普遍观点认为债务的“税盾效应”会扭曲企业的资产结构，刺激企业进行更多的负债融资。

2.“税盾”对投资成果影响的局限性

当然，“税盾”的作用也不是万能的。投资人在具体筹划和安排负债水平的时候需要考虑以下三个方面的内容：

（1）“税盾”的作用是有限的。企业的理财重点应是提高资本的报酬（息税前利润）。息税前利润总额取决于企业的投资总额和资本利润率，在一定资本总量的前提下，无论采用何种资本结构，其投资总收益是既定的，即息税前利润总额是既定的。资本结构中“税盾”的存在并不会使息税前利润总额增加。不同的资本结构，只是表现为既定的息税前利润总额如何在政府、债权人、股东之间分配，划分为企业所得税税额、债权人收益和股东收益。“税盾”的作用只是在于使政府收益（企业所得税）减少，相应增加债权人和股东收益。由此看来，在不改变息税前利润总额的前提下，依靠“税盾”少交税来增加债权人收益和股东收益，其作用是十分有限的。

要增加债权人收益和股东收益，最直接的措施应是扩大产品销售，提高资金使用效率，增强企业盈利水平，努力增大息税前利润总额，然后才是利用“税盾”扩大债权人收益和股东收益所占份额。如果企业不将主要精力放在提高资本报酬上，而一味强调通过少交税来增加债权人收益和股东收益，则是舍本逐末，得不偿失的。

（2）债务资本带来的“税盾”是有风险的，其数额具有不确定性。在不考虑个人所得税时：“税盾”数额＝债务额×债务利率×企业所得税税率；债务额＝“税盾”数额/债务利率/企业所得税税率。要实现一定量的预期“税盾”数额，企业需要较大规模的债务额。而债务资本是要约期归还并支付固定利息的。比较而言，权益资本可长期使用，视企业盈利情况决定股利的多少，企业不存在还本付息的压力和资不抵债导致破产的风险。而债务资本则相反，债务额越大，企业的财务风险就越大。

（3）“税盾”对于改善企业的投资环境并无益处。“税盾”的存在改变了息税前利润在政府、债权人、股东之间的比例，形成了有利于债权人、股东而不利于政府的分配结构。站在宏观的角度看，如果整个社会经济都追求“税盾效应”，则就会影响政府财政收入及时足额的取得。

“股本”与“准股本”筹划案例精解

如果选择投“股本”，则利益的取得方式是红利，需要在缴纳各种税收（尤其是企业所得税）后才能取得；而如果选择投“准股本”，则利益的取得方式是利息，有关项目公司所支付的利息可以抵减企业所得税，有“合理避税”的效果。

投资活动一般是以自有资金作为基础，但是有时也需要融资，投资和融资是互相融合在一起的。筹资的方式不同，税收成本有异，最终收益也就不一样。在这里以一个案例来做具体分析。

筹划案例

普诚建筑工程公司是一家上市公司，2016 年 1 月 18 日，该公司计划筹资 3 000 万元用于扩大产品生产。假设公司之前未发行股票，也无其他负债，借款年利率为 10%，企业所得税税率为 25%。预计公司当年息税前利润为 500 万元。对于这样的业务，该公司应当如何筹划呢？

案例分析

在投资性筹资活动中，上市的股份有限公司的筹资情况比较典型地反映了企业筹资及筹资成本和涉税事项，假设某公司要通过发行普通股股票的方式筹资，若普通股每股筹资额等于其价值，则普通股成本率的计算公式为

$$\text{普通股成本率}=\frac{\text{普通股股利}}{\text{普通股股金市价总额}\times(1-\text{筹资费用率})}$$

由于向投资者分配投资利润（股利）是在所得税以后进行的，所以，投资性筹资与企业的税收无关。

尽管利用发行股票的形式不能获得税收上的好处，并且筹资成本也比较大，但

是通过发行股票筹得的资金不需要偿还，可以被企业长期占用，因此，越来越多的企业选用了这种筹资渠道。

在日常投资活动中，上市公司与非上市公司的筹资决策方法是有所不同的。这里主要从节税的角度分别说明这两类公司是如何决策的。

筹划分析

下面结合公司的具体情况对筹划方案进行具体分析。

方案一，采取负债筹资与权益筹资相结合的方式，向商业银行借款 1 000 万元，向社会公开发行股票 2 000 万元，计划发行价为 2 元/股，共发行股票 1 000 万股。

方案二，采取负债筹资与权益筹资相结合的方式，向商业银行借款 2 000 万元，向社会公开发行股票 1 000 万元，计划发行价为 2 元/股，共发行股票 500 万股。

利用每股盈余无差别点计算：$(EBIT - I_1) \times (1 - T) / N_1 = (EBIT - I_2) \times (1 - T) / N_2$

式中：$EBIT$——息税前利润；

I_1——方案一利息额；

I_2——方案二利息额；

T——所得税税率；

N_1——方案一的普通股总数；

N_2——方案二的普通股总数。

计算每股盈余无差别点：将方案一和方案二的数据代入其中得到

$$(EBIT - 100) \times (1 - 25\%) \div 1\,000 = (EBIT - 200) \times (1 - 25\%) \div 500$$

求得 $EBIT = 300$ 万元。

计算结果说明：在以上案例的假设条件下，当息税前利润为 300 万元时，采取任何筹资方案的节税效果都是一样的。而当息税前利润大于 300 万元时，例如上面案例中，当息税前利润为 500 万元时，则 $(500 - 100) \times (1 - 25\%) / 1\,000 < (500 - 200) \times (1 - 25\%) \div 500$，这时选择负债筹资更有利，而且负债筹资越大，节税收益就越大；反之，当息税前利润小于 300 万元时，则选择权益筹资。

在这个筹资过程中：

方案一应纳所得税额为

$(500 - 100) \times 25\% = 100$（万元）

方案二应纳所得税额为

$(500 - 200) \times 25\% = 75$（万元）

筹划结论

通过分析与比较可以发现，方案二比方案一少缴所得税25万元。筹资方案分析表如表2-3所示。

表2-3　筹资方案分析表　　(单位：万元)

筹资方案	筹资额	息税前利润	所得税额	投资收益
方案一	3 000	500	100	400
方案二	3 000	500	75	425

专家点评

本案例分析了上市公司的筹资筹划问题，与此做一个类比，非上市公司筹资同样也存在一个筹划和决策问题。由于非上市公司不发行股票，所以不能采用每股盈余无差别点法。这时，就可以采用销售增长率最大法。销售增长率的计算公式如下：

销售增长率=销售净利率×资产周转率×收益留存率×期初权益期末资产权益乘数

=销售净利率×资产周转率×收益留存率×

(期末负债总额+期末所有者权益)/期初所有者权益

由公式可知，假定公司的经营效率达到最大，即销售净利率和资产周转率达到最大；且保持企业当年收益留存率不变时增加债务筹资，可以增大“期初权益期末资产权益乘数”进而提高公司增长率。而且从节税角度来考虑，如果公司当年融资2 000万元，资本成本为15%，所得税税率为25%，则公司一年可节税2 000万元×15%×25%=75万元。

此外，公司还可以适当选择不同的债务筹资方式，包括不同资本成本或不同期限的债务筹资，这需根据公司自身的实际情况来定。如将关联公司间的资金往来视为借贷款筹资，则公司的筹资额更多，在提高借款利率并保持资本成本小于同期银行存款利率的情况下，公司所支付给关联公司的利息额可全额抵免所得税，节税更多。而在公司资金出现季节性短缺时，由于短期借款利率较低，则利用轮回的短期借款方式，既可以保证资金的供应，又可以在一定程度上节税，进一步减轻了公司的资金短缺问题。

由此可见，负债筹资的杠杆作用在任何类型的企业或公司中都是存在的，只要公司当年的投资报酬率高于债务资本成本，并且在筹资能力许可的情况下，公司都可以选择不同的筹资方式达到节税的目的。

通过上述分析可以发现，无论哪种分析和筹划，都有债务问题在其中，因此要充分认识负债筹资在涉税筹划中的作用。负债筹资包括向银行及其他金融机构借款、发行长期债券以及向其他单位和个人借款等。

1. 向银行及其他金融机构借款

各种借款的资金成本主要是借款利息，资金成本率一般以借款利率来表示。因为利息费用按规定在所得税前列支。因此，企业借款的实际资金成本率应为税后资金成本率。其计算公式为

$$资金成本率 = 借款利率 \times (1 - 所得税率)$$

2. 发行长期债券

企业发行长期债券进行筹资，要支付一定数额的筹资费用，使企业实得资金一般少于债券的面额（不包括溢价发行）。其计算公式为

$$企业实得资金 = 债券发行金额 \times (1 - 筹资费用率)$$

另外，企业债券利息也是在所得税税前列支的，企业实际负担的债券利息的计算公式为

$$企业实际负担的债券利息 = 债券利率 \times (1 - 所得税率)$$

因此，债券成本率的计算公式为

$$债券成本率 = \frac{债券发行总额 \times 年利率 \times (1 - 所得税率)}{债券发行总额 \times (1 - 筹资费用率)}$$

利用增发企业债券的形式筹集资金能使每股盈余上升较多。如果其他条件既定，在筹集同样额度的资金条件下，负债筹资可以在计提所得税以前列支筹资利息，从而享受到所得税上的好处，给公司股东的权益产生积极的影响。股份公司对通过税收策划合法有效地降低资金成本的需求更为迫切，而筹资税收策划为企业合法有效地筹集资金提供了科学的依据。只有策划得好，企业才能获得较大的资产增值，降低成本，从而最终实现股东财富最大化的企业发展目标。

3. 负债筹资与租赁筹资的比较

由于融资租赁不能取消事先约定的权利和义务关系，从承租者的角度看，与借入资金并购买资产没有差别，即企业的融资租赁是借入资金的一种替代，多租赁则少借入。因此，对融资租赁的分析实际上是把它与借入资金并购买资产相比较，选择费用较小的方式。

4. 借款筹资的筹划意义

企业并不是只有在缺少资金的时候才有必要进行借贷。相反，企业在不缺少资金的时候，还可以通过相互提供借贷资金进行税收筹划，以节省部分税款。这种筹划的空间在累进税率的情况下更大，在比例税率的情况下相对较小。

例如，某行业的年度经营情况变化较大，某年度个体工商户甲净盈利 30 万元，

个体工商户乙没有盈利，亏损1万元，甲、乙两个个体工商户的资金都比较雄厚。

如果甲、乙两个个体工商户都不贷款，也不相互拆借，则

甲应纳税额 = 300 000 × 35% − 6 750 = 98 250（元）

乙不用纳税。

如果甲、乙两个个体工商户互相拆借，该年度甲向乙贷款60万元，年利息率为10%，年度末甲应向乙支付利息6万元，则

甲应纳税额 = (300 000 − 60 000) × 35% − 6 750 = 77 250(元)

乙应纳税额 = (60 000 − 10 000) × 35% − 6 750 = 10 750(元)

通过筹划，两者共少交税款10 250(98 250 − 77 250 − 10 750)元。

总之，上述案例所揭示出来的原理对于投资人在参与PPP投资的过程中也是可以借鉴的。

分拆业务新办企业的涉税风险案例精解

有些人认为新办企业有优惠，通过新办企业筹划税收是一件最简单的筹划项目，因此，许多人就不断兴办新企业。但是，有政策还要会运筹，运作不当最终还是竹篮打水一场空。

筹划案例

地处上海市的驰远建设工程服务公司最近很苦恼。因为2017年2月18日，该企业收到主管税务稽查部门的通知，要对该企业营改增以后的纳税情况进行检查。

该企业主要为建筑企业提供大型建筑设备的搬运服务工作，共有职工200人，其中包括2012年10月吸纳的自谋职业的城镇退役士兵8人，管理人员12人，其余为搬运工人。2012年度，该企业实现服务收入5 000万元。

在进行纳税筹划之前，该企业2012年度按“其他服务业”缴纳营业税，应负担的相关流转税费为275万元，其中

（1）营业税：5 000 × 5% = 250(万元)。

（2）城市维护建设税以及教育费附加：250 × (7% + 3%) = 25(万元)。

以上两项共需缴纳流转税费合计为275万元。

从2013年1月1日开始，当地实行营改增，考虑到2012年度接受了城镇退役士兵8人是一笔非常宝贵的人力资源，该企业的财务总监和人力资源经理经过商量和筹划之后，向企业的董事长做了汇报，建议对企业目前的组织架构进行重组。

案例分析

1. 筹划依据

根据财政部国家税务总局《关于在上海市开展交通运输业和部分现代服务业营业税改征增值税试点的通知》（财税〔2011〕111号）附件3第一条第十二款第一项规定，为安置自谋职业的城镇退役士兵就业而新办的服务型企业，当年新安置自谋职业的城镇退役士兵达到职工总数30%以上，并与其签订1年以上期限劳动合同的，经县级以上民政部门认定、税务机关审核，其提供的应税服务（除广告服务外）3年内免征增值税。这里所说的自谋职业的城镇退役士兵，是指符合城镇安置条件，并与安置地民政部门签订"退役士兵自谋职业协议书"，领取"城镇退役士兵自谋职业证"的士官和义务兵。

2. 筹划建议

驰远建设工程服务公司分立成甲公司和乙公司，然后将管理人员和城镇退役士兵转移至甲公司，将其余180名搬运工人转移至乙公司。甲公司专门从事搬运业务的联系和具体协调工作，然后将货物的搬运劳务分包给乙公司。

3. 测算分析

假设2013年度的经营情况与上年度持平，营业收入仍然维持在5 000万元。但是按照筹划预案，有关业务做如下分配：甲公司取得货物配载收入4 000万元，乙公司取得分包搬运劳务1 000万元。那么有关业务的税收情况计算如下：

（1）甲公司应缴纳的流转税费计算如下：

1）实行"营改增"以后，甲公司应当按"物流辅助服务"缴纳增值税：$4\ 000 \times 6\% = 240$（万元）

2）城市维护建设税以及教育费附加：$240 \times (7\% + 3\%) = 24$（万元）

以上两项共需缴纳流转税费合计为264万元。但是，由于甲公司安置自谋职业的城镇退役士兵的比例已经超过30%，因此，可免征增值税。

（2）乙公司应缴纳的流转税费为计算如下：

1）由于乙公司提供的是装卸搬运服务，具体的是使用装卸搬运工具或人力、畜力将货物在运输工具之间、装卸现场之间或者运输工具与装卸现场之间进行装卸和搬运的业务活动。因此，实行"营改增"以后，乙公司应当按"物流辅助服务"缴纳增值税：$1\ 000 \times 6\% = 60$（万元）

2）城市维护建设税以及教育费附加：$60 \times (7\% + 3\%) = 6$（万元）

以上两项共需缴纳流转税费合计为66万元。

（3）由于甲公司免征增值税，所以甲、乙两公司的税费负担合计为66（0＋66）

万元。

4. 筹划效果

税费负担减少了209（275－66）万元。

5. 税务稽查

2017年3月18日，当地主管税务稽查对该企业2013—2016年度的纳税情况进行检查时，发现了上述问题，不仅责令该企业对上述业务进行了补税处理，而且还对该企业处以1倍的处罚。

专家点评

上述纳税筹划方案从表面上看是合理的，但是，如果结合有关政策分析，就可以发现这是一个失败的筹划的方案。因为，在财政部、国家税务总局《关于在上海市开展交通运输业和部分现代服务业营业税改征增值税试点的通知》（财税〔2011〕111号）附件3第一条第十二款第二项下还对“新办的服务型企业”做出了具体的规定，是指《国务院办公厅转发民政部等部门关于扶持城镇退役士兵自谋职业优惠政策意见的通知》（国办发〔2004〕10号）下发后新组建的企业。原有的企业合并、分立、改制、改组、扩建、搬迁、转产以及吸收新成员、改变领导或隶属关系、改变企业名称的，不能视为新办企业。

风险提示

这里需要提醒纳税人注意的是，《国家税务总局关于发布〈税收减免管理办法〉的公告》（国家税务总局公告〔2015〕43号）规定，减免税分为核准类减免税和备案类减免税。核准类减免税是指法律、法规规定应由税务机关核准的减免税项目；备案类减免税是指不需要税务机关核准的减免税项目。

纳税人享受核准类减免税，应当提交核准材料，提出申请，经依法具有批准权限的税务机关按本办法规定核准确认后执行。未按规定申请或虽申请但未经有批准权限的税务机关核准确认的，纳税人不得享受减免税。

纳税人享受备案类减免税，应当具备相应的减免税资质，并履行规定的备案手续。

纳税人申请核准类减免税的，应当在政策规定的减免税期限内，向税务机关提出书面申请，并按要求报送相应的材料。备案类减免税的实施可以按照减轻纳税人负担、方便税收征管的原则，要求纳税人在首次享受减免税的申报阶段在纳税申报表中附列或附送材料进行备案，也可以要求纳税人在申报征期后的其他规定期限内提交报备资料进行备案。

纳税人随纳税申报表提交附送材料或报备材料进行备案的，应当在税务机关规定的减免税期限内，报送以下资料：① 列明减免税的项目、依据、范围、期限等；② 减免税依据的相关法律、法规规定要求报送的材料。

纳税人对报送材料的真实性和合法性承担责任。

综合各省现行政策规定，申请房产税减免税需提供以下证件和资料：① 减免税申请报告，申请报告基本内容包括：纳税人基本情况，申请减免理由，申请减免法律依据，申请减免事项，包括税种、税款所属年度、金额等；② 减免税审批表，即房产税、城市房地产税、城镇土地使用税减免税申请/申报表；③ 企业工商营业执照复印件；④ 税务登记证复印件；⑤ 产权证或其他证明材料，如房产税扣除计税房值审核情况表、城镇土地使用税扣除计税面积审核情况表；⑥ 固定资产（房屋）明细账；⑦ 税务机关要求报送的其他资料，如所属年度会计财务报表、企业所得税纳税申报表以及纳税人房产税、城市房地产税、城镇土地使用税纳税申报表。

税务机关对备案材料进行收集、录入，纳税人在符合减免税资质条件期间，备案材料一次性报备，在政策存续期可一直享受。

纳税人享受备案类减免税的，应当按规定进行纳税申报。纳税人享受减免税到期的，应当停止享受减免税，按照规定进行纳税申报。纳税人享受减免税的情形发生变化时，应当及时向税务机关报告。

而新办企业税收优惠减免属于报批类减免税项目，如果纳税人采用上述筹划方法争取享受增值税优惠，当地主管税务机关有可能比照财税〔2011〕111 号文件的附件 3 第一条第十二款第二项规定不予批准。

另外需要提醒纳税人的是，《财政部　国家税务总局关于全面推开营业税改征增值税试点的通知》（财税〔2016〕36 号）延续了上述规定，该政策自 2016 年 5 月 1 日以后在全国实行，因此，其他地区的纳税人在相关事项的筹划过程中应当注意相应的涉税风险。

案例

新办企业错缴税种的涉税风险案例精解

CY 驰远科技发展有限公司的法定代表人王力军最近与当地主管税务局稽查局发生了争执：自己已经按规定缴税了，但为什么还被认定为偷税？

案例分析

事情的原委是这样的：

CY 科技发展有限公司是一家新兴技术服务企业，2013 年 12 月 8 日注册成立，主要从事智能管理系统和智能安全系统的设计和产品安装及销售活动。2014 年度和

2015 年度分别发生建筑安装服务费 878 万元和 1 276 万元。企业按规定计算并缴纳了营业税合计 64.62 万元。

2016 年 12 月 18 日，当地主管国税机关对该企业 2014 年度和 2015 年度的纳税情况进行检查时发现，该企业虽然有设计和安装业务，但是在整个销售活动中，货物和设备占了 70% 以上。于是，认定其应当按规定计算缴纳增值税合计 312.97 万元。

僵持了三天以后，法定代表人王力军向咨询专家求助。

1. 现场调研

咨询专家认为，在投资环节（也就是在企业新办环节）可能发生涉税风险的地方还有很多，有些根本不是技术上的困难，而是意识上的问题（想不到）。比如，有些企业生产的是综合资源利用、节能环保或者是高新技术产品，则只要经过申请认定即可以享受税收优惠，但是，有关企业想不到申请认定的结果居然是多交税；有些减免税项目是需要备案的，由于企业没有及时备案而失去了税收优惠的资格；有些在排污上出了问题被当地环保部门处罚等。投资人和其他企业的生产经营管理者应当认真阅读文件，尽可能地规避涉税风险。

在企业开办之初，还有一个系统性风险需要投资人注意防范，那就是纳税人的税种确认问题。咨询专家到现场调研后发现，在一家中介机构的操作下，该企业在当地国税和地税机关进行了税务登记，并按主营业务建筑安装业在地方税务机关领取了发票，并聘请一家代理记账公司为其做账。记账公司按月替委托方申报纳税。

2016 年 12 月 18 日，当地主管国税机关在检查过程中发现，该企业所发生的业务不能按建筑安装税目计算缴纳营业税，而是应当按货物销售计算缴纳增值税。因为该企业的业务操作流程为：① 根据客户的要求设计出智能系统；② 采购货物（零部件，且每个系统的零部件金额超过总销售额的 50% 以上）；③ 到客户现场进行安装和调试；④ 结算系统全价并收取费用（发票收费名称为 XX 智能系统）。

在对企业的经营情况进行调查的过程中，税务人员还了解到，由于行业竞争比较激烈，企业只能采取低价竞争，优质服务的策略，起初的设计几乎是不收费的，企业的收入主要是安全智能设备和安装调试服务两项。

2. 咨询意见

通过以上分析，咨询专家发现该企业属于以货物销售为主的混合销售企业，应当缴纳增值税。由于该企业主要从事的是产品销售、系统设计和安装劳务服务，且年销售额已经超过 50 万元，应当申请认定为一般纳税人，并按 17% 的适用税率计算缴纳增值税。

3. 服务成果

税务机关认定该企业有偷税行为，而咨询专家对此有不同意见，于是，该咨询专家代表委托方 CY 科技发展有限公司与当地主管税务机关进行了多次沟通，最终得到了税务机关的认可。CY 科技发展有限公司以补交增值税结案。

专家点评

分析这个案例，由于该企业事先没有按照增值税一般纳税人的有关规定进行增值税进项税专用发票的申报、比对和认证，其进项税额不能扣除。

“投资行为”的涉税风险规避案例精解

在决策投资项目的时候，有许多问题需要考虑，但是，落实投资决策的行为也十分重要，如果操作不当，就可能给投资人带来涉税风险。

案例

BY 建设实业开发有限公司是西北某市重点建筑施工企业，公司开采的矿产品主要有氧化锌、锡原矿、铜原矿等，公司总资产达 5.5 亿元，职工 7 000 人，2014 年的销售收入达 20.76 亿元，缴纳各项税金 5.04 亿元，是当地政府的重要财政收入来源之一。

2016 年 11 月 18 日，当地的地方税务局稽查局的几名税务稽查人员到 BY 建设实业开发有限公司，对该公司 2015 年度的纳税情况进行了检查。在检查过程中他们发现：2015 年度，该公司投资分得的氧化锌、锡原矿、铜原矿等矿产品合计的 17 000万元要缴纳营业税，并认定为偷税，确定计算补交营业税 850（17 000 ×5%）万元。同时根据《中华人民共和国税收征收管理法》（以下简称《税收征收管理法》）第六十三条规定，对该公司处以所偷税款 0.5 倍的罚款。

案例分析

对于这个问题，该公司与税务稽查人员发生了争议，该公司的负责人认为：公司与对方签署的是投资合作协议，目的是共同开发、共同经营。所以，对其分得的产品不应当缴纳营业税，更谈不上偷税。而税务稽查人员对这个观点则不予认可。要说清楚这个问题，就需要对 BY 建设实业开发有限公司的投资行为进行分析。

其实，BY 建设实业开发有限公司的行为是一项投资行为。BY 建设实业开发有限公司以矿山基础开发业务为主，同时兼营矿产品的开采和深加工，拥有一个独立矿山。但是，大型开采设备对矿物集中的地方具有较高的生产效率，而对那些边角区域却无能为力。为了坚持科学的发展观，合理开发与利用矿产资源，2014 年 12 月底，公司决定与当地的一家小型企业西北资源开发有限公司投资联营，共同开发矿产资源。

经协商双方签订了投资联营合同，该公司以一些边角零星矿点资源、地质资料权属作为股份投资入股，而西北资源开发有限公司则负责矿产的开采以及开采过程中的成本费用（主要包括土地征用费、青苗补偿费、人工费、材料费、工程设施及其他相关费用），利润分配则采取矿产品分配办法，分配比例根据矿石类型的不同而有所不同，其中锡原矿的分配比例为：BY 建设实业开发有限公司 40%、对方 60%；铜原矿的分配比例为：BY 建设实业开发有限公司 50%、对方 50%；其他产品的分配比例为：BY 建设实业开发有限公司 20%、对方 80%。在约定产品分配比例的同时，为了确保对方的利益得以实现，西北资源开发有限公司分得的矿产品也由 BY 建设实业开发有限公司按市场价格收购，并负责代扣税费。在明确了以上具体事项以后，两家公司还在投资原则中明确规定，双方共同管理新的公司，共同承担投资风险，矿产品多则多分、少则少分、无产品则不分，合作期限为 5 年。

对于如上的合作协议，当地主管税务机关却不予以认可。他们认为该公司是以无形资产投资入股收取固定利润，因此，应当将分回的收入按 5% 的比例计算缴纳营业税。为什么该公司的投资行为还应缴纳营业税呢？为了说明这个问题，我们还需要对该公司的合作行为做进一步分析：虽然 BY 建设实业开发有限公司与西北资源开发有限公司签署了“共同承担投资风险”的协议，但是从 BY 建设实业开发有限公司的角度讲，并不承担完全的经营风险，充其量其收入为零（没有产品），而不会承担其他费用。因此，这种合作是一个“保底”收入合作项目。

目前，企业的投资活动方式比较多，也比较复杂，在具体的操作过程中比较难以把握。但是，如果以投资者在投资活动过程中是否承担风险为标准来进行划分，则可以将投资者的投资活动分成两大类：一类是不承担风险的投资活动，比如在合作期限内提供一定的资金，在约定的期限内享受固定的利息并收回资金，或者以土地使用权或者其他无形资产参与投资活动，约定在合作期限内给予一定的回报等；另一类是承担风险的投资活动，投资者以一定的资金或者其他资源进行投入，大家共同承担风险（包括亏损），共同享受经营成果。

从税收的角度讲，这两种投资活动享受不同的税收待遇。

根据国家税务总局国税发〔1993〕149 号通知规定，以不动产、无形资产投资入股，参与接受投资方利润分配，共同承担投资风险的行为，不征收营业税。但转让该项股权，应当缴纳营业税。财政部、国家税务总局下发的《关于股权转让有关营业税问题的通知》（财税〔2002〕191 号）明确规定，从 2003 年 1 月 1 日起，以无形资产、不动产投资入股，参与接受投资方利润分配，共同承担投资风险的行为，不征收营业税。对股权转让不征收营业税。同时明确取消国税发〔1993〕149 号通知中有关股权转让需要征收营业税的规定。

另外，根据《国家税务总局关于以不动产或无形资产投资入股收取固定利润征收营业税问题的批复》（国税函〔1997〕490 号）的规定，对以不动产、无形资产投资入股，参与接受投资方的利润分配、共同承担投资风险的行为，不征收营业税，是指投资方按投资入股数额分配利润，实现利润多则多分，实现利润少则少分，无利润则不分。如出现风险或亏损，则按投资、入股数额共同承担，否则，不论是取得固定收入还是固定利润，均应按规定纳税。

投资者以不动产、无形资产投资入股，是指不动产、无形资产的所有者以不动产、无形资产为资本，与其他单位合资，成为合资单位的所有者之一，与合作方共担经营风险，所得收入从合资企业的税后利润中分成。这里的关键是看不动产、无形资产所有者是否参与利润分配，共同承担投资风险。如果是按销售额或营业额的一定比例提取应得转让费或者取得固定收入，不承担风险，就不属于投资入股，而是属于转让不动产和无形资产。

从该公司的情况来看，虽然该公司与合作方签订了“投资联营合同”，公司以一些边角零星矿点资源、地质资料权属作为股份投资入股，但是分配则采取“矿产品分成办法”，从表面上看，该公司与对方共同管理新的公司，共同承担投资风险，矿产品多则多分、少则少分、无产品则不分，这就说明，该公司只存在产品分多分少的问题，而不存在亏损的风险，不符合“参与接受投资方的利润分配、共同承担投资风险”的规定。由此可见，当地税务机关的处理是正确的。

对于 BY 建设实业开发有限公司而言，问题就出在投资合同的签署上。

在这里需要提醒纳税人注意的是，自 2016 年 5 月 1 日起，根据《财政部、国家税务总局关于全面推开营业税改征增值税试点的通知》（财税〔2016〕36 号），纳税人以不动产对外投资只需要缴纳增值税，同时，以货币资金投资收取的固定利润或者保底利润，按照贷款服务缴纳增值税。

案例

建筑施工企业参与 PPP 的前期筹资筹划案例精解

CJ 建筑有限公司（以下简称 CJ 公司）是一家拥有一级建造资质的建筑施工企业，2016 年 12 月 8 日，该公司参加某地的一个 PPP 建设项目，为了实现项目的前期启动，该公司计划向当地银行融资 5 亿元。但是在具体操作过程中，该公司遇到了阻力：以自己的能力银行不认可，而由母公司出面借钱后再转贷给 CJ 公司又会产生税收成本。因为按照现行《税法》规定，关联企业借款需要按规定交税。

CJ 公司需要解决的问题是：在 PPP 模式下 CJ 公司应当如何筹资？如何通过自

己的母公司实现融资？如何操作才不会产生涉税风险？

政策分析

在 PPP 模式下应当如何筹资？涉税咨询专家对这个问题进行了分析。

在目前的情况下，随着市场经济的发展，融资渠道从单一化向多元化转变，企业向非金融企业借贷资金的情况越来越普遍。对于 CJ 公司来说，可以通过借款的方式解决资金短缺问题。但是，自己直接出面借款其能力不足，而通过母公司融资又会产生税收风险。这是目前许多企业在发展过程中遇到的问题。

PPP 模式从融资的角度讲，其本身就是一个融资模式，但是，由于在 PPP 模式下存在一个分析和论证的过程，因此以政府主导的操作方往往要求建筑单位参与方先行垫付部分资金，以便整个项目的运作。

那么如何解决 CJ 公司的问题呢？下面对融资有关的涉税政策做一个简要梳理。

1. 非金融企业之间借款征税的一般规定

2016 年 5 月 1 日以后全面实行营业税改征增值税，《财政部、国家税务总局关于全面推开营业税改征增值税试点的通知》（财税〔2016〕36 号）规定，贷款，是指将资金贷与他人使用而取得利息收入的业务活动。各种占用、拆借资金取得的收入，包括金融商品持有期间（含到期）利息（保本收益、报酬、资金占用费、补偿金等）收入、信用卡透支利息收入、买入返售金融商品利息收入、融资融券收取的利息收入，以及融资性售后回租、押汇、罚息、票据贴现、转贷等业务取得的利息及利息性质的收入，按照贷款服务缴纳增值税。一般纳税人提供贷款服务适用 6% 的税率。

此外，作为增值税一般纳税人的投资人则需要注意，财税〔2016〕36 号文件规定，纳税人接受贷款服务向贷款方支付的与该笔贷款直接相关的投融资顾问费、手续费、咨询费等费用，其进项税额不得从销项税额中抵扣。

对于企业所得税的处理，情况就比较复杂。假设 CJ 公司的注册资金为 10 000 万元，母公司投入资金 8 000 万元，占 80% 的股份。2017 年 1 月，母公司将通过银行借来的资金 5 亿元无偿提供给 CJ 公司使用，当年 CJ 公司没有反映支付利息的情况，母公司也没有收取利息记录，也没有申报缴纳企业所得税。母公司、CJ 公司均为非金融企业，注册在同一个城市，企业所得税税率相同，银行同期贷款利率为 7% 。

在这样的情况下，母公司是否需要做纳税调整缴纳企业所得税？

一般情况下不需要做纳税调整。因为《国家税务总局关于印发〈特别纳税调整实施办法（试行）〉的通知》（国税发〔2009〕2 号）规定，实际税负相同的境内关联方之间的交易，只要该交易没有直接或间接导致国家总体税收的减少，原则上不做转让定价调整。这就意味着，如果关联双方企业所得税实际税负相同，则关联方之间的资金占用原则上不核定利息收入，另一方不得税前扣除利息支出。

所谓“合理的调整方法”主要有：可比非受控价格法、再销售价格法、成本加成法、交易净利润法、利润分割法和其他符合独立交易原则的方法。税务机关在进行境内关联交易调整时，由于一方调整收入的同时，允许另一方调整支出进行税前扣除，这将对双方的税收产生影响，当关联交易双方的调整不增加应纳税所得额和应纳税额时，一般不进行纳税调整。

但是，可能出现以下两种例外：

（1）实际税负不同需要调整。按国税发〔2009〕2 号文件的规定，可以不做调整的是“实际税负相同的境内关联方之间的交易”，也就是说，实际税负不同就需要调整。现实中，各方对实际税负的理解也存在争议。

实际税负是实际缴纳税金与销售（营业）收入之比。如上例，假设母公司 2017 年度盈利，CJ 公司亏损，则实际税负是不同的。如果母公司无法提供资料证明将自有资金无偿提供给 CJ 公司使用符合独立交易原则，则母公司应调增应纳税所得额 3 500万元（调增利息收入：50 000 万元 ×7% =3 500 万元）。在这种情况下对于 CJ 公司而言，根据《企业所得税法》规定，企业从其关联方接受的债权性投资与权益性投资的比例超过规定标准而发生的利息支出，不得在计算应纳税所得额时扣除。另外，《财政部、国家税务总局关于企业关联方利息支出税前扣除标准有关税收政策问题的通知》（财税〔2008〕121 号）规定，从关联方接受债权性投资与权益性投资，除符合独立交易原则外的，其接受关联方债权性投资与其权益性投资比例为 2:1，金融企业为 5:1。《国家税务总局关于企业所得税应纳税所得额若干税务处理问题的公告》（国家税务总局公告〔2012〕15 号）规定，根据《税收征收管理法》的有关规定，对企业发现以前年度实际发生的、按照税收规定应在企业所得税前扣除而未扣除或者少扣除的支出，企业做出专项申报及说明后，准予追补至该项目发生年度计算扣除，但追补确认期限不得超过 5 年。因此，CJ 公司 2017 年度税前可列支利息为 1 120（8 000 ×2 ×7%）万元，不能将 3 500 万元利息支出在税前扣除。

（2）注册地不在同一县（市）也可能被调整。由于经营需要，建筑施工企业往往会在不同的县（市）注册开办企业。如果 CJ 公司与母公司不在同一县（市），则母公司所在地的税务机关可能认为，虽然母公司未收取利息，但应根据《税法》规定调整其应纳税所得额。

当地主管税务机关通常会持如下观点：根据《企业所得税法》的规定，企业与其关联方之间的业务往来，不符合独立交易原则而减少企业或者其关联方应纳税收入或者所得额的，税务机关有权按照合理方法调整。

因此税务机关认为，关联企业一方将资金无偿提供给另一方使用，从表面上看一方没有取得任何经济利益，但是由于关联关系的存在，使得此项交易不符合独立交易原则。提供资金作为一种融资服务，关联企业一方要按独立企业收取利息，开具发票并依法纳税，另一方符合条件的利息支出可作为成本、费用在税前列支。一般情况下，按照金融企业同期同类贷款利率，也就是采取“可比非受控价格法”核定。

2．非金融企业之间借款征税的特殊规定

企业集团或企业集团中的核心企业（以下称企业集团）以发行债券形式或者向金融机构借款取得资金后开展统借统还业务，如果有关业务发生在2016年5月1日以后，则根据《财政部、国家税务总局关于全面推开营业税改征增值税试点的通知》（财税〔2016〕36号）规定，统借统还业务中，企业集团以及集团所属财务公司按不高于支付给金融机构的借款利率水平或者支付的债券票面利率水平，向企业集团或者集团内下属单位收取的利息。

统借方向资金使用单位收取的利息，高于支付给金融机构借款利率水平或者支付的债券票面利率水平的，应全额缴纳增值税。

统借统还业务，是指：

（1）企业集团向金融机构借款或对外发行债券取得资金后，将所借资金分拨给下属单位（包括独立核算单位和非独立核算单位，下同），并向下属单位收取用于归还金融机构或债券购买方本息的业务。

（2）企业集团向金融机构借款或对外发行债券取得资金后，由集团所属财务公司与企业集团或者集团内下属单位签订统借统还贷款合同并分拨资金，先向企业集团或者集团内下属单位收取本息，再转付企业集团，由企业集团统一归还金融机构或债券购买方的业务。

符合不征税条件的统借统还业务主要有三种形式：① 企业主管部门或企业集团中的核心企业等单位向金融企业借款后，将所借资金分拨给独立或非独立核算的下属单位，并按支付给金融企业的借款利率水平向下属单位收取用于归还金融企业的利息的业务；② 企业集团委托所属财务公司代理统借统还业务，即企业集团从金融企业取得统借统还贷款后，由集团所属财务公司与企业集团或集团内下属企业签订统借统还贷款合同并分拨借款，按应支付给金融企业的借款利率收取利息，再转付给企业集团，由其统一将借款和利息归还金融企业的业务；③ 企业集团以发行债券形式取得资金后，直接或委托企业集团所属财务公司开展统借统还业务时，按不高于债券票面利率水平向企业集团或集团内下属单位收取利息的业务。

对于“统借统还”业务发生的利息支出的所得税处理，国家税务总局在《关于印发〈房地产开发经营业务企业所得税处理办法〉的通知》（国税发〔2009〕31号）第二十一条中规定，企业的利息支出按以下规定进行处理：① 企业为建造开发产品借入资金而发生的符合税收规定的借款费用，可按《企业会计准则》的规定进行归集和分配，其中属于财务费用性质的借款费用，可直接在税前扣除；② 企业集团或其成员企业统一向金融机构借款分摊集团内部其他成员企业使用的，借入方凡能出具从金融机构取得借款的证明文件的，可以在使用借款的企业间合理分摊利息费用，使用借款的企业分摊的合理利息准予在税前扣除。

案例分析

对于CJ公司来说，如果想通过母公司“统借统还”的方式来进行融资，则需要注意相关业务的支持。人们常常会产生一个误区：在PPP模式下，多家企业围绕PPP项目公司进行操作，大家形成了一个集团化经营模式，因此，相关的筹资活动也就符合企业集团“统借统还”的政策要求了。其实不然。

1. PPP模式运行不等于集团公司

多数参与PPP项目建设的企业在经济上已形成关联关系，但是在这里需要提醒纳税人注意的是，有关联关系，不等于集团化经营。不仅如此，企业集团内的企业之间均是关联企业，但并非所有关联企业就一定同属于一个企业集团。普通关联企业，尤其是单纯母子公司与企业集团在形式上很容易混为一谈，两者的企业之间均以股权为纽带，或以股东身份投资另一企业，或母公司控股子公司，或同属一个母公司。

因此，应实质性确认企业集团不能只以相互之间的股权关系来判别，更不能只看企业名称是否有“集团”二字，而应根据《国家工商行政管理总局关于印发〈企业集团登记管理暂行规定〉的通知》（工商企字〔1998〕59号）所规定的条件来判别：企业集团是指以资本为主要联结纽带的母子公司为主体，以集团章程为共同行为规范的母公司、子公司、参股公司及其他成员企业或企业共同组建而成的具有一定规模的企业法人联合体。企业集团应持有工商行政管理机关颁发的“企业集团登记证”，企业集团本身不具有企业法人资格，其名称可以在宣传和广告中使用，但不得以企业集团名义订立经济合同，从事经营活动；企业集团的母公司注册资本在5 000万元人民币以上，并至少拥有5家子公司；母公司和其子公司的注册资本总和在1亿元人民币以上；集团成员单位均具有法人资格。

在确认相关企业是否属于同一企业集团时，应认真审核母公司是否持有“企业集团登记证”，是否符合上述条件。有些企业联合体虽然对外称为“集团”，但并未办理企业集团设立登记，而只是单纯的股权投资与被投资关系，该类企业并非真正意义上的企业集团，其相关企业之间借贷资金产生的利息即使没有高于银行借款利率水平，也不能免征增值税。对普通关联企业之间的资金借贷业务应视为贷款业务，对资金借出方取得的全部利息应依法征收增值税。

2. 注意“统借统还”业务的确认

在实务过程中，应当注意“统借统还”业务免税的条件确认，换句话说，非金融企业之间，资金借贷业务不征收增值税必须同时符合以下三个条件：

（1）资金借贷双方属于同一企业集团。

（2）由统借方与贷款企业签订统借统还贷款合同（或发行债券统一取得资金）并分拨资金。

（3）向借款企业收取的利率应当符合规定。

只有企业集团内的统借方与贷款企业签订统借统还贷款合同（或发行债券统一取得资金）并分拨借款，向借款单位收取的利息不高于支付给金融企业的借款利率水平（或债券票面利率水平），企业集团或委托所属财务公司从事统借统还业务取得的利息才能不征收增值税。

如果财务公司收取的借款利息高于企业集团支付给金融企业的借款利率标准，则不属于财税〔2016〕36 号文件所称的“统借统还”业务，因此也就不符合不征收增值税的条件，对企业集团通过财务公司从借款方取得的利息则应视为从事贷款业务全额征收增值税，而不能片面理解为收取的利息中用于归还金融企业的利息不征收增值税，超过标准多收取的贷款利息才缴纳增值税。

案例

建设基金搭建中的涉税筹划案例精解

CJ 公司是一家拥有一级建造资质的建筑施工企业，2016 年 10 月 1 日，该公司参加某地的一个 PPP 建设项目。前期启动资金到位后，马上参与 PPP 运行平台——投资基金的建设。项目策划人遇到的问题是，这个基金应当如何搭建？

案例分析

其实，这个问题的背后还有一个问题，即基金运行后的税收待遇如何？因为 PPP 项目需要进行物有所值的分析和测算，而税收则是影响项目未来效益的一个重要方面。在现有的政策框架下，基金的法律形式只有有限公司和合伙企业两种。这是决策人应当进行的选择。

政策分析

在多数情况下，人们运筹PPP项目通常先组建一个基金，然后在此基础上再投资相应的项目公司。在这里有关投资方以什么身份参与基金的运作，基金以什么形式运作，与税收负担的高低有很大的关系。那么，如何认识和筹划PPP项目基金呢？进行PPP项目操作的基金从税收的角度可以划分为两个大类，即合伙企业和公司。因此，考虑到本书是以公司制企业为基础讨论的，所以在这里，我们结合有关资料对以合伙基金的税收问题做一个简要归纳。

一、"先分后税"业务处理

有限合伙企业，首先是合伙企业。按照我国税法的规定，合伙企业是税收透明体，本身不缴纳所得税（含企业所得税和个人所得税，下同），合伙企业生产经营所得和其他所得按"先分后税"的原则处理。合伙企业以每一个合伙人为独立的纳税义务人，合伙人是自然人的，缴纳个人所得税。合伙人是法人和其他组织的，缴纳企业所得税。但是在具体业务处理过程中，需要投资人注意以下两个问题：

1. 对分配的理解

有些纳税人认为，股息红利的确认时间是根据分红决议的时间来确定的，因此合伙企业的分配，是红利实际分配现金到账之时才确认收入的。有限合伙人法人在收到红利时才计入当年度的应税收入，进行核算应纳税所得额。

而事实并非如此，《财政部、国家税务总局关于合伙企业合伙人所税问题的通知》（财税〔2008〕159号）规定，合伙企业生产经营所得和其他所得采取"先分后税"的原则。所称生产经营所得和其他所得，包括合伙企业分配给所有合伙人的所得和企业当年留存的所得（利润）。

合伙企业的合伙人按照下列原则确定应纳税所得额：① 合伙企业的合伙人以合伙企业的生产经营所得和其他所得，按照合伙协议约定的分配比例确定应纳税所得额；② 合伙协议未约定或者约定不明确的，以全部生产经营所得和其他所得，按照合伙人协商决定的分配比例确定应纳税所得额；③ 协商不成的，以全部生产经营所得和其他所得，按照合伙人实交出资比例确定应纳税所得额；④ 无法确定出资比例的，以全部生产经营所得和其他所得，按照合伙人数量平均计算每个合伙人的应纳税所得额。合伙协议不得约定将全部利润分配给部分合伙人。

2. 法人合伙人企业所得税应纳税所得额的计算

按照财税〔2008〕159号文件规定，各类合伙企业的"应纳税所得"的计算应当按照财税〔2000〕91号文件执行，而按照91号文件所计算出的应纳税所得对自然人合伙人而言，无论是普通合伙人，还是有限合伙人，均应比照《个人所得税法》规定的“个体工商户的经营所得”，适用5%～35%的超额累进税率。

合伙企业虽不是纳税主体，但必须作为应纳税所得核算主体，在核算出应纳税所得后，应将“税基”分配到合伙人，然后由合伙人为其交税。〔2008〕159号文件就明确规定，合伙企业生产经营所得和其他所得采取“先分后税”的原则；所谓生产经营所得和其他所得，包括合伙企业分配给所有合伙人的所得和企业当年留存的所得（利润），即合伙企业取得生产经营所得和其他所得，无论是否向合伙人分配，都应对合伙人征收所得税。

既然对各类合伙企业超优惠地比照“个体工商户”这种“准个人”进行综合纳税，其税基的计算就完全不同于个人直接从事股权投资所取得的按照“偶然所得”计算税基的“财产转让所得”，因此，所适用的税率自然不宜简单套用。

当个人直接从事股权投资活动时，所获得的“财产转让所得”类似于“偶然所得”，因此只能按次单独核算，而不能用其他财产转让造成的亏损来冲销。尽管可以按“转让财产的收入额减去财产原值和合理费用后的余额”作为税基，但是可以减去的“合理费用”仅限于与该笔投资直接相关的交易手续费之类的能够加以准确判断的费用。由于税基较高，自然可以适用相对较低的单一比例税率（具体为20%）。

个人通过有限合伙企业间接从事股权投资时，其在合伙企业的应纳税所得，则可按年汇算清缴，在计算应纳税所得时进行三类扣除：

（1）扣除5年之内的任何一笔投资亏损。

（2）扣除合伙企业的各类管理支出（不仅包括从事投资活动的各项交易费用，还包括数额远远大于前者的各类支付给管理机构的管理费和业绩报酬）。

（3）扣除投资者个人的基本生活费用（根据财税〔2011〕62号文件规定，目前该项扣除的标准为4.2万元/年）。

进行上述三类扣除后，个人通过有限合伙企业间接从事股权投资的应纳税所得显著减少了，如果税率仍然套用个人直接从事股权投资所获得的“财产转让所得”，就必然造成明显的税负不公局面：个人通过有限合伙企业从事股权投资享受了国家更多的法律保护和行政管理服务，但其实际税负却显著低于个人直接从事的股权投资。

二、合伙企业涉税处理原则

一般来说，合伙企业的合伙人对合伙企业的权利义务是承担无限连带责任的，这种合伙人被称为普通合伙人。而有限合伙企业是合伙企业的一种特殊形式，其合伙人是由一名以上承担无限连带责任的普通合伙人和一名以上承担有限责任的有限合伙人共同组建的特殊合伙企业。有劳动性生产经营活动的有限合伙企业，其生产经营过程中除了所得税，其他纳税义务与有限责任公司并无太大区别，经营业务根据实际内容缴纳流转税（如增值税等）及相关财产税（房产税等）和财产行为税（土地增值税、印花税等），而只有所得税的计算方式才明显区别于有限责任公司。

1. 有限合伙企业所得税征税原则

目前，有些地区对于自然人出资建立的合伙企业和个人独资企业可以采取核定征收的方式来计征其个人所得税，然而这部分核定征收的所得范围并不包括合伙企业对外投资取得的利息、股息、红利所得。根据现行税法规定，合伙企业对外投资分回的利息或者股息、红利，不并入企业的收入，而应单独作为投资者个人取得的利息、股息、红利所得，按“利息、股息、红利所得”应税项目（税率为20%），计算并缴纳个人所得税。而法人合伙人应将其分得的红利所得，计入其应纳税所得额，计算并缴纳企业所得税。

2. 有限合伙企业取得投资收益分配原则

合伙人分得的利息、股息、红利所得按合伙协议约定的比例分配，合伙协议未约定分配比例的按合伙人数平均计算自然人和法人的红利所得。但合伙协议不得约定将全部利润分配给部分合伙人。

3. 纳税时间和地点

合伙企业取得投资收益，自然人合伙人应自行申报按合伙协定约定比例计算的红利所得，需在合伙企业取得红利的次月十五日内按“利息、股息、红利所得”申报个人所得税，向合伙企业所在地主管税务机关报送“个人所得税自行纳税申报表”。企业合伙人企业所得税纳税时点为按季预缴、年度汇算清缴。

有限合伙企业的合伙人可能来自不同地区，虽然合伙企业本身不缴纳所得税，而是所有合伙人按照“先分后税”的原则，各自独立计算其应缴纳的所得税，而有限合伙企业取得投资收益后所有合伙人却并不能回到合伙人住所去缴纳所得税，其法定纳税地点为合伙企业实际经营管理地，即合伙企业注册所在地。比如湖北省地税局在2009年发文规定：为防止税收流失，合伙企业中法人和其他组织应缴纳的企业所得税由合伙企业的主管税务机关负责征收管理。

三、我国合伙企业避税的两种典型形式

如何降低税费一直是投资人考虑的问题，而利用政策间的差异或者政策规定不严密的地方打“擦边球”是人们通常采用的避税方法。从我国关于合伙企业税制的相关立法规定可以看出，目前的文件只规定了具体的纳税主体和“先分后税”原则，在操作层面上缺乏细致的规定，缺乏对自然人合伙人与合伙企业关联交易的制约。税收法律制度的诸多缺陷，为纳税人避税行为提供了可能。

1. 通过合伙协议调节分配降低整体税负

法律赋予了合伙人更大的自主权，由合伙人通过合伙协议的约定明确各个合伙人之间的权利义务关系，包括合伙人的出资、合伙企业利润的分配和亏损分担等事项。合伙协议是调整合伙关系，规范合伙人之间权利义务的法律文件，是合伙企业设立和从事经营活动的基本依据。如果缺乏必要的制约，合伙人出于减少自身税款、降低税负、追求经济利益最大化考虑，可能会相互串通，滥用法律赋予的这一权利，根据具体情形灵活地设计、协商一套对合伙人最为有利的纳税方案。

比如，合伙人可通过协议约定将发生的某种固定资产折旧分摊给部分合伙人，将某些性质的所得分配给税负最小的合伙人。

这样操作是否可行呢？我们来看有关规定。虽然《中华人民共和国合伙企业法》（以下简称《合伙企业法》）第十八条第五项已明确合伙协议应当载明利润分配、亏损分担方式，第三十三条第二款也明确合伙企业的利润分配和亏损分担应按照合伙协议的约定办理，但是合伙协议因合伙人主客观原因，未载明利润分配、亏损分担的情形时有发生，而这并不影响合伙企业的成立。且合伙协议作为合伙人之间意思表示一致的结果，随时可能因合伙人一致同意而发生变更。

实践中，还会出现一些合伙企业成立时确实无法预见的与应税事实相关的情形发生，合伙人不可能在最初的合伙协议中进行约定。上述情形将导致合伙协议的灵活性与变动性，这也为合伙人利用合伙协议约定利润分配和亏损分担进行避税开启了方便之门。然而，我国《合伙企业法》在第三十三条第二款和第六十九条中对此的限制性规定，并不能有效防止合伙人做出与出资比例严重失衡且无正当理由的倾斜性分配协议。

2. 利用关联交易降低合伙人税负

《合伙企业法》将合伙企业与合伙人的关联交易分为两种情形对待：第三十二条第二款规定，除合伙协议另有约定或者全体合伙人一致同意外，合伙人原则上不得同其所在的合伙企业进行交易。第七十条规定，有限合伙人可以同其所在的有限合伙企业进行交易，但是，合伙协议另有约定者除外。从这两个条文规定看，普通合伙人和有限合伙人都可能从事与合伙企业的关联交易。

合伙企业在发展过程中所急需的资金、设备、技术等资源，并非全部都能从外部市场得到满足，加之考虑到合伙人的信息优势和融资的便捷性，合伙企业更多地依赖于内部融资，从合伙人处获得所需资源。

从理论上讲，这种内部交易会受到来自其他合伙人的监督，一般不会产生损害合伙企业利益的后果。但是出于规避税收的目的，合伙人则有可能为了降低税负而协商一致抬高或压低交易价格。实践中甚至还会出现合伙人借关联交易之名义做出规避税收的特殊安排，事实上并不存在实质交易的情形。因合伙企业税制没有对自然人合伙人与合伙企业的此类交易行为做出税收调整的相关规定，致使其避税较容易实现。

案例

营改增后临时设施的财税案例精解

2017 年 6 月，东源路桥建筑有限公司在某市进行铁路施工，先期投入建造的临时设施包括项目基建用房 1 000m^2，建造成本的 120 万元；钢筋加工厂 8 000m^2，建造成本为 340 万元；制梁场 2 000m^2，建造成本为 50 万元。

试问：基建用房、钢筋加工厂和制梁场应当如何进行财税处理？

案例分析

所谓临时设施，是指建筑施工企业为建筑施工而在工地上临时建造的各种工棚、材料棚、休息棚、办公室、食堂、茶炉房、汽车房等临时设施，包括：

（1）临时建筑。包括办公室、施工人员的临时宿舍、作业棚、机具棚、材料库、配套建筑设施、项目部或工区驻地、混凝土拌和站、制梁场、铺轨基地、钢筋加工厂、模板加工厂等。

（2）临时水管线。包括给水排水管线、供电管线、供热管线。

（3）临时道路。包括临时铁路专用线、轻便铁路、临时道路。

（4）其他临时设施。包括临时用地、临时电力设施等。

这些临时设施应如何进行财务和税务处理，笔者结合最近相关税收政策的研究，在此就对房地产企业的临时设施的财税处理进行分析。

涉税政策

一、建筑施工企业临时设施的财务处理

由于建筑施工企业的临时设施一次性支出金额较大，并且临时设施均不构成最终开发产品实体，也没有分摊占地面积的土地成本，根据收入与费用匹配的原则，应进行分期摊销，因此，对于临时设施的建造成本，实际发生时应直接计入开发成本，会计处理为

借：开发间接费——项目营销设施（售楼部/样板间）

贷：银行存款

或借：前期工程费——临时设施（工地上各种工棚、材料棚、休息棚、办公

室、食堂、茶炉房、汽车房等临时性设施）

贷：银行存款

二、建筑施工企业临时设施的税务处理

1. 临时设施的增值税处理

营改增以后，对于建筑施工企业发生的临时设施的增值税处理，主要是取得过程中的增值税进项税额如何扣除和拆除过程中增值税进项税是否需要转出等问题。

临时设施的性质与房屋、建筑物既相似又有区别。临时设施在施工生产过程中发挥着劳动资料的作用，由于其建造标准较低，一般为临时性或半永久性的建筑物，不可能长时间使用，多数在项目完工后就需拆除清理。

对于临时设施，在营改增后需要明确以下两个问题：

（1）临时设施是否需要按取得的固定资产分期进行抵扣。《财政部　国家税务总局关于全面推开营业税改征增值税试点的通知》（财税〔2016〕36 号）附件 2：《营业税改征增值税试点有关事项的规定》第一条第四款第一项规定，适用一般计税方法的试点纳税人，2016 年 5 月 1 日后取得并在会计制度上按固定资产核算的不动产或者 2016 年 5 月 1 日后取得的不动产在建工程，其进项税额应自取得之日起分 2 年从销项税额中抵扣，第一年抵扣比例为 60%，第二年抵扣比例为 40%。这里的取得不动产，包括以直接购买、接受捐赠、接受投资入股、自建以及抵债等各种形式取得不动产，不包括房地产开发企业自行开发的房地产项目。但是，融资租入的不动产以及在施工现场修建的临时建筑物、构筑物，其进项税额不适用上述分 2 年抵扣的规定。取得的形式包括自建和外购两种形式，结合上述规定可知，无论是自建的还是外购的临时建筑物、构筑物，其进项税额不适用上述分 2 年抵扣的规定。所以对于外购的，则可以一次性抵扣增值税；而对于自建的，则在建造过程中就可以直接抵扣增值税。

（2）临时设施拆除后进项税额是否需要转出。财税〔2016〕36 号文件同时还规定，非正常损失的不动产，以及该不动产所耗用的购进货物、设计服务和建筑服务，进项税额不得从销项税额中抵扣。这里的非正常损失，是指因管理不善造成货物被盗、丢失、霉烂变质，以及因违反法律法规造成货物或者不动产被依法没收、销毁、拆除的情形。显然，临时设施的拆除不属于上述任何情形。因此，拆除临时设施时已抵扣的进项税额无须转出。

2. 临时设施的所得税处理

《房地产开发经营业务企业所得税处理办法》（国税发〔2009〕31 号）规定，开发间接费是指企业为直接组织和管理开发项目所发生的，且不能将其归属于特定

成本对象的成本费用性支出。主要包括管理人员工资、职工福利费、折旧费、修理费、办公费、水电费、劳动保护费、工程管理费、周转房摊销以及项目营销设施建造费等。在结算计算成本时，项目基建临时设施可通过“前期工程费——临时设施”核算，项目营销设施可通过“开发间接费——项目营销设施”进行归集。国税发〔2009〕31 号第二十六条第一款以可否销售原则确定计税成本对象规定，开发产品能够对外经营销售的，应作为独立的计税成本对象进行成本核算；不能对外经营销售的，可先作为过渡性成本对象进行归集，然后再将其相关成本摊入能够对外经营销售的成本对象。因此，对于这些临时性辅助设施，不应作为计税成本核算对象出现，而应作为过渡成本处理。

3. 临时设施的房产税处理

各种工棚、材料棚、休息棚、办公室、食堂、茶炉房、汽车房以及钢筋加工厂和制梁场等临时性房屋的房产税处理，《财政部、国家税务总局检发〈关于房产税若干具体问题的解释和暂行法规〉、〈关于车船使用税若干具体问题的解释和暂行法规〉的通知》（财税地字〔1986〕8 号）第二十一条规定：“凡是在基建工地为基建工地服务的各种工棚、材料棚、休息棚和办公室、食堂、茶炉房、汽车房等临时性房屋，不论是施工企业自行建造还是由基建单位出资建造交施工企业使用的，在施工期间，一律免征房产税。但是，如果在基建工程结束以后，施工企业将这种临时性房屋交还或者估价转让给基建单位的，应当从基建单位接收的次月起，依照规定征收房产税。”财税地〔1986〕8 号第十九条规定：“纳税人自建的房屋，自建成之次月起征收房产税。纳税人委托施工企业建设的房屋，从办理验收手续之次月起征收房产税。”基于以上政策规定，房地产开发企业临时性建筑物不征收房产税必须同时满足两个条件：① 临时设施必须为基建工地服务；② 临时设施必须处于施工期间。如果基建工程结束，临时性建筑物归基建单位使用，则须从基建单位使用的次月起缴纳房产税。

因此，为基建工地服务的各种工棚、材料棚、休息棚、办公室、食堂、茶炉房、汽车房等临时性房屋，在施工期间是免征房产税的，如果基建工程结束以后，施工企业将这种临时性房屋交还或者估价转让给基建单位的，应当从基建单位接收的次月起，依照规定征收房产税。或者这些临时性房屋是基建单位自己出资建造的，只要基建工程结束以后还在使用的，就应该依照规定征收房产税。

（1）财务处理。基建用房 1 000m^2，建造成本 120 万元；钢筋加工厂 8 000m^2，建造成本 340 万元；制梁场 2 000m^2，建造成本 50 万元的会计处理如下：

借：开发间接费——项目营销设施　　3 900 000

　　贷：银行存款　　3 900 000

借：前期工程费——临时设施（工地上各种工棚、材料棚、休息棚、办公室、食堂、茶炉房、汽车房等临时性设施）　1 200 000
　贷：银行存款　1 200 000

（2）税务处理。根据《财政部　国家税务总局检发〈关于房产税若干具体问题的解释和暂行法规〉〈关于车船使用税若干具体问题的解释和暂行法规〉的通知》（财税地〔1986〕8 号）第二十一条免征房产税的规定，东源路桥建筑有限公司在项目施工期间，基建用房 1 000m^2 暂不用缴纳房产税，但是项目结束后基建用房未拆除的话，就必须缴纳房产税。

第三章 公司架构调整的营改增案例精解

通过长期的经营实践，我国建筑施工企业已经形成一套相对比较完整的经营体系和运营模式。但是营改增以后，这些经营体系和运营模式都面临挑战。因为增值税强调全流程完整管控，这与营业税完全不同。那么营改增以后，作为建筑施工企业应当如何操作才能在规避涉税风险的前提下，实现税收利益最大化？为此笔者结合当前的经营实际情况，并引用部分资料和案例对此做了一个简要阐述。

案例

重构业务流程解决纳税争议

近日，CJ 建筑实业有限公司（以下简称 CJ 公司）接到一笔建筑施工业务，由于自己的业务计划已经排满了，就想将该业务转包给其他公司。对于这笔业务怎样操作，公司的领导确定不了，就向当地主管税务机关的有关部门请教。

当地国税局的有关部门根据 CJ 公司提供的业务合同实施了风险评估，在评估和分析过程中，对该公司 2017 年 5 ~ 12 月准备申报的技术转让含税收入 1 600 多万元，按 6% 增值税税率申报销项税额提出了不同意见。

CJ 公司的纳税计划在税务机关内部引发了一场激烈的涉税争议，争议的焦点问题是，这笔收入的增值税究竟适用 6% 的税率，还是 11% 的税率呢？事情还得从头说起。

案例分析

CJ 公司是长风建筑企业集团下属的一家拥有一级建筑资质的建筑承包商，系增值税一般纳税人。2017 年 4 月，该公司通过招投标的方式获得一单建筑工程，工程价值 2 亿元。其工程所在地为 M 省，由于 CJ 公司的业务消化能力不足，于是，就准备将该工程转包给当地同属长风建筑企业集团子公司的一家建筑施工企业 QS 建筑安装有限公司（只有二级建筑资质，以下简称 QS 公司），承诺对 QS 公司提供技术方面的支持，定期派技术人员提供技术咨询、技术指导等咨询服务。

CJ公司和QS公司准备签订如下转包协议：自2017年5月1日起，QS公司承担工程的建设任务，由CJ公司对其提供技术指导；同时，QS公司以工程的全价开票销售给CJ公司，CJ公司对甲方开票销售不加价，但QS公司按含税销售收入8%的比例向CJ公司支付咨询服务费。

截至2017年12月底工程竣工后，QS公司向CJ公司收取建筑劳务销售金额为2亿元，CJ公司向QS公司收取咨询服务费含税价款1 600万元，CJ公司按“咨询服务”税目，以6%的税率申报缴纳了增值税。

根据CJ公司和QS公司的转包协议草案和计税计划，税务人员认为，这笔1600多万元的咨询服务收入应按价外费用以11%的税率申报缴纳增值税。但是，还有部分人员存在不同意见，而且相关意见分歧较大，并形成四种不同的意见。

第一种意见，应属于销售建筑劳务行为，按价外费用以11%的税率缴纳增值税。根据《财政部 国家税务总局关于全面推开营业税改征增值税试点的通知》（财税〔2016〕36号）附件1《营业税改征增值税试点实施办法》第三十七条规定，销售额是指纳税人发生应税行为取得的全部价款和价外费用，财政部和国家税务总局另有规定的除外。价外费用是指价外收取的各种性质的收费，但不包括：① 代为收取并符合本办法第十条规定的政府性基金或者行政事业性收费；② 以委托方名义开具发票代委托方收取的款项。《增值税暂行条例》第六条和《增值税暂行条例实施细则》第十二条的规定：销售额为纳税人销售货物或者应税劳务向购买方收取的全部价款和价外费用，但是不包括收取的销项税额。所称价外费用，包括价外向购买方收取的手续费、补贴、基金、集资费、返还利润、奖励费、违约金、滞纳金、延期付款利息、赔偿金、代收款项、代垫款项、包装费、包装物租金、储备费、优质费、运输装卸费以及其他各种性质的价外收费。显然，CJ公司替QS公司销售建筑劳务，QS公司给予的咨询服务费补偿，属于价外费用的一部分，系与销售额有关的“其他各种性质的价外收费”，应按建筑劳务销售适用11%的税率缴纳增值税。

第二种意见，应属于平销返利行为，按取得的返还资金转出增值税进项税额，但不得开具增值税专用发票。因为根据《国家税务总局关于商业企业向货物供应方收取的部分费用征收流转税问题的通知》（国税发〔2004〕136号）规定，对商业企业向供货方收取的与商品销售量、销售额挂钩（如以一定比例、金额、数量计算）的各种返还收入，均应按照平销返利行为的有关规定冲减当期增值税进项税额，且一律不得开具增值税专用发票。显而易见，CJ公司收取的款项符合该项规定。不过，虽然上述文件强调的对象是商业企业，但从实质重于形式来讲，CJ公司从事的建筑业务转销售活动也是商业性活动，应比照处理。

第三种意见，应属于收取手续费代销建筑劳务的行为，按经纪代理服务，以6%的税率缴纳增值税。因为根据《财政部　国家税务总局关于全面推开营业税改征增值税试点的通知》（财税〔2016〕36号，以下简称36号文件）规定，经纪代理服务是指各类经纪、中介和代理服务，包括金融代理、知识产权代理、货物运输代理、代理报关、法律代理、房地产中介、职业中介、婚姻中介、代理记账、拍卖等。显然，CJ公司代销建筑劳务收取8%的手续费，符合经纪代理的要件，应按6%的税率缴纳增值税。

第四种意见，应属于专业技术服务，按6%的税率缴纳增值税。因为根据36号文件规定，专业技术服务指气象服务、地震服务、海洋服务、测绘服务、城市规划、环境与生态监测服务等专项技术服务。CJ公司给QS公司提供技术咨询和技术服务等业务，按销售金额8%收取的技术服务费，是建筑施工过程中的专业服务，应按6%的税率缴纳增值税。

筹划建议

本案例是营改增后出现的，在实际工作中比较常见。因为有关企业的具体业务操作流程与现行税法规定存在一定“连接”（接近），所以，出现对政策理解的“模糊地带”，给税务管理带来了麻烦。可以这样说，这些问题都是纳税人以后需要面对的风险所在。纳税人对涉税政策进行一次系统性的梳理，同时对有关业务操作流程再做适当的筹划和调整，有关争议就会迎刃而解。

具体的操作思路是，重新签署有关业务的合作协议，规避“模糊地带”。

CJ公司和QS公司签订如下转包协议：自2017年6月1日起，QS公司承担工程的建设任务，由CJ公司对其提供技术指导；工程竣工以后，QS公司以工程的全价开票给甲方，并直接从甲方收取工程款项；CJ公司对QS公司的建筑施工进行现场技术指导，并按含税销售收入8%的比例收取技术转让费。

专家点评

笔者在许多专著和论文里都在反复阐述一个观点：企业的经营模式决定纳税方式，决定纳税人的税收负担水平。起重机如果作为通用设备以租赁的方式经营，即签署“设备租赁合同”，以有形动产对外出租，就按17%的税率缴纳增值税；如果作为专用设备附带专业人员操作提供租赁业务，即签署“建筑施工设备出租合同”，就按11%计算缴纳“建筑服务”增值税；但是，如果不仅仅强调设备的使用，而是约定工程施工服务业务的承揽和服务质量，即签署“装卸搬运业务承包合同”，承包方派人员使用建筑施工设备（如装卸搬运工具）将货物在装卸现场之间（水平或者上下位置的挪移）或者运输工具与装卸现场之间进行装卸和搬运，那么就按6%计算缴纳“现代服务”下“物流辅助服务”增值税。

类似的还有汽车经营：为客户纯汽车出租，让其自驾游，那么，就按有形动产出租缴纳17%的增值税；如果利用企业的汽车及员工将客户送到目的地，则为交通运输服务按11%计算缴纳增值税；如果利用企业的车辆从事公共交通运输服务，包括轮客渡、公交客运、地铁、城市轻轨、出租车、长途客运、班车（指按固定路线、固定时间运营并在固定站点停靠的运送旅客的陆路运输服务），还可以选择适用简易计税方法按3%计算缴纳增值税。

对于本案例所涉及的情况，国家税务总局在《关于进一步明确营改增有关征管问题的公告》（国家税务总局公告2017年第11号）中明确，自2017年5月1日起，建筑企业与发包方签订建筑合同后，以内部授权或者三方协议等方式，授权集团内其他纳税人（以下称“第三方”）为发包方提供建筑服务，并由第三方直接与发包方结算工程款的，由第三方缴纳增值税并向发包方开具增值税发票，与发包方签订建筑合同的建筑企业不缴纳增值税。发包方可凭实际提供建筑服务的纳税人开具的增值税专用发票抵扣进项税额。根据这个规定，从CJ公司的角度讲，如果将代收代付的那笔收入分离出去，仅收取服务费用，无论将其界定为技术转让收入，还是咨询服务收入，则都是按6%计算缴纳增值税。

集团公司模式的营改增案例精解

建筑施工企业的工程项目遍布全国各地，通常情况下，建筑施工企业会在项目所在地设立项目部，作为其派出机构负责工程项目的具体施工组织及管理。在有投标需求的情况下，建筑施工企业会在项目所在地设立法人单位，以争取地方的工程项目。

企业案例

S省顺发建筑集团是当地一家大型建筑施工企业，2015年度实现销售收入239亿元。2016年5月1日，我国在全国范围内推行营业税改征增值税，使该企业集团面临极大的挑战。

该建筑企业集团拥有建筑、钢结构等项目特级资质，但是这些资质都集中在母公司，下设12个二级子公司、14个分公司及项目机构，另外在子公司下面，还有20个三级子（分）公司、项目部等。

试问：营改增后这家建筑企业集团应当如何筹划？

案例分析

大型建筑企业集团一般拥有数量众多的子、分公司及项目机构，管理上呈现多个层级，涉及的管理单位自下而上包括一级母公司、二级子（分）公司、三级子（分）公司、项目部等，部分三级子（分）公司下设有四级、五级子（分）公司。由于承接工程项目的主体多为二级子（分）公司，而实际进行工程施工的单位一般为三级子（分）公司，因此，建筑企业集团内普遍存在内部层层分包的情况。

税收筹划咨询专家到该企业现场进行了调研，了解到企业的组织架构情况，同时结合政策变化情况进行了具体分析。相比营业税下的税收征管，增值税具有“征管严格、以票控税、链条抵扣”的特点，对于每个增值环节均需严格按照销项税额相抵的规定征收增值税，对建筑企业集团多级法人、内部层层分包的组织构架及管理模式提出了挑战。

一般情况下，管理链条越长，流转环节越多，潜在的税务风险就越大，甚至造成工程项目的增值税进销项税额不匹配，从而多交增值税，但这一特点也有利于集团内部实行专业化管理。

营改增之前，营业税政策不利于专业化分工，集团内各级单位均按照营业收入计算缴纳营业税，如企业将自身的某一专业版块独立出去成立专业公司，将增加流转环节进而增加集团整体的营业税税额。营改增之后，以上情况将会改变。

目前虽然有形动产经营租赁已经实行营改增，但建筑施工企业在施工建设过程中外租设备时，所交易的设备租赁供应商多为个人（包括个体工商户）或挂靠公司，取得的发票主要为税务局代开的3%税率增值税专用发票或通用机打（手写）发票，造成建筑施工企业设备租赁相关进项税额难以抵扣或抵扣效率较低。

现场加工混凝土用于自有工程或被认定为视同销售。建筑施工用混凝土一般存在两种采购渠道，一种是外购商品混凝土，另一种是自制混凝土。相比自制混凝土而言，外购商品混凝土价格偏高。因此，建筑施工企业更加倾向于自制混凝土的方式。

但是自制混凝土仍存在以下涉税风险：建筑工程施工现场通常包含多家参建单位，一般由其中一家设立混凝土拌和站，然后向整个项目或当地其他项目甚至外部供应混凝土，根据《中华人民共和国增值税暂行条例实施细则》（财政部　国家税务总局第50号令）等相关文件规定，建筑企业附设的工厂、车间生产的水泥预制构件、其他构件或建筑材料，用于本单位或本企业的建筑工程的，应在移送使用时征收增值税。

但对其在建筑现场制造的预制构件，凡直接用于本单位或本企业建筑工程的，不征收增值税。因此，上述自制混凝土存在一定的税务风险，建筑行业实行营改增后，可能会被认定为销售缴纳增值税。

筹划建议

咨询专家通过对现状的分析，提出相应的筹划建议，即调整和优化现有组织架构，成立内部专业化公司。

1．调整和优化现有组织架构

增值税的主管方式要求企业组织结构扁平化，为适应营改增，建筑施工企业应结合自身特点，在充分考虑市场经营开发和项目经营管理的前提下，改变企业集团多级法人、内部层层分包的组织架构及管理模式，压缩管理层级、缩短管理链条，降低税务管控风险。

（1）各级单位梳理下属管理范围内各子、分公司及项目机构的经营定位及管理职能，明确优化和调整组织结构的方向，通过撤销规模较小或没有实际经营业务的单位、取消不必要的中间管理层级、合并管理职能相关或相同的单位等措施，以压缩管理层级、缩短管理链条，推进组织结构扁平化改革。

（2）结合营改增后的资质管理要求、工程项目组织模式及其业务流程调整方案，梳理下属子公司拥有资质的情况，并考虑将资质较低或没有资质的子公司变为分公司。在市场法人主体数量足够的情况下，逐步将工程施工类三级单位变为领取非法人营业执照的分公司。

2．成立内部专业化公司

由于增值税采用了环环抵扣的计税方式，避免了原营业税层层征税的弊端，因此建筑行业营改增后，从集团整体利益出发，管理降低集团公司的整体税负。如考虑设立专门的片区租赁公司，可解决外部租赁难以取得17%税率进项发票的问题；考虑成立混凝土专业公司，可以避免现场加工混凝土被认定为视同销售的问题。具体筹划思路如下：

（1）成立专业的设备租赁公司，用以解决设备外部租赁难以取得的增值税专用发票无法抵扣此部分支出的进项税额。建筑施工企业可结合自身特点，根据集团内工程项目区域分布情况，在主要片区成立区域性的租赁子公司（以下简称设备租赁公司）。由设备租赁公司统一购置建筑工程施工所需要的相关设备，为区域内施工企业提供设备租赁服务，收取租赁费，并向施工企业开具增值税专用发票，由施工企业抵扣进项税额。

（2）成立专业的混凝土公司。预制构件公司等生产单位，为解决与原增值税应税项目混业经营可能带来的核算及税务管理难度大、纳税申报复杂以及从高使用税率风险等问题，建筑施工企业可考虑分离原增值税应税范围的业务，如混凝土搅拌、预制构件制造等，成立专业的混凝土公司、预制构件公司等生产单位，专门负责向集团内施工企业提供工程项目所需的建筑材料，并提供增值税专用发票，由施工企业抵扣进项税额。

（3）成立内部专业化公司时，应综合考虑以下事项：

1）结合建筑施工企业现有的组织构架和未来的战略规划，考虑公司的设立方式（如新设公司、整体现有单位等）、设立层级（如设立为二级单位还是三级单位等）以及组织形式（分公司或子公司）等；作为施工单位内设机构，为施工项目加工、制造建筑材料以及提供租赁等业务的单位一般需要具备相关资质，建筑施工企业可考虑将这类生产单位设立为子公司，并办理独立的工商登记和税务登记，进行独立的会计核算和申报纳税等。

2）成立公司时须评估成立公司的资金投入、片区内施工项目的布点及开展情况和相关需求情况等。

3）合理确定内部租赁业务和内部销售业务等的关联交易定价，避免税务风险。

4）在有效解决进项税额抵扣问题的同时，也需要加强自身的进项税额管理，做到“应抵尽抵、充分抵扣”，从而降低自身的增值税税负。

专家点评

建筑施工企业在我国属于营业税的征收范围，由于建筑施工企业的特点与现行的增值税的征收范围存在着重叠与交叉的现象，从而导致建筑施工企业出现重复征税的问题。随着营改增的实施，由于建筑行业本身的特殊性与复杂性使得建筑施工企业在改革过程中的困难凸显，营改增作为一项结构性减税措施，对于消除存在于建筑施工企业中的重复计税问题有着积极的促进作用。

1. 营改增对建筑施工企业的影响

（1）营改增对建筑施工企业税负的影响。建筑施工企业实施营改增后，应缴纳的税额为企业当期的销项税额与进项税额之间的差额。一旦出现销项税额小于进项税额的情况，对于尚未抵扣完的进项税额的部分需要从下一期的销项税额中进行抵扣。但是，目前我国建筑施工企业的资质和实力参差不齐，市场票据的管理又存在诸多不规范的现象，例如，很多为建筑施工企业提供建筑材料的供应商本身根本无法提供正规的增值税发票，实施营改增后，建筑施工企业很可能出现由于无法抵扣进项税额而出现税负不降反增的现象。再例如，对于建筑企业的人工成本而言，能否将其有效、合法地外包出去而进行进项税额抵扣，也会对建筑施工企业在实施营改增后税负的升降产生重要影响。

(2) 营改增对建筑施工企业财务报表的影响。在实施营改增后，建筑施工企业的库存材料、固定资产、机械设备、办公用品等可以进行进项税额抵扣，将减少这些固定资产的原值入账金额。营改增后，企业应缴纳的营业税被取消，期末余额减少，在短期内极可能造成建筑施工企业资产、负债比例的下降，而企业的流动性资产、流动性负债会增加。另外，建筑施工企业实施营改增后，营业税及附加等项目已经不存在，成本费用降低，企业的利润会增加。如果站在长远的发展角度，从受到营改增降低税负的影响效果来看，当企业利润增加时，很多企业将选择再投资来扩大企业的资产规模。那么这些体现在财务报表上就是：企业的资产总额、负债总额总体上呈现出上升的趋势。

(3) 营改增对建筑施工企业纳税管理的影响。建筑施工企业实施营改增后的纳税管理已经不同于原来的情况，应将两方面的工作作为纳税管理的重点工作，① 建筑施工企业的财务人员必须加强对增值税专用发票的收集、核算和保管工作；② 加强对材料采购供应商的管理工作，合理选择供应商，尽量避免与那些规模小、无法开具增值税专用发票的材料供应商合作，做好税收筹划工作，为建筑施工企业税负的降低奠定基础。

2. 建筑施工企业营改增后的应对措施

在营改增实施后，建筑施工企业的税收筹划空间增加，因此可以结合自身的行业特点、未来战略发展规划等制定出合理的应对措施和税收筹划方案，为降低企业的税负和费用做出努力。具体而言，建筑施工企业应做好如下工作：

(1) 加强对建筑施工企业相关人员的培训。建筑施工企业在实施营改增后，应以此为契机加强企业财务人员和相关业务人员对营改增政策文件的学习和培训，要求他们通过认真的学习了解并掌握增值税的相关条例。例如，要求企业的财务人员能够对可以抵扣的进项税额进行准确区分，掌握正确计算进项税额和销项税额的方法。再例如，组织企业的财务人员熟练掌握增值税专用发票的开具认证、取得、抵扣等不同环节和不同时间节点，组织企业内的主要业务主管学习增值税的业务流程。建筑施工企业内部营改增环境的营造在为建筑施工企业带来良好的税收管理环境的同时，将有效降低税收风险。

(2) 规范建筑施工企业内部财务管理活动。建筑施工企业实施营改增后，对企业的收入、税金、成本等核算造成了一定影响，因此，不科学、不规范、不正确的会计核算将对企业应缴纳的税款造成影响，也很容易出现错误，从而为企业带来税务风险。因此面对变化的纳税环境，建筑施工企业必须根据自身的实际情况对会计核算管理等工作进行调整和规范，对税收风险的管理和控制予以高度重视。企业在提升财务人员专业能力、综合素养的同时应实现财务管理水平的整体提升，从而加强企业的内部控制、提高企业的经济效益。

(3) 充分利用税收政策完善企业税收筹划方案。从长远的角度来看，建筑施工企业实施营改增还是十分有益的，虽然在短期内可能会出现税负增加的问题，但是只要充分掌握国家的税收政策，做好税收筹划，制定出合理的、科学的、完善的税务筹划方案就一定能在营改增税制改革的大环境中赢得先机。例如，建筑施工企业应根据自身所处的不同发展阶段、施工项目的特点对固定资产的购买时间、购买金额进行把握，充分利用增值税进项税额的抵扣政策，为建筑施工企业税负的降低创造条件。再例如，对于同一个集团的总公司、分公司应采取汇总缴纳税款的方式，并充分利用各地的税收优惠政策，实现法人内部的税负平衡，达到整体降低税负的目的。企业还可以根据自身发展的条件成立专业化的子公司，专门负责机器设备的租赁和材料采购等工作，并以租赁的方式向项目组提供设备，而项目组本身也可以进行增值税额的抵扣。另外，由于子公司发生的大额采购也可以获得增值税进项税额发票并进行抵扣，从而降低了企业缴纳的增值税金额。

(4) 加强对合同的管理。建筑施工企业在与业主或者是总承包方签订合同时，一定要避免出现签订由甲方提供建筑材料的这种合同，应根据营改增政策中的相关内容进行报价的调整。例如，建筑施工企业在与材料供应商、设备供应商签订合同时，一定要选择具有一般纳税人资质的企业或供应商，并约定由对方提供相应的增值税专用发票，对于企业的付款，可以在对方提供增值税专用发票后再付款。如果提供建筑材料的企业是小规模纳税人，并且不能提供增值税专用发票，那么企业一定要在与其签订合同时尽量降低价格，通过这种降价的模式减少营改增中无法提供增值税专用发票进行抵扣的损失。

建筑业挂靠经营的营改增案例精解

建筑业中所称的挂靠经营，是指一个建筑施工企业允许他人在一定期间内用自己企业的名义对外承接工程的行为。允许他人使用自己名义的企业为被挂靠企业，使用被挂靠企业名义从事经营活动的企业或个人为挂靠人。营改增后，建筑业挂靠双方将面临哪些问题和风险，这里我们结合具体案例进行简要分析。

稽查案例

正华门窗装潢有限公司成立于2005年8月，法人代表为李有生，实际负责人为王国财，主要从事铝合金塑钢门窗、不锈钢制品、幕墙制造与安装；钢结构焊接加工及装饰装潢（以上范围凡涉及国家专项许可的，需取得国家专项许可手续后方可经营)，是增值税一般纳税人。该企业 2016 年 1 月～12 月的增值税销售收入为161 254 810元，已缴纳增值税税额为 2 091 880.1 元，企业所得税由地方税务局管理。最近，该企业被当地主管税务局稽查了。具体情况如下：

当地主管税务机关接到税务协查通知，通知上说明正华门窗装潢有限公司有接受虚开增值税专用发票的嫌疑，于是对该企业进行立案检查。

稽查过程

主管税务局稽查局有关人员对正华门窗装潢有限公司进行了纳税检查，主要检查了如下几个方面的内容：① 企业的生产和经营情况；② 企业自 2016 年 1 月 1 日～2016 年 12 月 30 日的货物采购、耗用和库存情况；③ 企业自 2016 年 1 月～2016 年 12 月的增值税进项税额抵扣及纳税申报情况；④ 有关业务的入库单、记账凭证、明细账等资料的情况。

该企业在承担 D 市滨江国际商城栏杆供货及安装工程过程中，于 2016 年 7 月 20 日购买的不锈钢、玻璃、镀锌方管等合计金额 6 120 000 元善意取得以常州顺发贸易有限公司的名义开具的增值税专用发票。以上合计 5 230 769.23 元（价税合计 6 120 000元)，已抵扣的增值税税额为 889 230.77 元。

其操作流程是：个体建筑装潢承包商汪某想承接该笔业务，而 D 市滨江国际商城栏杆供货及安装工程要求具有一定资质的装潢施工企业才能承接这项工程，于是汪某找到正华门窗装潢有限公司。由于汪某自己拥有装潢技术和现场施工能力，双方经过多次商谈，明确汪某以一个项目部挂靠正华门窗装潢有限公司，汪某的项目部以正华门窗装潢有限公司名义与 D 市滨江国际商城签署有关业务合同，正华门窗装潢有限公司对汪某的项目部进行技术管理，同时向汪某收取 2% 的挂靠费。

税务决策监控系统显示，该发票实际是苏州海俊新商贸有限公司开出的，发票的销售方名称是常州顺发贸易有限公司，但是税号是苏州海俊新商贸有限公司的。该票开出后，对方立即做了“作废”处理。

通过税务稽查，税务机关掌握了如下相关的证据：① 该企业 2016 年 1 月 1 日～2016 年 12 月 30 日的账面记录；② 相关业务合同、记账凭证、有关货物的入库单及增值税专用发票复印件；③ 企业实际负责人询问笔录；④ 企业财务负责人询问笔录。

稽查处理

对该企业取得不符合规定专用发票已抵扣的增值税 889 230.77 元，根据《国家税务总局关于纳税人善意取得虚开的增值税专用发票处理问题的通知》（国税发〔2000〕187 号）规定，依法予以追缴。

案例分析

本案例是一个挂靠经营的典型案例。从财务管理和内部控制的角度看，建筑施工企业挂靠经营的操作模式主要有以下三种：

（1）被挂靠方施工企业向挂靠方自然人提供了日常经营账户。在这种情况下，项目建设单位先向被挂靠施工单位账户支付相关款项，然后再从该经营账户流向供应商和合作方账户，完成较为规范的现金流循环。但由于日常经营账户在被挂靠方控制之中，挂靠方自然人的资金流要受到被挂靠方财务的严格监管，而很多时候，这种监管是以牺牲效率为代价的。

（2）被挂靠方施工企业向挂靠方自然人提供了单独的项目部临时账户，且该账户由挂靠方自然人实际控制。这种情况下的账户虽然也是以被挂靠方名义开设的，但完全交由挂靠方自然人控制，因此规范的现金流循环依然可以实现，但被挂靠方施工企业的监管较弱，风险较大，相反，挂靠方自然人拥有较大的自主权和支配权，运营中可以实现资金流的快速流转。

（3）被挂靠方施工企业未向挂靠方自然人提供账户。这是一种较为极端的情况，但在实务中并不少见。被挂靠方由于种种原因拒绝向挂靠方自然人提供账户，导致资金流循环出现混乱，建设单位无法按照施工合同要求向施工企业账户支付工程款，实务中常常将款项直接支付到实际挂靠的自然人账户，最后以委托付款手续强行入账。

既然挂靠方项目部以被挂靠方名义施工，就应统一并入被挂靠方账务体系。但实务中仍存在众多项目部账务独立在外、被挂靠方施工企业私自隐瞒挂靠项目部的情况，挂靠方项目部账务只需要对实际挂靠人负责，根本不对外，在操作过程中一些项目部的账务出现核算不规范、票据不健全的严重情况，造成国家税收流失的同时也给双方带来巨大的财税风险。

对于建筑施工企业而言，营改增前，在项目所在地单独缴纳营业税后，共同申报整个建筑施工企业的所得税。在全面实行营改增后，挂靠经营将面临多方面的挑战。

对于挂靠的纳税主体，《营业税改征增值税试点实施办法》规定，单位以承包、承租、挂靠方式经营的，承包人、承租人、挂靠人（以下统称承包人）以发包人、出租人、被挂靠人（以下统称发包人）名义对外经营并由发包人承担相关法律责任的，以发包人为纳税人；否则以承包人为纳税人。这个规定需要注意两个关键点：

① 承包、承租和挂靠虽然成因不同，但在纳税主体的处理上统一；② 以谁的名义经营，就以谁作为纳税主体。

那么，挂靠人的收益应如何缴税？

在通常情况下，挂靠方和被挂靠方约定被挂靠方取得管理费性质的固定收益，而项目的剩余收益由挂靠方取得。关于挂靠方取得这部分剩余收益的缴税问题，对于承包、承租人按合同（协议）的规定只向发包、出租方缴纳一定费用后，企业经营成果归其所有的，《国家税务总局关于个人对企事业单位实行承包经营、承租经营取得所得征税问题的通知》（国税发〔1994〕179 号）规定，承包、承租人取得的所得，按对企事业单位的承包经营、承租经营所得项目，适用 5% ~35% 的五级超额累进税率征税。

可见，税法对于挂靠行为的涉税界定是较为清晰的。但实务中，几乎所有的挂靠行为均采用私下操作方式，也就是向税务机关隐瞒了挂靠模式，统一以被挂靠方名义面对税务机关。这就使得挂靠情况变得十分复杂，加上实际操作中双方对各自权利义务的不同界定和风险的不同划分，导致挂靠成为一个财税争议问题。

专家点评

在挂靠经营模式下按照双方约定，挂靠方获得剩余收益，被挂靠方获得固定比例的管理费用。那么，实务中剩余收益的处理就成为一个重要问题。

如果项目部账务和被挂靠方公司账务不合并，项目部也由挂靠人掌控独立临时账户，或者被挂靠方公司没有提供账户，那么挂靠人的收益必然私下转移。

如前所述，由于双方选择将挂靠行为向税务机关隐瞒，那么挂靠方利润就不可能从被挂靠方处公然拿走，实务中大量出现的现象是以票抵账行为。挂靠方通过私立名目代开建筑业营业税发票冲抵被挂靠方账务，借机拿走本属于项目利润的部分。更有甚者私下购买假的增值税专用发票冲抵被挂靠方账务，这些违法操作手法，最终给被挂靠方带来巨大的风险隐患。

营改增后，无论是在发票开具上还是在监管机制上，均发生了本质的改变，主要包括三方面：① 建筑业施工发票从营业税的项目所在地代开模式变成增值税的机构所在地自开模式；② 营业税监管中对资金流的宽松监管转变为增值税对三流合一的严格监管；③ 营业税未能实现的全国发票联网在增值税金税三期中得以严格实施。这就要求企业实现从不规范到规范、从随意到严谨、从违规到合法的转变。

稽查案例

承包经营营改增案例精解

王某以振昌安全设备有限公司（以下简称振昌公司）的名义在金沙县经济开发区商业街承接消防工程安装业务。最近被当地税务机关查处，确认其偷税259 540.85 元。

2017 年 3 月，江岚市地方税务局举报中心接到群众举报，反映王某自 2014 开始承接消防工程安装业务，工程收入从不向税务机关申报纳税，存在大量的偷逃税现象。根据群众举报和稽查局初步掌握的情况，稽查局决定对王某进行立案检查。

检查思路

根据本案的特点，稽查人员制定了方案，主要有以下几点：

（1）外调取证。王某是从金沙县来到江岚市承接消防管道安装业务的，应进行外调取证，查清王某的基本情况和在江岚市的经营情况及在金沙县的申报纳税情况。

（2）正面沟通。与王某直接交流，了解其经营情况。他们拟定了谈话方案，了解其承接消防管道工程及收入不开票不申报的大致情况。

（3）到王某服务对象所在地了解其经营情况。根据承包工程的具体情况，逐一到建设单位取证。

（4）账务检查。对王某的财务账册情况进行具体检查和取证。

2017 年 3 月初，稽查人员首先到金沙县地方税务局稽查分局进行外调，查清了王某在金沙县经济开发区商业街设有分公司的办公地址，该分公司没有办理任何登记手续，属无证户，且从未向所在地税务机关申报纳税。3 月 8 日，稽查人员向王某送达税务稽查通知书及询问通知书，对王某进行了询问，初步了解到王某自 2014 年 1 月开始，在江岚市以二级分包商的身份承接了四项消防工程安装业务，且工程都已竣工决算。上述完工收取的工程款据王某自己交代，都用收款收据开具，从未向税务机关申报纳税。根据王某提供的收款收据及部分账册，稽查人员对三家建设单位进行了调查取证，并赴振昌公司进行外调取证，掌握了王某于 2014 年 7 月 28 日与该公司签订了承包合同书，承包时间为三年，设备、工程税金、通信、交通工具、办公设备等一切费用由承包人王某承担，并在承包期间交付管理费，合同书由金沙县公证处在 2014 年 8 月 8 日公证。

经过调查取证，查清了王某的偷税事实。王某于 2014 年 7 月 22 日未经振昌公司许可，私刻该公司的合同专用章，与江岚市岗城建筑工程有限公司签订了江岚市某娱乐中心的消防工程合同，收取工程款 135 万元，汇入个人开设账户，没有申报纳税，偷营业税 40 500 元、城市维护建设税 2 835 元，教育费附加 1 620 元，个人所得税 26 000 元，印花税 600 元。并在 2014 年 8 月 ~2016 年 3 月，以振昌公司的名义，分别与江岚市人民政府招待所和江岚市建设房产开发公司签订江岚市人民政府招待所，江岚市休闲中心，江岚市购物中心消防、报警安装工程合同。上述工程结算后，王某不申报纳税，偷营业税 120 768. 06 元、城市维护建设税 8 453. 76 元，教育费附加 4 830. 72 元，个人所得税 60 384. 03 元。

案件处理

根据《中华人民共和国营业税暂行条例》（以下简称《营业税暂行条例》）第一条规定，在中华人民共和国境内提供本条例规定的劳务、转让无形资产或者销售不动产的单位和个人，为营业税的纳税人，应当依照本条例缴纳营业税。

根据《中华人民共和国营业税暂行条例实施细则》第十一条规定，单位以承包、承租、挂靠方式经营的，承包人、承租人、挂靠人（以下统称承包人）发生应税行为，承包人以发包人、出租人、被挂靠人（以下统称发包人）名义对外经营并由发包人承担相关法律责任的，以发包人为纳税人；否则以承包人为纳税人。同时，根据《营业税暂行条例》第一、二、四、九条规定，追缴营业税 161 268. 06 元。

根据《中华人民共和国城市维护建设税暂行条例》第二、三条规定，追缴城市维护建设税 11 288. 76 元。

根据《国务院征收教育费附加的暂行规定》（国发〔1986〕50 号）第二、三条规定，追缴教育费附加 6 450. 72 元。

根据《个人所得税法》第一、二、三、六、九条的规定，追缴个人所得税 86 384. 03元。

根据《中华人民共和国印花税暂行条例》第一、第二、第三、八条规定，追缴印花税 600 元。

根据《税收征收管理法》第六十三条规定，对王某的偷税行为处以所偷税款 0. 5 倍的罚款，共计 132 695. 78 元，同时加收了滞纳金。

案例分析

建筑安装企业的主要生产经营活动是从事建筑、修缮、装饰和其他作业。当前，建筑安装企业基本上都是实行公司、施工队二级管理体制。在具体的管理形式上，建筑安装企业基本都实行了管理层与劳务层的分离。管理层主要负责工程任务承发包和工程项目的施工管理；劳务层则以各种劳动组合形式直接负责工程任务的施工。而在经营方式上，大多数的企业都实行了分包、转包、挂名、挂靠、承包等不同的经营方式。建筑安装企业在生产经营、财务管理和成本核算等方面具有不同于其他物质资料生产经营企业的特点。

目前，建筑劳务企业实行资质管理制度。《建筑业企业资质管理规定》（中华人民共和国住房和城乡建设部令第 22 号）第五条规定："施工劳务资质不分类别与等级"。根据《建筑业劳务分包企业资质标准》（2015 年版）的规定，劳务分包企业应当取得资质方能从业，施工劳务资质的企业要想承担各类施工劳务作业，必须满足以下条件：① 净资产 200 万元以上；② 具有固定的经营场所；③ 技术负责人具有工程序列中级以上职称或高级工以上资格；④ 持有岗位证书的施工现场管理人员不少于 5 人，且施工员、质量员、安全员、劳务员等人员齐全；⑤ 经考核或培训合格的技术工人不少于 50 人。而根据《住房城乡建设部关于批准浙江、安徽、陕西 3 省开展建筑劳务用工制度改革试点工作的函》（建市函〔2016〕75 号）的规定，自试点工作开始之日起，取消建筑劳务企业资质和安全生产行政许可管理，各级住房城乡建设主管部门不再将建筑劳务资质列入建筑市场监督执法检查违法分包打击范围。支持基本具备条件的劳务企业向施工总承包（专业承包）企业发展。基于以上政策规定，从事建筑劳务作业的企业，不再需要申请办理建筑劳务资质。

根据《建筑业企业资质管理规定》《房屋建筑和市政基础设施工程施工分包管理办法》（建设部第 124 号令）和相关建筑行政法规的规定，施工总承包企业可以对所承接的施工总承包工程内各专业工程全部自行施工，也可以将专业工程分包给具有相应资质的专业承包企业，也可以将劳务作业依法分包给劳务分包企业。同时，取得专业承包资质的企业（或专业承包企业），可以承接施工总承包企业分包的专业工程和建设单位依法发包的专业工程。专业承包企业可以对所承接的专业工程全部自行施工，也可以将劳务作业依法分包给劳务分包企业。劳务分包企业可以承接施工总承包企业或专业承包企业分包的劳务作业。建筑劳务作业企业可以承担各类施工劳务作业，具体包括但不限于以下劳务作业：木工作业、砌筑作业、抹灰作业、石制作业、油漆作业、钢筋作业、混凝土作业、脚手架作业、模板作业、焊接作业、水暖电安装作业、钣金作业和架线作业等。

在日常检查工作中，建筑安装行业最常见的涉税违法行为是少列营业收入、虚列成本和隐瞒利润。对建筑安装行业应侧重于营业税和企业所得税方面的检查。

但是对于本案而言，却有其自身的特点，王某在未经振昌公司许可的情况下，私刻该公司的合同专用章，与江岚市岗城建筑工程有限公司签订了江岚市某娱乐中心的消防工程合同，收取工程款汇入个人账户，没有申报纳税；另外又以振昌公司的名义，分别与江岚市人民政府招待所和江岚市建设房产开发公司签订江岚市人民政府招待所、江岚市休闲中心、江岚市购物中心的消防、报警系统安装工程合同，上述工程结算后，王某没有申报纳税。

通过该案例可以发现，从事建筑安装业务的个人挂靠（承包）经营，容易产生偷税行为。究其原因有以下几点：

（1）只收取挂靠（承包）单位的管理费，对挂靠（承包）个人从事的安装业务、工程结算、财务核算缺乏控制和监督。

（2）个人挂靠（承包）经营，收取工程款，支付料、工、费等，采取现金结算及自己开设账户收取工程收入，且未建立会计账册核算收支情况，失去税收监控。

（3）建设单位的工程业务品种多、数量大、工程周期长，工程结算有别于商品交易，支付工程款大多实行预付方式，承接工程都有一定的个人关系，开具非法凭证现象易发生。

专家点评

通过对王某偷税案的查处和分析可以发现，建筑施工企业经营存在涉税风险和法律风险，在这里我们需要提醒投资人要学会举一反三，进行认真总结和思考。

根据《房屋建筑和市政基础设施工程分包管理办法》第四条和第五条的规定，分包分为专业工程分包和劳务作业分包两部分：专业工程分包主要是指施工总承包企业将其所承包的专业工程发包给具有相应资质的其他建筑业企业完成的活动；劳务作业分包是指施工总承包企业或者专业承包企业将其承包工程中的劳务作业发包给劳务分包企业完成的活动。自2016年5月1日在全国范围内实行营改增以后，挂靠经营已经被多数建筑施工企业所放弃，但是分包业务还将普遍存在。而在实践中如何签订分包合同才能规避法律风险，应当是建筑施工企业首先关注的问题。

在建筑行业发生的分包业务中，经常出现以下具有法律风险的分包行为：

1. 建设单位或发包方指定分包工程承包人

根据《房屋建筑和市政基础设施工程施工分包管理办法》第七条的规定，建设单位不得直接指定分包工程承包人。任何单位和个人不得对依法实施的分包活动进行干预。因此，建设单位指定分包人，干预分包活动的行为是违法行为，建设单位对其指定分包方的有关工程质量和安全事故必须承担法律责任。

2. 将承包的工程进行转包

转包是指承包人在承包工程后，又将其承包的工程建设任务转让给第三人，转让人退出承包关系，受让人成为承包合同的另一方当事人的行为。根据《房屋建筑和市政基础设施工程施工分包管理办法》第十三条和《建筑法》第二十四条、第二十八条、第二十九条的规定，禁止将承包的工程进行转包。不履行合同约定，将其承包的全部工程发包给他人，或者将其承包的全部工程肢解后以分包的名义分别发包给他人的，属于转包行为。分包工程发包人将工程分包后，未在施工现场设立项目管理机构和派驻相应人员，并未对该工程的施工活动进行组织管理的，视同转包行为。基于此规定，常见的转包行为有两种形式：① 承包单位将其承包的全部建设工程转包给别人；② 承包单位将其承包的全部建设工程肢解以后以分包的名义分别转包给他人，即变相的转包。但不论何种形式，都是法律所不允许的，一旦查出，必须承担一定的法律责任。根据《最高人民法院关于审理建设工程施工合同纠纷案件适用法律问题的解释》（法释〔2004〕14 号）第四条的规定，承包人非法转包建设工程的行为无效。人民法院可以根据民法通则第一百三十四条的规定，收缴当事人已经取得的非法所得。

3. 违法分包工程

分包是指从事工程总承包的单位将所承包的建设工程的一部分依法发包给具有相应资质的承包单位的行为，该总承包人并不退出承包关系，其与第三人就第三人完成的工作成果向发包人承担连带责任。根据《建设工程质量管理条例》（国务院第 279 号令）第七十八条的规定，违法分包是指下列行为：

（1）总承包单位将建设工程分包给不具备相应资质条件的单位的。

（2）建设工程总承包合同中未有约定，又未经建设单位认可，承包单位将其承包的部分建设工程交由其他单位完成的。

（3）施工总承包单位将建设工程主体结构的施工分包给其他单位的。

（4）分包单位将其承包的建设工程再分包的。

案例

营改增后“实际管理机构”设计案例

案例：甲公司为在中国境内注册成立的企业，其在美国设立了一家全资子公司 A 公司，A 公司的实际管理机构全部在中国境内。A 公司在中国境内和其他中国企业投资成立了一个外商投资企业乙公司。2017 年 8 月，乙公司向 A 公司分配股息 100 万元，A 公司向甲公司分配股息 200 万元（假设这三家公司都不是上市公司）。

试问：对于 A 公司来说，需要做什么工作才能够享受到我国的税收优惠呢？

政策分析

为规范和加强境外注册中资控股居民企业所得税的税收管理，根据《企业所得税法》及其实施条例、《税收征收管理法》及其实施细则、中国政府对外签署的避免双重征税协定（含与香港、澳门特别行政区签署的税收安排，以下简称税收协定）、《国家税务总局关于境外注册中资控股企业依据实际管理机构标准认定为居民企业有关问题的通知》（国税发〔2009〕82 号，以下简称《通知》）和其他有关规定，国家税务总局制定了《境外注册中资控股居民企业所得税管理办法（试行）》（国家税务总局公告〔2011〕45 号，以下简称《管理办法》）。

所谓境外注册中资控股企业（以下简称境外中资企业），《管理办法》将其界定为由中国内地企业或者企业集团作为主要控股投资者，在中国内地以外国家或地区（含香港、澳门、台湾）注册成立的企业。

所谓境外注册中资控股居民企业（以下简称非境内注册居民企业），《管理办法》将其界定为因实际管理机构在中国境内而被认定为中国居民企业的境外注册中资控股企业。

非境内注册居民企业应当按照《企业所得税法》及其实施条例和相关管理规定的要求，履行居民企业所得税纳税义务，并在向非居民企业支付《企业所得税法》第三条第三款规定的款项时，依法代扣代缴企业所得税。

根据《通知》规定，对于非境内注册居民企业在中国境内投资设立的企业，其外商投资企业的税收法律地位不变。因此，虽然境外中资企业，由于实际管理机构在中国而在企业所得税上被认定为中国居民，但其本身仍被作为外国企业看待，其在中国境内投资成立企业，其外商投资企业的税收法律地位不变。境外中资企业由于实际管理机构在中国境内而被认定为中国居民后，在企业所得税上就和其他在中国境内注册的居民企业享受相同的税收待遇。其集中表现在以下两个方面：

1. 实际管理机构纳税义务

境外中资企业被认定为中国居民企业后，在企业所得税的纳税义务上就应像境内注册居民企业一样，就其全球所得在中国承担无限纳税义务。

2. 实际管理机构税收优惠

我国《企业所得税法》中，有些税收优惠政策只有居民企业才可以享受。因此，境外中资企业被认定为中国居民后，就可以享受这些税收优惠政策。如非境内注册居民企业从中国境内其他居民企业取得的股息、红利等权益性投资收益，按照《企业所得税法》第二十六条和《企业所得税法实施条例》第八十三条的规定，作为其免税收入。非境内注册居民企业的投资者从该居民企业分得的股息、红利等权益性投资收益，根据《企业所得税法实施条例》第七条第（四）款的规定，来源于中国境内的所得，应当征收企业所得税；该权益性投资收益中符合《企业所得税法》第二十六条和《企业所得税法实施条例》第八十三条规定的部分，可作为收益人的免税收入等。

案例分析

如果在美国成立的 A 公司实际管理机构不在中国境内而被认定为一家外国企业，则甲公司从 A 公司分得的 200 万元股息需要缴纳企业所得税。只不过依据《企业所得税法》第二十四条的规定，其可以享受来源于境外股息所负担的境外所得税税额的抵免。而对于 A 公司从其投资于境内的乙企业分得的 100 万元股息，应按 10% 的税率征收预提所得税。

如果这家在美国成立的 A 公司由于实际管理机构在中国境内，而被认定为中国居民企业，则甲公司从 A 公司分得的 200 万元股息以及 A 公司从其投资于境内的乙企业分得的 100 万元股息，都被视为符合条件的居民企业之间的股息，直接就可以享受免税的待遇了。

因此对于 A 公司来说，需要进行居民企业认定。

延伸筹划

《通知》的出台，解决了涉及境内企业海外借壳上市过程中的重复征税问题，这对境外上市企业是一个福音。目前，中国企业境外上市主要通过两种方法：① 首次公开发行上市模式，即通常所称的 IPO；② 借壳上市模式，包括买壳上市和造壳上市，但重复征税问题一直困扰着通过借壳上市模式进行境外上市的中国企业。这里我们引用《纳税筹划实战精选百例（第 4 版）》一书的资料对相关问题进行分析。

假设 A 企业是国内一家民营企业，准备在新加坡上市。考虑到 IPO 成本很高，且审批程序较复杂，A 企业准备通过借壳上市模式实现在新加坡红筹上市。其操作步骤如下：

第一步，A 企业按《公司法》进行股份制改造，成为一家有限责任公司。

第二步，A 企业的所有股东按现有股权结构在英属维尔京群岛设立一家离岸公司（BVI 公司），也就是《外国投资者并购境内企业暂行规定》所称的特别目的公司。

第三步，BVI 公司以支付现金或换股的方式，从 A 企业股东处取得 A 企业 50% 以上的股权，将 A 企业变成 BVI 公司的控股或全资子公司。最后，A 企业以 BVI 公司为主体，实现在新加坡交易所上市融资。

通过以上股权结构的安排，英属维尔京群岛的 BVI 公司成为 A 企业原股东控制的全资子公司，而 BVI 公司通过现金和换股的方式从 A 企业原股东处取得了该企业的控股权，从而 A 企业的原股东由直接控股变为通过 BVI 公司间接控股 A 企业。但是在这样的股权结构安排下，不可避免地产生了重复征税问题。

（1）A 企业应缴纳企业所得税。A 企业在境内从事生产经营活动取得的收入，需要按《企业所得税法》的规定，在境内缴纳企业所得税。

（2）A 企业应代扣境外 BVI 公司的预提所得税。由于 BVI 公司是 A 企业的控股股东，因此 A 企业在向境外 BVI 公司分红时，需要按 10% 的税率代扣境外 BVI 公司的预提所得税。

（3）A 企业取得境外分回的股利应当缴纳企业所得税。由于 BVI 公司只是一个空壳，取得的收益又要全部向股东进行分配。BVI 公司设在避税地，当地公司不需要缴纳任何税收。因此，A 企业的原股东从境外 BVI 公司分回的股利，由于在境外没有缴纳任何税收，导致 A 企业的原股东取得的股利又要按 25% 全额缴纳企业所得税。

我们知道，BVI 公司的分红全部来自 A 企业的税后利润。如果没有上述股权结构的变化，A 企业原股东取得该企业的分红，一般是不需要缴纳企业所得税的。可是 A 企业在改变股权结构实现红筹上市后，这些股利不仅在分给 BVI 公司时要缴纳 10% 的预提所得税，而且 A 企业原股东在取得 BVI 公司分红时还要缴纳 25% 的企业所得税，存在严重的重复征税问题。

《通知》的出台，为解决这一问题提供了政策支持。该文件规定，同时符合该文件第二条四个条件的境外注册中资控股企业，可以根据《企业所得税法》第二条第二款和《企业所得税法实施条例》第四条的规定，以实际管理机构在中国境内而被判定为中国居民企业。这四个条件包括：① 企业负责实施日常生产经营管理运作的高层管理人员及其高层管理部门履行职责的场所主要位于中国境内；② 企业的财务决策（如借款、放款、融资、财务风险管理等）和人事决策（如任命、解聘和薪酬等）由位于中国境内的机构或人员决定，或需要得到位于中国境内的机构或人员批准；③ 企业的主要财产、会计账簿、公司印章、董事会和股东会议纪要档案等位于或存放于中国境内；④ 企业 1/2（含 1/2）以上有投票权的董事或高层管理人员经常居住于中国境内。

中国企业为实现境外上市，在避税地设立的这样一些特别目的公司（BVI 公司）是符合上述四个条件的。因此，这些 BVI 公司都可以依据《通知》的规定被认定为中国居民企业。这些 BVI 公司一旦被认定为中国居民企业后，重复征税的问题就迎刃而解了。一是在 BVI 公司这些境外中资企业被认定为中国居民企业后，境内企业向 BVI 公司支付股息，就可以依据《企业所得税法》第二十六条和《企业所得税法实施条例》第八十三条的规定，作为其免税收入，境内企业就不需要代扣 10% 的预提所得税了。二是由于 BVI 公司又是境内企业原股东控股的子公司，在 BVI 公司被认定为中国居民企业后，同样依据《企业所得税法》第二十六条和《企业所得税法实施条例》第八十三条的规定，境内企业股东取得的 BVI 公司分配的股息属于符合条件的居民企业之间的股息、红利等权益性投资收益，作为免税收入，也不征收企业所得税了。这样的安排彻底解决了中国境内企业海外借壳上市中所涉及的重复征税的问题。

需要注意的是，在 BVI 公司被认定为境内居民企业后，BVI 公司在向其境外股东分配股息时，则需要按我国税法规定，代扣境外股东 10% 的预提所得税。

境外中资企业应积极向其实际管理机构所在地或中国主要投资者所在地主管税务机关提出居民企业申请，按《通知》要求提供相关申请资料，经主管税务机关对居民企业身份进行初步审核并报国家税务总局确认后，力争为 BVI 公司取得中国居民身份的认定，从而有效解决海外借壳上市中遇到的重复征税问题。

案例

建筑行业总分包业务营改增后会计处理

CF 建设有限公司（以下简称 CF 公司）承包了某地一个合同值为 2 000 万元的工程项目，并把其中 600 万元的部分项目分包给具有相应资质的分包人 QS 建筑施工有限公司（以下简称 QS 公司），工程完工后，该工程项目最终结算值为 2 000 万元。假设该项目属于老项目，CF 公司和 QS 公司均采取简易计税方法计税。CF 公司完成工程累计发生合同成本 1 000 万元。对于上述业务，在营改增条件下应当如何进行会计核算呢？

案例分析

为将税制改革对企业的冲击降到最低，工程分包管理方面需注意修订专业分包合同条款，做到进项税额充分抵扣；劳务分包管理方面要注意修改劳务分包合同，加强与分包商结算管理，做到进项税额充分抵扣，降低分包价款，弥补税款损失尽量避免与挂靠单位进行工程劳务分包合作。

营改增是一项重大的税制改革，虽然营改增能减少重复纳税，但是若要真正做到“税负只减不增”，建筑施工企业必须从自身出发，认真着手改革，使企业真正享受到营改增带来的税收红利。

一、会计处理

根据《企业会计准则第 15 号——建造合同》规定，合同成本是指为建造某项合同而发生的相关费用，包括从合同签订开始至合同完成止所发生的、与执行合同有关的直接费用和间接费用。企业应当根据完工百分比法在资产负债表日确认合同收入和费用。但应注意，合同成本不包括在分包工程的工作量完成之前预付给分包单位的款项，但是根据分包工程进度支付的分包工程进度款，应构成累计实际发生的合同成本。即总包应将所支付的分包工程进度款作为本公司的施工成本，与自己承建的工程做同样的处理，以全面反映总承包方的收入与成本，这与《建筑法》《合同法》中对总承包方相关责任和义务的规定相吻合。

二、税务规定

1. 计税方法

增值税计税方法包括一般计税方法和简易计税方法。建筑施工企业部分项目可以选择简易计税方法，包括一般纳税人以清包工方式提供的建筑服务、一般纳税人为甲供工程提供的建筑服务和一般纳税人为建筑工程老项目提供的建筑服务。

建筑工程老项目是指“建筑工程施工许可证”中注明的合同开工日期在2016年4月30日前的建筑工程项目；未取得“建筑工程施工许可证”的，建筑工程承包合同注明的开工日 期在2016年4月30日前的建筑工程项目。一般纳税人提供建筑服务适用简易计税方法的，以取得的全部价款和价外费用扣除支付的分包款后的余额为销售额。

2. 征收管理——就地预缴、机构申报

（1）一般纳税人跨县（市）提供建筑服务，适用一般计税方法计税的，应以取得的全部价款和价外费用为销售额计算应纳税额。纳税人应以取得的全部价款和价外费用扣除支付的分包款后的余额，按照2%的预征率在建筑服务发生地预缴税款后，向机构所在地主管税务机关进行纳税申报。

（2）一般纳税人跨县（市）提供建筑服务，选择适用简易计税方法计税的，应以取得的全部价款和价外费用扣除支付的分包款后的余额为销售额，按照3%的征收率计算应纳税额。一般纳税人应按照上述计税方法在建筑服务发生地预缴税款后，向机构所在地主管税务机关进行纳税申报。

（3）试点纳税人中的小规模纳税人（以下简称小规模纳税人）跨县（市）提供建筑服务的，应以取得的全部价款和价外费用扣除支付的分包款后的余额为销售额，按照3%的征收率计算应纳税额。小规模纳税人应按照上述计税方法在建筑服务发生地预缴税款后，向机构所在地主管税务机关进行纳税申报。

（4）纳税人取得的全部价款和价外费用扣除支付的分包款后的余额为负数的，可结转下次预缴税款时继续扣除。

（5）纳税人应按照工程项目分别计算预缴税款，并分别预缴。

3. 营改增之前发生的业务处理

试点纳税人发生应税行为，按照国家有关营业税政策规定差额征收营业税的，因取得的全部价款和价外费用不足以抵减允许扣除项目金额，截至纳入营改增试点之日前尚未扣除的部分，不得在计算试点纳税人增值税应税销售额时抵减，应当向原主管地税机关申请退还营业税；在纳入营改增试点之日前已缴纳营业税，营改增试点后因发生退款减除营业额的，应当向原主管地税机关申请退还已缴纳的营业税；在试点纳税人纳入营改增试点之日前发生的应税行为，因税收检查等原因需要补缴税款的，应按照营业税政策规定补缴营业税。

三、核算过程

CF 公司总包人的会计处理：

完成合同成本时，

借：工程施工——合同成本　　1 000

　　贷：原材料等　　1 000

《财政部　国家税务总局关于全面推开营业税改征增值税试点的通知》（财税〔2016〕36 号）附件 1 第四十五条的规定，纳税人提供建筑服务、租赁服务采取预收款方式的，其纳税义务发生时间为收到预收款的当天。收到建设方一次性结算的总承包款，产生纳税义务。

收到总承包款时，

借：银行存款　　2 000

　　贷：工程结算　　1 941.76

　　　　应交税费——应交增值税（销项税额）　　58.24

分包工程结算时，

借：工程施工——合同成本　　582.52

　　应交税费——应交增值税（销项税额）　　17.48

　　贷：应付账款——QS 公司　　600

全额支付分包工程款时，

借：应付账款——QS 公司　　600

　　贷：银行存款　　600

CF 公司确认该项目收入与费用时，

借：主营业务成本　　1 582.52

　　工程施工——合同毛利　　359.24

　　贷：主营业务收入　　1941.76

工程结算与工程施工对冲结平时，

借：工程结算　　　　　　　　　　　　　　　　　　1 941.76
　　贷：工程施工——合同成本　　　　　　　　　　　　1 582.52
　　　　　　　　——合同毛利　　　　　　　　　　　　359.24

向项目所在地山西国税局预缴税款 40.78[(2 000 - 600)/(1 + 3%) × 3%)]万元，

借：应交税费——应交增值税销项税额　　　　　　　40.78
　　贷：银行存款　　　　　　　　　　　　　　　　　40.78

差额计税

建筑施工企业采用简易计税方法时，开具发票采用差额计税法但为全额开票，这与销售不动产、劳务派遣、人力资源外包服务、旅游服务等差额开票不同，CF 公司可全额开具增值税专用发票。

税额 = 2 000/(1 + 3%) × 3% = 58.24(万元)

金额 = 2 000 - 58.24 = 1 941.76(万元)

发票备注栏要注明建筑服务发生地所在县（市、区）及项目名称。在简易计税方法下，一般预缴税款等于向机构所在地主管税务机关纳税申报的税额。CF 公司纳税申报按差额计算税额为

(2 000 - 600) /(1 + 3%) × 3% = 40.78(万元)

另外，对于简易征收的“老项目”，应及时通过网上填报（上传资料）或递交书面资料等方式向主管国税机关进行备案，避免税收风险。

四、涉税管理

1. 工程分包管理影响分析及应对措施

专业分包商一般具有建筑资质，总包方与分包方之间签订分包合同，通过验工计价进行结算付款，支付工程款与合同主体一致，在营业税下能够提供建筑业统一发票。营改增后，分包商如能够提供增值税专用发票，则无其他重大影响。分包商如不能提供增值税专用发票，将有以下影响：

（1）分包商未开具增值税专用发票无法抵扣进项税额。建筑业实行营改增后，选择一般纳税人分包商和选择小规模纳税人分包商，影响分包成本的进项税额抵扣；如果分包商不开具增值税专用发票给总包方，分包成本就无进项税额抵扣，必然影响总包方的增值税税负。

（2）分包结算滞后导致进项税额抵扣不及时。总分包之间存在的滞验收、超验、欠验的情况，导致总包方不能及时取得分包方开具的增值税专用发票，从而不能及时抵扣进项税额，使总包方前期产生较大的资金压力。

（3）分包成本中材料、设备部分的进项税额抵扣不足。由于专业分包包含大量的材料、设备，则相关进项税额由分包商抵扣，即分包商一般可抵扣17%的进项税额，而总包方取得其开具的建筑行业增值税专用发票，只能按11%的税率抵扣进项税额，与直接采购相比，将少抵扣6%的进项税额。

由于专业分包商都是具有专业施工承包资质的企业，因此建筑业实行营改增后，适用11%税率的一般纳税人可以采取如下应对措施：

（1）修订专业分包合同条款。建筑施工企业严格履行与分包商的结算管理要求，坚持“先开票、后付款”原则，在“工程施工合同”中明确分包商应提供发票的类型、适用税率以及提供时间等合同条款的基础上，进一步明确分包商必须在验工计价确认后的一定时期内开具增值税专用发票，待总包方取得发票后，再向其拨付工程款项。

（2）做到进项税额充分抵扣。专业分包是指包含材料、机械设备的分包业务，根据工程项目实际情况，如果专业分包的主要材料由总包方提供，则可以提高总包方的进项税抵扣额，做到进项税额的充分抵扣。

2. 总包方采购材料

对于专业分包中的主要材料，建议分包合同价款中不包含材料价款，材料由总包方自行采购后，提供给专业分包商使用。在这种情况下，总包方采购材料可以抵扣17%的进项税额，与分包成本（含材料金额）能抵扣11%的进项税额相比较，总包方多抵扣6%的进项税额，因此可以降低总包方的增值税税负。

将技术含量高的工程分包。总包方将技术含量高、专业性强的工程分包，分包商具有很强的专业性，在总包方不能采用控制主要材料形式进行分包的情况下，建议总包方考虑材料的进项税额抵扣率为17%，分包成本的进项税额抵扣率为11%，6%的差额要在分包定价中考虑，以降低专业分包成本，增加企业利润。

分包工程所用材料无法取得发票。如果分包工程使用的材料或机械租赁不能取得增值税专用发票，则建议总包方采用控制材料方式分包，将材料或机械租赁费用包含在分包工程价款中，总包方可以取得建筑业增值税专用发票，并按11%的抵扣率抵扣进项税额。

3. 劳务分包管理影响分析及管理建议

劳务分包商具有建筑劳务分包资质，分包方主要提供人工劳务及少量的材料费和机械使用费，在营业税下能够提供服务业统一发票或建筑业统一发票。具有建筑劳务资质的分包商提供的是建筑施工劳务，则可按照“建筑业”开具发票。部分分包方属于营业税下的传统服务业，在建筑业实行营改增后，可能无法按建筑业开具增值税专用发票，使总包方无法抵扣相应的分包进项税额，造成总包方税负增加。

劳务分包商也属于建筑企业，建筑业实行营改增后，劳务分包商是一般纳税人还是小规模纳税人，将对总包方能够抵扣多少分包成本的进项税额产生影响。按净价签订劳务分包合同时，劳务分包商者不开具发票给总包方，总包方的劳务分包就无进项税额抵扣，从而影响总包方增值税进项税额的抵扣；如果要求分包商必须开具发票给总包方，则分包方缴纳的增值税会转嫁给总包方承担。

建筑业实行营改增后，为提高劳务分包成本的进项税额抵扣管理，可以采取如下应对措施：

（1）修改劳务分包合同。在营业税体系下，建筑企业的劳务分包合同中分包价格条款部分是净价（不含税价），且无提供发票类型合同条款。建筑业实行营改增后，总包方通过修改合同条款，将分包价格条款改为含税价格，增加要求分包商提供增值税专用发票的条款。

（2）加强与分包商结算管理，做到进项税额充分抵扣。坚持“先开票、后付款”，并在分包合同条款中予以明确，确保及时取得增值税专用发票，及时抵扣进项税额，减少资金占用。对于不能提供增值税专用发票的劳务分包商，总包方应与其协商，尽量采取纯劳务分包模式，由总包方自行采购分包工程所需的材料、小型机具及设备租赁服务等，并取得增值税专用发票，增加总包方的进项税额抵扣。

（3）降低分包价款，弥补税款损失。对于能够提供增值税专用发票的劳务分包商，总包方应考虑将部分预计不能取得增值税专用发票的材料、设备租赁等成本费用纳入劳务分包的范围，统一取得劳务分包商开具的增值税专用发票，抵扣进项税额。

（4）尽量避免与挂靠单位进行工程劳务分包合作。建筑企业的劳务分包商部分无劳务作业资质，为承接分包工程项目，大部分采用挂靠的形式开展生产经营。建筑业营改增后，总包方应选择具有劳务作业资质的公司为分包商，尽量避免与挂靠单位进行工程劳务分包合作。如果总包方必须选择与挂靠的劳务分包方合作，则分包方作为挂靠方，应以被挂靠方名义与总包方（受票方）签订合同、提供建筑业应税服务，并由被挂靠方按照相关规定向总包方开具增值税专用发票，总包方收到发票后，应将相关款项支付至被挂靠方资金账户，不能以委托付款方式支付给分包方，总包方进行会计核算时，应以被挂靠方名义进行核算。

案例

总分包业务营改增案例精解

CF 建筑工程公司是当地一家大型建筑施工企业，该建筑施工企业拥有建筑、钢结构等项目一级资质，下设 3 个二级子公司、4 个分公司及项目机构，2016 年度实现销售收入 296 425 万元。这些资质都集中在母公司，所以 CF 建筑工程公司在获得建设项目以后，通常都是通过分包的方式让其子公司或者其他企业去完成。因此，如何完善分包业务就成了该企业的重点问题。

最近，CF 建筑工程公司通过招标的方式获得了一个 PPP 地下管廊建设项目，准备交给 QS 建筑施工实业公司去做，目前两家企业已经草拟了一份总分包合同，分包额为 20 000 万元（含增值税）。但是当这份合同样稿传到法务部时，法务部的负责人小庄对其中的涉税问题提出了疑问。

由于案值比较大，且其政策也发生了变化，于是企业请来了咨询专家为其解除疑惑。

政策分析

建筑业的总分包业务经常涉及选择简易征税情况下的总分包间差额征税、总包向分包收取配合费用或管理费用、总分包间的违约金和材料领发使用等问题。咨询专家认为，为了控制和降低总分包间的税收成本和税收风险，必须对以上总分包业务中的涉税问题加强管控，因此，咨询专家结合有关资料对建筑业务的政策进行了具体分析。

1. 总分包方式选择的风险分析

由于建筑业务分布在全国各地，而现行税法规定建筑业增值税应当在项目所在地缴纳，因此，在建筑业总分包间差额征收增值税的风险主要体现在以下几方面：

（1）总承包方发生转包不能差额纳税。《房屋建筑和市政基础设施工程施工分包管理办法》第十三条规定：“禁止将承包的工程进行转包。不履行合同约定，将其承包的全部工程发包给他人，或者将其承包的全部工程肢解后以分包的名义分别发包给他人的，属于转包行为。”《建筑法》第二十八条规定：“禁止承包单位将其承包的全部建筑工程转包给他人，禁止承包单位将其承包的全部建筑工程肢解以后以分包的名义分别转包给他人。”财税〔2016〕36 号文件附件 2《营业税改征增值税试点有关事项的规定》第一条第（三）项第九条规定：“试点纳税人提供建筑服务适用简易计税方法的，以取得的全部价款和价外费用扣除支付的分包款后的余额为销售额。”国家税务总局公告〔2016〕17 号第四条第（一）项规定：“一般纳税人跨县（市、区）提供建筑服务，适用一般计税方法计税的，以取得的全部价款和价外费用扣除支付的分包款后的余额，按照 2% 的预征率计算应预缴税款。”第（二）项规定：“一般纳税人跨县（市、区）提供建筑服务，选择适用简易计税方法计税的，以取得的全部价款和价外费用扣除支付的分包款后的余额，按照 3% 的征收率计算应预缴税款。”基于这些政策法律规定，在建筑工程总分包之间，如果总承包方把工程转包给个人或建筑施工企业（无论有无建筑资质），则总承包方在计征增值税和工程所在地预缴增值税时，其销售额不能扣除分包款，必须全额缴纳增值税。

（2）违法转包不能差额纳税。《建筑法》第二十九条规定："建筑工程总承包单位可以将承包工程中的部分工程发包给具有相应资质条件的分包单位；禁止总承包单位将工程分包给不具备相应资质条件的单位。"同时，《房屋建筑和市政基础设施工程施工分包管理办法》第八条规定："严禁个人承揽分包工程业务。"第十四条第（一）项规定："分包工程发包人将专业工程分包给不具备相应资质条件的分包工程承包人的是违法分包。"根据以上政策法律规定，如果选择简易征税增值税情况下的总承包人将建筑工程分包给个人或没有建筑资质的公司，则在计征增值税时，不能扣除给个人或没有建筑资质公司的分包款，必须全额缴纳增值税，不能差额征收增值税，也不能在工程所在地差额预缴增值税。选择一般计税方法的总承包方把建筑工程分包给个人或没有建筑资质的公司，不能在工程所在地差额预缴增值税。

（3）未履行法定申报程序则不能差额纳税。为了差额征收增值税，选择简易征收增值税的总承包人必须履行一定的法定申报程序。根据《国家税务总局关于发布纳税人跨县（市、区）提供建筑服务增值税征收管理暂行办法的公告》（国家税务总局公告〔2016〕17 号）第六条的规定，选择简易征税情况下的总承包人在差额征收增值税时，总承包人从建设单位取得的全部价款和价外费用中扣除支付的分包款，应当取得符合法律、行政法规和国家税务总局规定的合法有效凭证，否则不得扣除。其中上述合法有效凭证包括总承包方从分包方取得的 2016 年 5 月 1 日后开具的，备注栏注明建筑服务发生地所在县（市、区）、项目名称的增值税发票。同时根据《国家税务总局关于营改增试点若干征管问题的公告》（国家税务总局公告〔2016〕53 号）第八条第（三）项的规定，纳税人跨县（市、区）提供建筑服务，在向建筑服务发生地主管国税机关预缴税款时，需填报"增值税预缴税款表"，并出示以下资料：① 与发包方签订的建筑合同复印件（加盖纳税人公章）；② 与分包方签订的分包合同复印件（加盖纳税人公章）；③ 从分包方取得的发票复印件（加盖纳税人公章）。

基于以上税收政策分析，选择简易征税情况下的总承包方享受差额征收增值税，主要符合以下申报程序：

（1）分包方必须向总包方开具备注栏注明建筑服务发生地所在县（市、区）、项目名称的增值税发票，而且总承包方必须向建筑劳务所在地国税局提供分包方开具加盖纳税人公章的增值税发票复印件。

（2）总承包方必须向其公司注册地的国家税务局办理选择简易计税的备案

手续。

（3）总承包方必须向工程所在地的国家税务局提供其与发包方签订的建筑合同复印件（加盖纳税人公章）和其与分包方签订的分包合同复印件（加盖纳税人公章）。

（4）分包方必须有建筑资质而且不存在违法分包行为。

2. 总分包之间配合费用的税务风险

总分包之间服务费用和违约金的税务风险主要体现在，总包方向分包方收取的服务费用和违约金以及分包方向总包方收取的违约金是否需要缴纳增值税。具体分述如下：

（1）总包方向分包方收取配合费用的纳税问题。在实践中，总包方为了促使分包方按照总包方的要求及时按质按时完成任务，必须到分包方所负责的工程现场进行指导、监督和管理服务，从而向分包方收取一定的服务费用，并在总包方与分包方结算工程款时进行扣除。那么对总包方向分包方收取的服务费用要不要申报缴纳增值税？如果要申报缴纳增值税，是按建筑服务业 11% 的适用税率申报还是按现代服务业 6% 的适用税率申报呢？

财税〔2016〕36 号文件附件 1《营业税改征增值税试点实施办法》第一条规定："在中华人民共和国境内（以下称境内）销售服务、无形资产或者不动产（以下称应税行为）的单位和个人，为增值税纳税人，应当按照本办法缴纳增值税"。根据《销售服务、无形资产、不动产注释》规定，现代服务业包括企业管理服务。所谓的企业管理服务，是指提供总部管理、投资与资产管理、市场管理、物业管理、日常综合管理等服务的业务活动。基于此规定，总包方向分包方指导、监督和管理服务而收取的服务费用是依据现代服务业中的"企业管理服务"税目缴纳 6% 的增值税，还是按"价外费用"缴纳 11% 的增值税，这就要看具体业务流程是如何操作的了。

（2）违约金的涉税处理。为了规范和约束总分包之间的权利和义务，总分包合同往往有违约金条款。这种违约金是否要申报缴纳增值税，要从以下两方面来分析：

1）因分包方没有按照合同的约定进行施工，最终合同没有实施，总包方向分包方收取的不再退回的违约金，不需要申报缴纳增值税，也不需要向分包方开具发票。

为什么不需要向分包方开具发票呢？因为，总包方收取分包方的违约金不申报缴纳增值税，根据《中华人民共和国发票管理办法》的规定，不需要开具发票。只要总分包间的分包合同中有违约条款，总包方给分包方开具收据即可。同样的道理，分包方依据上述情况向总包方收取的未履行合同违约金也不需要缴纳增值税。

2）履约过程中的违约金的涉税处理。如果分包合同完成了，但是在履行过程中一方出现违约行为，比如发包方未按合同约定如期提供服务和其他条件、工程未按期完成等，而向另一方支付的违约金，财税〔2016〕36 号文件附件 1《营业税改征增值税试点实施办法》第三十七条规定，销售额是指纳税人发生应税行为取得的全部价款和价外费用，财政部和国家税务总局另有规定的除外。价外费用是指价外收取的各种性质的收费，但不包括以下项目：① 代为收取并符合《营业税改征增值税试点实施办法》第十条规定的政府性基金或者行政事业性收费；② 以委托方名义开具发票代委托方收取的款项。

基于以上规定，分包方向总包方收取的违约金是分包方向总包方结算工程款的同时收取工程款的价外费用，需要申报缴纳增值税，并向总包方开具建筑服务业的增值税发票。而总包方违约支付的违约金，则可以按合同约定扣减销售额。

（3）建筑施工企业质押金、保证金的涉税处理。建筑施工企业在经营过程中，被要求提供一定数量的质押金、保证金的情况比较普遍。但是对于质押金、保证金在什么时候缴税的问题，税企双方一直存在争议。

税务机关认为，根据财税〔2016〕36 号文件附件 1《营业税改征增值税试点实施办法》第四十五条第（一）项规定，增值税纳税义务、扣缴义务发生时间为：纳税人发生应税行为并收讫销售款项或者取得索取销售款项凭据的当天；先开具发票的，为开具发票的当天。收讫销售款项，是指纳税人销售服务、无形资产、不动产过程中或者完成后收到款项。取得索取销售款项凭据的当天，是指书面合同确定的付款日期；未签订书面合同或者书面合同未确定付款日期的，为服务、无形资产转让完成的当天或者不动产权属变更的当天。

因此，对于质押金、保证金的纳税时间，应是合同规定的应付工程款日期，即使未收到也发生了纳税义务。

但是，作为建筑施工企业的纳税人对此有不同的看法，他们认为质押金和保证金没有收到就纳税，无法承受。

《国家税务总局关于在境外提供建筑服务等有关问题的公告》（国家税务总局公告〔2016〕69 号）第四条规定："纳税人提供建筑服务，被工程发包方从应支付的工程款中扣押的质押金、保证金，未开具发票的，以纳税人实际收到质押金、保证金的当天为纳税义务发生时间。"应从以下三个方面理解该项规定的精神：

1）在建筑施工企业未开具与质押金、保证金相关的工程款发票的情况下，建筑施工企业何时实际收到质押金、保证金，何时发生纳税义务。

2）建筑施工企业如果开具了发票，没有质押金、保证金也发生了纳税义务。

3）建筑施工企业如果未开具相应的发票，即使书面合同确定的付款日期到了，也没发生纳税义务。

按照财税〔2016〕36 号文件，建筑业采用简易计税方法，可扣除分包差额计税，一般计税时应全额纳税，但可以抵扣进项税额。这里结合具体案例进行具体分析：

甲公司承包了某地一个合同值为 1 000 万元的工程项目，并把其中 300 万元的部分项目分包给具有相应资质的分包方乙公司，工程完工后，该工程项目最终结算值为 1 000 万元。假设该项目属于老项目，甲、乙公司均采取简易计税方法计税。甲公司完成工程累计发生合同成本 500 万元。

甲公司总包方的会计处理（单位：万元，下同）：

（1）完成合同成本时，

借：工程施工——合同成本　　500

　　贷：原材料等　　500

财税〔2016〕36 号文件附件 1 第四十五条规定，纳税人提供建筑服务、租赁服务采取预收款方式的，其纳税义务发生时间为收到预收款的当天。收到建设方一次性结算的总承包款，产生纳税义务。

（2）收到总承包款时，

借：银行存款　　1 000

　　贷：工程结算　　970. 88

　　应交税费——应交增值税（销项税额）　　29. 12

（3）分包工程结算时，

借：工程施工——合同成本　　291. 26

　　应交税费——应交增值税（销项税额）　　8. 74

　　贷：应付账款——乙公司　　300

（4）全额支付分包工程款时，

借：应付账款——乙公司　　300

　　贷：银行存款　　300

（5）甲公司确认该项目收入与费用时，

借：主营业务成本　　791. 26

　　工程施工——合同毛利　　179. 62

　　贷：主营业务收入　　970. 88

（6）工程结算与工程施工对冲结平时，

借：工程结算　　970. 88

　　贷：工程施工——合同成本　　791. 26

　　　　　　　　——合同毛利　　179. 62

向项目所在地国税局预缴税款20.39[(1 000－300)/(1＋3%)×3%](万元),

借：应交税费——应交增值税（销项税额）　　20.39

　　贷：银行存款　　20.39

差额计税

建筑施工企业采用简易计税方法时，开具发票采用差额计税法但为全额开票。

税额＝1 000/(1＋3%)×3%＝29.12(万元)

金额＝1 000－29.12＝970.88(万元)

发票备注栏要注明建筑服务发生地所在县（市、区）及项目名称。在简易计税方法下，一般预缴税款等于向机构所在地主管税务机关纳税申报的税额。甲公司纳税申报按差额计算税额为（1 000－300)/(1＋3%)×3%＝20.39(万元)。

另外，对于简易征收的老项目，应及时通过网上填报（上传资料）或递交书面资料等方式向主管国税机关进行备案，避免税收风险。

第四章 市场拓展业务的营改增案例精解

进行市场开拓是各行各业的共同话题，但是对于建筑施工企业而言，则有其个性化的问题。比如，最近两年中央提出“一带一路”发展战略，在实施这个战略的过程中，建筑施工企业是“主力军”之一。如果将“一带一路”进行区域性分析，会发现其中许多业务事项是跨国发生的，从而使得跨国税收变得十分复杂。如何认识国际“税收洼地”，如何利用国际税收差异，作为建筑施工企业应当如何操作才能在规避涉税风险的前提下实现税收利益最大化等，所有这些问题都是参与“一带一路”的建筑施工企业需要解决的问题。

营改增后如何利用“避税地”

在当今世界上，有一些不常被人提及的小国、小岛，却得到许许多多公司、个人以及各国税务部门的关注。这些景色宜人的“袖珍国”“弹丸岛”不仅仅吸引来了各国的游客，也磁石般地吸引着国际流动资金。各类公司、金融机构云集于此。他们所实行的政策对国际上的资本流动、投资分布状况、跨国公司收入的分配以及许多国家的财政收入具有重大影响。这些地方就是下面所要介绍的国际避税的活动中心——避税地。

区域分类

由于对避税地的内涵和外延有广义和狭义的不同理解，因此各国对当前避税地的数量、分类和范围的认知存在着很大的分歧，国际上还难于制定一个统一标准，也难以准确地界定国际避税地的准确范围。各国产生不同的认识，采取不同的划分原则自然难以避免。例如，美国税务手册最初列了 30 个国家和地区；1972 年，英国税务专家米尔顿（Milton）和格尔蒂（Gertie）在此基础上，又增加了 15 个国家和地区；法国的税务专家提出了 47 个国家和地区；而日本政府也列出了 33 个国家和地区作为国际避税地。

1. 典型的国际避税地

这类避税地的税收负担很轻，地理条件独特，各种保障措施完好，全部属于岛屿型，税收上税种少、税收负担低，有的完全免税，有的实行单一的来源地税收管辖权，对境外收入不征税，没有财产税，也没有遗产税和赠予税。

在这些避税地有很多成功的避税案例。媒体曾经介绍过的英国媒体大王鲁珀特·默多克（Rupert Murdoch）在英国的新闻投资公司，通过在世界各地设立近800家子公司，包括开曼群岛、百慕大群岛等一些有名的国际避税地，并利用英国的税收政策和利润转移策略，成功规避了近14亿英镑，即21亿美元的利润。也正因为如此，一些跨国投资者纷纷涌向国际避税地。以百慕大群岛为例，1990年岛上的地方公司有1 238家，而外国公司达4 680家。美国许多跨国公司在该群岛设有机构，投资额在1992年已达220亿美元。岛上各种保险公司多达1 000余家，年保险费收入约60亿美元。

2. 普通避税地

普通避税地的政策条件介于前者所说的典型避税地与非避税地之间，有一定的税收负担，但是不算太高，这样的避税地比较多，其中又可以分为两种类型：①只对境内所得或财产征收较轻的税收，而对来自境外的所得不征税，这样的避税地有我国的香港、澳门地区，此外还有巴拿马、哥斯达黎加、利比里亚等国；②对境外所得和财产等只征收少量的税，同时给予外国经营者特殊的税收优惠，这类避税地的国家有英国、瑞士、以色列、巴巴多斯、巴林、塞浦路斯、牙买加、安提瓜和巴布达等。

3. 不完整的国际避税地

这类避税地有一个特点：总体上实行正常的税收制度，但将国内的某一个区域拿出来，就单独实行特殊的税收优惠政策，或者整个国家在某些特定的方面实行某些特殊的优惠政策，这些国家有加拿大、菲律宾、荷兰、卢森堡、希腊等，我国的深圳、珠海等五个经济特区以及上海的浦东等从某种意义上讲，也有避税地的性质。

4. 协议避税地

这一类国家和地区的税收有一个特点：通过与有关国家签订双边协议，形成税收协定网络，对外资有较为优惠的政策，从而形成“准避税地”，成为国际控股、投资公司、中介性金融公司和信托公司建立的热点地区。如荷兰，目前已经同澳大利亚、奥地利、丹麦、芬兰、德国、法国、希腊、瑞士、匈牙利、印度、日本、韩国、卢森堡、马来西亚、新西兰、新加坡、南非、西班牙、泰国、英国、美国、俄罗斯等四五十个国家缔结了全面税收协定，对以上协定国均实施低税率的预提税，预提税的税率：通常股息为25%，对协定国降为5%、7.5%、10%、15%；利息和特许权使用费不征税。其中还对丹麦、芬兰、爱尔兰、意大利、挪威、瑞典、英国、美国的股息预提税限定税率为零。此外，对汇出境外的公司利润也可比照股息享受低税或免税优惠。瑞士也是因税收协定网络相当发达，成为国际控股、中介性金融公司设立较多的国家之一。瑞士已同澳大利亚、比利时、法国、埃及等三十多个国家缔结了全面税收协定。

当然，利用国际避税地策划降低税收负担要讲究谋略。因为现在许多国家及国际经济组织对国际避税地已经亮出了“黄牌警告”。2000 年 6 月 26 日，经济合作与发展组织（OECD）财政事务部公布了题为“确定和消除有害税收活动进程”的报告，报告列举了全球 35 个避税地的名单。这 35 个国家的名单是：安道尔、安圭拉岛（英国的海外领地）、安提瓜和巴布达、阿鲁巴岛（荷兰领地）、巴哈马、巴林岛、巴巴多斯、伯利兹、英属维尔京群岛、库克群岛（新西兰属地）、多米尼加、直布罗陀（英国的海外领地）、格林纳达、曼岛（英国的海外领地）、泽西岛（英国的海外领地）、利比里亚、列支敦士登公国、马尔代夫共和国、马绍尔共和国、摩纳哥公国、蒙特塞拉特岛（英国的海外领地）、瑙鲁共和国、荷属安的列斯群岛、纽埃岛（新西兰属地）、巴拿马、萨摩亚群岛、塞舌尔共和国、圣卢西亚、圣克里斯托费和尼维斯联邦、圣文森特和格林纳丁斯、汤加、土库斯和凯科斯（英国的海外领地）、美属维尔京群岛、瓦努阿图共和国。在 OECD 公布避税地报告前，百慕大群岛、开曼群岛、塞浦路斯、马耳他、毛里求斯、圣马力诺等 6 个国家和地区就提前做出承诺，愿意在 2005 年底之前消除有害税收活动，承诺采用国际税收通行的透明标准进行情报交换，实行公平的税收竞争。OECD 对这些国家的承诺表示欢迎，没有将它们列入避税地名单。由此可见，要随时关注国际避税地的发展情况和其他动态，以免策划失误。

区域分布

当今，引人注目的避税地主要分布在下述几个区域：

加勒比海地区：如巴哈马、百慕大群岛、开曼群岛等。

地中海地区：如直布罗陀、塞浦路斯等。

欧洲地区：如荷兰、瑞士、列支敦士登公国、安道尔、卢森堡、摩纳哥等。

太平洋地区：如中国香港、瑙鲁共和国、瓦努阿图共和国等。

主要特征

尽管各个避税地的具体情况各有不同，但是它们之间也存在着某些共同点，也就是避税地的共同特征，可以总结为以下几点：

1. 税制结构的单一性

在各个避税地国家或地区中，一般税制结构都十分单一，主体税种只包括几种主要的所得税（在纯粹的避税地中，根本无税制可言）。常见的流转额课税几乎没有，偶有商品的进出口税也放得很低。当然，更重要的是无论哪一种税，税率水平都极低，有的甚至只是具有象征意义。

2. 避税范围的区域性

就避税地而言，并非必须是一个主体国家的全体。实际上，从目前世界各种类型的避税地来看，避税范围大的可以是一个国家，小的则可以是一个海岛，一个港口城市，一个出口加工区，一个经济特区，但无论避税范围是大是小，都清楚地划出了避税区域，使纳税人十分明确在什么地域范围内投资经营可以获得免税或减税，从而充分体现了避税地政府的经济目的，与避税地的建立宗旨相吻合。

3. 纳税人移动的便利性

国际避税地必须便利进出。首先，地理位置具有便利性；其次，交通、电信具有便利性；最后，法律规定具有便利性。

纵观国际避税地的地理分布，一些重要的避税地与美国、西欧、东南亚和澳大利亚等地接近。良好、便利的交通电信条件，也为跨国纳税人更周密、更迅速地获得各种资料、信息，安排国际税收计划，进行国际避税创造了良好的条件。此外避税地的各种经济、行政立法，也都制定了对吸引外来投资、生产经营等极为便利的条款，以期使跨国纳税人在避税地的获利行为和避税过程中得到法律上的保证。

4. 政治体制的不完整性

国际避税地中的许多国家和地区过去是殖民地，有的至今仍是殖民地或带有强烈的殖民地色彩，有的甚至仅是一个小岛、托管地。它们其中有些避税地迫切希望政府独立和经济繁荣，即一旦脱离殖民地关系后，出于迅速发展本地经济的愿望，很容易在依托关系的基础上过渡为避税地。

当然，要发展成为一个较具吸引力的国际避税地，仅具备以上条件还是不够的，还要配套有利于发展贸易的《海关条例》《银行管理条件》《工商企业登记管理办法》和《外汇管理办法》等。

利用动机

以上只讲解了那些被作为避税地的国家或地区本身为什么会成为避税地，这是问题的一个方面，现在分析问题的另一个方面，就是个人和公司为什么要去寻找和利用避税地。

每个个人或公司利用避税地的动机各不相同，但是以一般的动机和情况可以归纳为以下几点：

（1）个人和公司居住国的高税率，特别是那些使用累进税制的国家和地区。累进税制对那些高收入阶层和收入波动的企业主有很大的影响。

（2）居住国有不合理的继承管制。

（3）在海外的劳工，特别是那些在海外收入可以免税地区工作的人，除非他的居住国免除税收，否则他们会利用避税地。

（4）匿名和保密的需要，也会促使人们利用避税地。

（5）个人和公司出于政治上的考虑，而把财产储存在国外。

（6）政府和投资者为了汇回出口所得。

（7）储存剩余基金，或者为退休和移民积累资金。

（8）跨国公司地域扩展的需要。

（9）为了保护离婚时房地产被分割。

筹划方法

任何一个从事国际经营的公司，只要计划周密，都有可能进行避税。但是，要保证这些海外机构不成为税收当局在世界范围内的打击对象，这个避税计划必须是有实际意义的。这样，就会对计划有一定要求，例如，为控股公司建设永久性的办公地点，雇用海外员工等，这需要巨大的资本进行投资。然而在这种情况下，如果不去考虑各种偶然事件的发生，则避税可以被证明是徒劳的。因此在一个国际税收计划实施之前，应该做一下成本收益分析。

在通常情况下，有四种基本方法被用来确定一个实施在避税地的国际税收计划：①通过税收管辖权之间的双边税收协定来分配税后利润；②把税前利润拨往低税管辖权地区；③利润划拨；④使行政人员报酬的税收最小化。

另外一些方法则适用于一些比较特殊的场合。其相关手段和方法各种媒体多有介绍，在这里做一个简要的归纳。

一、分配税后利润

永久性的节税方法，一般是将股息分配给海外股东，从而使预扣税最小。这种方法一般要涉及一些位于有着众多有利的双边税收协定，或者对股息收入有单方减免国家的参股公司。

一个有着众多有利的双边税收协定的国家对参股公司来说是一个很好的设置地，特别是当海外业务的范围扩大到不止涉及一个税收管辖权时，更要求参股公司所在地要有众多的双边税收协定。这种国家的一个典型例子就是荷兰，它大概参加了不下 30 个双边税收协定。下面用一个例子来说明利用这种节税方法的优缺点。

匈牙利一家控股公司想在美国建立分公司，这样就可以通过一家荷兰控股公司对匈牙利控股公司和美国分公司的参股来达到减少预扣税的目的。如果没有一家荷兰公司参股，则美国将征收的股息持有税的税率为30%。然而，由于一家荷兰公司的参与，股息的预扣税税率仅为5%。接着，荷兰公司对付给匈牙利母公司的股息再抽取4.75%的预扣税。这样看来，后一种方法共征收了9.75%的税，比前一种方法少征收20.25%的税，从而达到了减少预扣税的目的。

如果又有一家参股公司设在荷属安的列斯，用它来对匈牙利和荷兰的公司参股，那么纳税还可以减少。荷兰和荷属安的列斯之间的双边税收协定允许对两国间的股息付出公司征收预扣税，则只向股息接收者征收3%的公司税。这样税收减少达到了22.25%。

二、税前利润来源的安排

用很高的价格出售商品，这样公司的利润就是在避税地实现的，从而可以减免相应的税收。

这种方法经常被那些可以让货物在国与国之间运动的国际集团所采用。在这种组织中，税前利润来源的安排一般是通过一家位于避税地的“销售公司”来实现的。货物销售的价格要进行认真的确定，使价格差异正好适合位于避税地的公司。这些利润在货物的进口国或出口国都要是纳税对象，但是因为这些利润是在避税地获得的，从而应该征收的税被逃掉了。

世界范围内的税收当局都很清楚这种方法，并且在税法中也有强有力的反避税条款来反对这种潜在的税收损失。但是，这种安排税前利润来源的税务收益，只要考虑以下四个因素就仍可以获得：

1. 财产

财产可以说明销售公司的存在和设置可以在商业上得到证明，也可以说明销售公司在一个集团内实际运行并可以获得利润。

2. 永久性建筑

大多数双边税收协议都有这种要求：一个永久性建筑可以使企业的利润在它所在国纳税。

3. 转账价格

可以证明由于收入来源安排而造成的不同销售价是有商业基础的；如果销售量很大，那么价格微小差异所造成的税收减少也是巨大的。

4. 管理和调控

实际上对销售公司的管理和调控必须在避税地。这样，一个在高税管辖权的公司就可以成功地运用来源安排这种方法，公司很清楚它在把一个销售公司纳入其国际集团前所要着重考虑的事情。至少，一个公司必须完成以下步骤：

（1）应该给销售公司一部分财产，以证明它存在的名义的商业理由。

（2）找一个便利的销售地，因为一个合适的地址可以证明销售公司存在的地理上的合理性。

（3）仔细研究所选国的有关法律，以确认在这个国家建立公司的结果是否有利于国际集团。

（4）权衡利用销售公司所得利益和建立、管理这家公司的成本。

（5）详细地考虑固定资产、管理和转账价格的效果。

我们需要注意一点，建立销售公司的地点是不能随意决定的。如果一家在巴拿马注册的公司，只有一个门牌和一些名义上的代表的话，它将会被仔细地审查。如果这家公司真正的主人和经理居住在一个高税国，那么这个国家税收当局会要求把公司真正地建立在那里。英国和美国的税法中对税收目的的居住地规定，“真正的生产在哪里经营，中央经营和管理就要在哪里”。如果中央管理和调控在英国和美国，那么公司就有义务和本地公司一样进行纳税，而不管你是否在避税地有一个注册地址。为了避免这种情况，董事会的会议和经营决策必须在避税地召开，至少要离开高税国。

另外，避税地还被用作加工中心。因为这样可以得到免税和免海关税的综合收益。中国香港和巴哈马的飞速发展就归功于在那里当你创造和享受利润时不必担心税务的影响。一些国家甚至高税国，如爱尔兰，其免税期、资本限额以及优惠贷款也具有吸引力。在避税地进行加工的方法有用于加工关键部件或进行总装时最为有效。如果地方条件允许这样的加工业务，就可在避税地建立一个工厂用于加工，销售或出租其产品给母公司而不用纳税。而且，这种避税地公司可以组织和管理母公司的海外销售，从而减少母公司在居住国的税务。这种方法也可以增大税后利润，而不必保住减税不放。

三、使行政管理人员的收入税最小化

在国际财团中，管理人员经常要在世界范围内工作，这样就可以利用双边税收协定以及其他有利的外国税收法，来减少管理人员的工资和奖金所应缴纳的税。这种方法的关键在于这些管理人员居住的地区，以及他们在某些特定国家里所待时间的长短。

因此，可以通过调整管理人员的收入形式，把收入转移至一个低税国家或地区来达到减少纳税的目的。但是这种方法致命的一点是，收入的形式要反映劳务提供的内容，如果不考虑这种情况的实际，往往就达不到减少纳税的最佳效果。

四、利润的划拨

一个高税国所获利润可以以利息、专营费或管理费的形式划拨到避税地。在这种情况下，高税国可能会用一系列规定来限制这种方法的效果。所以，这里的目标就是如何安排收入使之成为可划出部分，以减少应纳税利润，来反对本国的利润税。

双边税收协定影响着把股息、专营费和利息划拨的方式。如果一家英国公司给美国和瑞士的股东支付股息的话，预扣税也只有15%，而如果股息是支付给一个居住在一个不用纳税，同时也没有参加任何双边税收协定国家的居民的话，那么预扣税将达到30%。避税地大部分不参加和主要发达国家的税收协定，这样如果不在主要发达国家和避税地之间建立一个中间公司的话，往往会被征收30%的预扣税。

除了利用双边税收协定外，可以通过瑞士利用交换专营权来作为利润划拨的工具。在这种情况下，根据双边税收协定，专营费用从美国流动到瑞士不用交预扣税；但是从这里要提取利润则要为瑞士交税；同时瑞士对专营费的流出也不征收预提税。这样，就可以把专利或者版权交给专列敦士登的公司，由这家公司把专营权转给瑞士的一家中间公司，由这家瑞士公司把专营权再次分发给一家美国公司。然后由这家瑞士公司向美国收取专营费（不用交预提税），再由这家瑞士公司把专营费转给列支敦士登的那家公司，这样也不用交预提税。瑞士的公司要缴纳利润税，但是专营费用被合法地提走后，也就没有什么可以纳税了。

五、利用税收优惠

《财政部、国家税务总局关于全面推开营业税改征增值税试点的通知》（财税〔2016〕36号）附件4《跨境应税行为适用增值税零税率和免税政策的规定》规定：

（1）中华人民共和国境内（以下称境内）的单位和个人销售的下列服务和无形资产，适用增值税零税率：

1）国际运输服务。国际运输服务是指在境内载运旅客或者货物出境；在境外载运旅客或者货物入境。在境外载运旅客或者货物。

2）航天运输服务。

3）向境外单位提供的完全在境外消费的下列服务：

研发服务、合同能源管理服务、设计服务、广播影视节目（作品）的制作和发行服务、软件服务、电路设计及测试服务、信息系统服务、业务流程管理服务、离岸服务外包业务、转让技术。这里的离岸服务外包业务，包括信息技术外包服务（ITO）、技术性业务流程外包服务（BPO）、技术性知识流程外包服务（KPO），其所涉及的具体业务活动，按照《销售服务、无形资产、不动产注释》相对应的业务活动执行。

4）财政部和国家税务总局规定的其他服务。

（2）境内的单位和个人销售的下列服务和无形资产免征增值税，但财政部和国家税务总局规定适用增值税零税率的除外：

1）工程项目在境外的建筑服务，工程项目在境外的工程监理服务，工程、矿产资源在境外的工程勘察勘探服务，会议展览地点在境外的会议展览服务，存储地点在境外的仓储服务，标的物在境外使用的有形动产租赁服务，在境外提供的广播影视节目（作品）的播映服务，在境外提供的文化体育服务、教育医疗服务、旅游服务。

2）为出口货物提供的邮政服务、收派服务、保险服务。为出口货物提供的保险服务，包括出口货物保险和出口信用保险。

3）向境外单位提供的完全在境外消费的下列服务和无形资产：

电信服务，知识产权服务，物流辅助服务（仓储服务、收派服务除外），鉴证咨询服务，专业技术服务，商务辅助服务，广告投放地在境外的广告服务，无形资产。

4）以无运输工具承运方式提供的国际运输服务。

5）为境外单位之间的货币资金融通及其他金融业务提供的直接收费金融服务，且该服务与境内的货物、无形资产和不动产无关。

6）财政部和国家税务总局规定的其他服务。

（3）按照国家有关规定应取得相关资质的国际运输服务项目，纳税人取得相关资质的，适用增值税零税率政策，未取得的，适用增值税免税政策。

境内的单位或个人提供承租服务，如果租赁的交通工具用于国际运输服务和港澳台运输服务，由出租方按规定申请适用增值税零税率。

境内的单位和个人向境内单位或个人提供期租、湿租服务，如果承租方利用租赁的交通工具向其他单位或个人提供国际运输服务和港澳台运输服务，由承租方适用增值税零税率。境内的单位或个人向境外单位或个人提供期租、湿租服务，由出租方适用增值税零税率。

境内单位和个人以无运输工具承运方式提供的国际运输服务，由境内实际承运人适用增值税零税率；无运输工具承运业务的经营者适用增值税免税政策。

（4）境内的单位和个人提供适用增值税零税率的服务或者无形资产，如果属于适用简易计税方法的，实行免征增值税办法。如果属于适用增值税一般计税方法的，生产企业实行免抵退税办法，外贸企业外购服务或者无形资产出口实行免退税办法，外贸企业直接将服务或自行研发的无形资产出口，视同生产企业连同其出口货物统一实行免抵退税办法。

服务和无形资产的退税率为其按照《试点实施办法》第十五条第（一）项至第（三）项规定适用的增值税税率。实行退（免）税办法的服务和无形资产，如果主管税务机关认定出口价格偏高的，有权按照核定的出口价格计算退（免）税，核定的出口价格低于外贸企业购进价格的，低于部分对应的进项税额不予退税，转入成本。

（5）境内的单位和个人销售适用增值税零税率的服务或无形资产的，可以放弃适用增值税零税率，选择免税或按规定缴纳增值税。放弃适用增值税零税率后，36个月内不得再申请适用增值税零税率。

（6）境内的单位和个人销售适用增值税零税率的服务或无形资产，按月向主管退税的税务机关申报办理增值税退（免）税手续。具体管理办法由国家税务总局商财政部另行制定。

（7）本规定所称完全在境外消费，是指：

1）服务的实际接受方在境外，且与境内的货物和不动产无关。

2）无形资产完全在境外使用，且与境内的货物和不动产无关。

3）财政部和国家税务总局规定的其他情形。

（8）境内单位和个人发生的与香港、澳门、台湾有关的应税行为，除本文另有规定外，参照上述规定执行。

（9）2016年4月30日前签订的合同，符合《财政部、国家税务总局关于将铁路运输和邮政业纳入营业税改征增值税试点的通知》（财税〔2013〕106号）附件4和《财政部、国家税务总局关于影视等出口服务适用增值税零税率政策的通知》（财税〔2015〕118号）规定的零税率或者免税政策条件的，在合同到期前可以继续享受零税率或者免税政策。

案例

利用国际税率差异筹划投资

振华建筑设备制造公司的总部设在美国，并在英国、法国、中国分别设立了怀德公司、赛尔公司、双喜公司三家子公司，其中怀德公司主要从事设备的经销、赛尔公司主要从事钻探设备的生产和加工、双喜公司主要从事货物的经销。

振华建筑设备制造公司的营运主管准备操作建筑通用设备的经营业务。该单业务的数量为1.5万件，需要相应的材料1 000t。

各国税率水平分别为：英国50%，法国60%，中国30%。

对于上述业务应当如何操作才能尽可能地节税呢？

筹划分析

由于振华建筑设备制造公司所属的子公司处于三个国家，而且该笔业务也在三个子公司之间进行，这里就存在较大的筹划机会和空间。

振华建筑设备公司为逃避一定税收，专门聘请了税收筹划专家进行运筹。咨询专家提出如下两个操作方案：

1. 材料按正常价格操作

（1）处于英国的怀德公司为在法国的赛尔公司提供材料 1 000t，按英国（怀德公司所在国）的正常市场价格，成本为每吨 2 600 元，准备以每吨 3 000 元的价格出售给赛尔公司。

（2）由赛尔公司加工成服装后转售给设在中国的双喜公司，赛尔公司的利润率为 20%。

2. 材料按筹划价格操作

采取了由怀德公司以每吨 2 800 元的价格卖给中国的双喜公司，再由双喜公司以每吨 3 400 元的价格转售给法国的赛尔公司，再由法国赛尔公司以每吨 3 600 元的价格在该国市场出售。

案例分析

1. 材料在正常价格交易情况下的税收负担

怀德公司应纳所得税为

$(3\ 000-2\ 600)\times 1\ 000\times 50\%=200\ 000$(元)

赛尔公司应纳所得税为

$3\ 000\times 20\%\times 1\ 000\times 60\%=360\ 000$(元)

则对此项交易，振华建筑设备公司应纳所得税额合计为

$200\ 000+360\ 000=560\ 000$(元)

2. 材料在筹划价格交易情况下的税收负担

怀德公司应纳所得税为

$(2\ 800-2\ 600)\times 1\ 000\times 50\%=100\ 000$(元)

赛尔公司应纳所得税为

$(3\ 600\ 000-3\ 400\ 000)\times 60\%=120\ 000$(元)

双喜公司应纳所得税为

$(3\ 400-2\ 800)\times 1\ 000\times 30\%=180\ 000$(元)

则对此项交易，振华建筑设备公司应纳所得税额合计为

100 000 + 120 000 + 180 000 = 400 000（元）

比正常交易节约税收为

560 000 - 400 000 = 160 000（元）

专家点评

跨国企业筹划避税几乎成了一般潜规则，但是在这里需要提醒纳税人注意的是，目前许多国家都开始重视反避税问题，我国最近的十多年里在反避税调查方面的进步很快，纳税人在具体操作过程中需要注意这一新形势。

案例

虚设避税地营业案例精解

驰远建筑施工有限公司是一家从事园艺建筑设计和施工的企业，2016 年实现销售收入 30 248 万元，为了搭上"一带一路"的顺风车，该公司从 2017 年初开始从事跨国业务，于是，在避税地百慕大群岛设立了一个伊美子公司。目前驰远建筑施工有限公司向英国出售一批货物，销售收入为 2 000 万美元，销售成本为 800 万美元，中国所得税税率为 25%。

请问：对于伊思雅公司来说，应当如何操作才能够节税呢？

案例分析

在现代经济条件下，人们已经将经营的视角放到了全世界，所谓避税地，一般是指某一国家或地区的政府为吸引外国资本流入，繁荣本国或本地区经济，弥补自身的资本不足和改善国际收支状况，在本国或本地区划出一定区域和范围，也可能是全部区域和范围，鼓励吸引外国资本来此投资及从事各种经济和贸易活动。投资者和从事经营活动的企业享受不纳税或少纳税的优惠待遇。这种区域范围就被称为"避税地"。"避税地"可以是港口、码头、沿海地区或交通便利的城市，也可以是内陆地区。

根据上海普誉财务咨询有限公司的服务统计和归纳，人们利用"避税地"避税的方式主要有以下几种：

（1）虚设机构。虚设机构是指某国的国际投资者在避税地设立一个子公司，然后把其总公司制造的商品直接推销给另一个国家，在根本未经过避税地子公司中转销售的情况下，制造出一种经过子公司中转销售的假象，从而把总公司的所得转移到避税地子公司的账上，以达到避税的目的。

（2）以基地公司作为控股公司。这种方式要求下属公司将所获得的利润以股息形式汇到基础公司，利用双方税收协定达到避税的目的。例如，一家英国公司支付给其巴西母公司的股息要缴纳税率为30%的英国预提税。如果与荷兰之间的双边税收条约规定，英国子公司支付给荷兰公司的股息按5%的税率缴纳预提税，则荷兰对控股公司收取的股息不征税。避税地控股公司利用自己有利的免税条件，可以把筹集来的资金再投资，从而赚取新的免税收入。

（3）以基地公司作为信托公司。虽然所信托的资产实际上在几千里之外，资产信托人与受益人也不是避税地居民，但信托资产的经营所得却归在信托公司的名下，并通过契约或合同使受托人按其意愿行事，从而可以避税。

（4）以基地公司作为金融公司。金融公司可以利用避税地从事特殊业务活动。其中包括从事庇护外国消极投资收入的业务，为外国投资者掌握存款，并为各种公司及附属机构提供经营管理的便利条件。

驰远建筑施工有限公司就是利用避税地的政策优势，将此笔交易获得的收入转到伊美子公司的账上。因伊美子公司没有所得税，则此项收入无须纳税。

按照正常交易原则，驰远建筑施工有限公司在中国应纳企业所得税为

$(2\,000-800)\times 25\% = 300$（万元）

专家点评

驰远建筑施工有限公司通过“虚设避税地营业”，并未将此笔交易表现在本公司的中国账面上。伊美子公司虽有收入，但也无须交税，如果伊美子公司利用这笔账面收入投资，则获得的收益也可免交资本所得税；如果伊美子公司将这笔收入赠予其他企业，则可不缴纳赠与税。这就是避税地的好处。

不过为了防止跨境避税，近年来，我国在完善立法上下了很大的功夫。目前，我国一般反避税规则主要由三个部分组成：《企业所得税法》第四十七条、《中华人民共和国企业所得税法实施条例》（以下简称《企业所得税法实施条例》）第一百二十条和《特别纳税调整实施办法（试行）》的第十章“一般反避税管理”。第四十七条和第一百二十条共同确定了以商业目的规则作为我国的一般反避税规则，但是《特别纳税调整实施办法（试行）》的颁布使得有些学者认为经济实质原则成了最终的判断标准。

在全球化进程不断加快的今天，国与国之间税制的碰撞和摩擦已经越来越明显，由避税带来的破坏性也越来越严重。经济合作与发展组织（OECD）在2013年7月19日发布的《税基侵蚀与利润转移行动计划》中就指出：税基侵蚀与利润转移（BEPS）问题对政府、个人和企业都有害。对政府而言，它使得政府收入减少，而且不得不用

更高的花费来保证税法的遵从；对个人而言，它使得他们承担了更重的税收负担；对企业而言，一方面它使跨国企业面临极大的信誉风险，另一方面，它抑制了那些针对国内市场的家族企业和创新型小企业的发展。可喜的是，我国在处理逃税问题上已经取得了相当大的成就，从而使税务机关可以用更多的精力处理避税问题。

对于避税行为，立法可以采用特殊反避税规则（SAARs），比如转让定价规则、资本弱化规则，以及受控外国公司（CFC）规则等，也可以采取一般反避税规则（GAARs）。我国的一般反避税规则主要由三个部分构成：①《企业所得税法》第四十七条规定，企业实施其他不具有合理商业目的的安排而减少其应纳税收入或者所得额的，税务机关有权按照合理方法调整；②《企业所得税法实施条例》第一百二十条规定，《企业所得税法》第四十七条所称不具有合理商业目的，是指以减少、免除或者推迟缴纳税款为主要目的；③国家税务总局颁布的《特别纳税调整实施办法（试行）》（以下简称《办法》）第十章“一般反避税管理”。

《企业所得税法实施条例》第一百二十条对“不具有合理商业目的”进行了解释，即“以减少、免除或者推迟缴纳税款为主要目的”。国际上关于主观目的的解释也大致如此，如新西兰《2007 年的所得税法案》（Income Tax Act 2007）的 YA1 条指出，避税安排必须直接或间接地将避税作为其目的或效果，且这个目的和效果不能是附带的，即须将避税作为主要目的。澳大利亚 1981 年修改《1936 年所得税评估法案》（the Income Tax Assessment Act 1936）时增加的 Part IVA 条款确定了澳大利亚的一般反避税条款，其包含三个要素：①纳税人必须获得了一个税收利益；②这个税收利益必须是来自于这个安排；③纳税人进入这个安排唯一或主要的目的是获得税收利益。

对于纳税人实施一个安排的目的和动机，可以分为三种：税收目的、商业目的、其他目的。由于无论让税务机关证明当事人实施的安排主要目的是避税还是证明当事人缺乏合理商业目的都很困难，可行的做法只能是让税务机关初步证明当事人的行为有避税安排的嫌疑，然后由当事人来证明其目的是商业目的或者是其他目的，最后由税务机关判断获得税收利益是否是其主要目的。

首先是税务机关的初步证明责任。只要税务机关能证明当事人的安排在外观上有避税安排的嫌疑，那么举证责任就转移给当事人一方，即由当事人举证证明自己的安排有合理商业目的或其他目的。《特别纳税调整实施办法（试行）》第九十五条规定：税务机关启动一般反避税调查时，应按照征管法及其实施细则的有关规定向企业送达“税务检查通知书”。企业应自收到通知书之日起 60 日内提供资料证明其安排具有合理的商业目的。企业未在规定期限内提供资料，或提供资料不能证明安排具有合理商业目的的，税务机关可根据已掌握的信息实施纳税调整，并向企业送达“特别纳税调查调整通知书”。

其次是由纳税人来证明其安排具有商业目的或者其他目的。从保护纳税人利益和促进经济发展的角度来讲，对“商业目的”应尽量做扩大的解释。需注意：①绝对不能将商业目的仅仅解释为追求利润，获得经济效益；②不能从是否实际获得经济效益来判断，而应从其动机和目的出发来判断；③如果交易中包含多个步骤，则不能仅从一个步骤来判断，而应该从整体上判断。只有当一系列交易行为中每一个行为都没有商业目的，或者一系列行为组合在一起整体看来没有商业目的，才可以被认定为是“不具有合理商业目的的安排”。因此，可以说只要存在善意的需要（如设立公司分离高风险业务以降低自身风险），哪怕没有实际的经济效果，也可以认定具有商业目的而否定避税的存在。

对于一般反避税规则而言，最关键的不是采用商业目的规则或者经济实质规则，而是制定一套行之有效的程序性规定。如何启动这个规则，由谁来启动，谁来承担举证责任，谁有最终决定权，如何决定，只有明确这些才能给予反避税实践以一个明晰的指导，才能促使税务机关最终通过一系列案例、文件，发展出独特的，能够给予纳税人明确指引的规则。

在这里，仅从跨国筹划原理的角度对一些案例进行分析，目的是以案例的形式给大家提供了一些分析问题的思路和方法，如果要将这些操作案例所揭示的原理落实到具体业务中，还需要根据企业的具体情况来做具体分析和处理。

案例

利用离岸公司的案例精解

长江建设集团有限公司是一家大型建筑施工企业，在最近十多年的房地产扩张过程中，他们抓住了机遇，积累了许多资产。随着我国“一带一路”的战略规划不断地向纵深发展，该企业也想将自己的生意扩大到国外。而从事跨国交易，该企业管理层最害怕的就是税收问题。据他们了解，在国际上谈避税问题不仅合法，而且是人们的共识。于是该企业向笔者提出咨询。

案例分析

对于类似于长江建设集团有限公司的投资人而言，进行离岸交易还是刚刚试水，相关知识尚不了解，所以，这里结合上海普誉财务咨询有限公司的咨询专家提供的有关资料，对相关常识进行简要的介绍。

1．“离岸”的含义

“离岸”是指投资人的公司注册在离岸法区，但投资人不用亲临当地，其业务运作可在世界各地的任何地方直接开展。离岸金融业务是指银行吸收非居民的资金，为非居民服务的金融活动。离岸贸易的操作方式就是一种综合地、全面地降低企业进出口运营成本的国际贸易操作方式。

2．“离岸”公司

近年来我国外商投资和境外上市出现了一种新的现象，即外商投资来源地以香港公司为主，同时一个不为人所知的加勒比海岛国英属维尔京群岛占到了第二位，其次为开曼群岛等离岸法域（详见《离岸公司法》（张诗伟著，中国法律出版社2004 年版））。其实近年来通过在中国香港、英属维京群岛、开曼群岛、百慕大群岛等地注册“离岸公司”，再通过离岸公司返回内地设立外商投资企业已经成了不少内地企业间公开的秘密。内地企业在上述离岸地设立离岸公司，其目的主要有以下几个：在美国、中国香港或新加坡等地上市；设立控股公司进行资本运作；进行税收筹划、全球贸易、合资公司等。世界上一些国家和地区（多数为岛国）近些年纷纷以法律手段制定并培育出一些特别宽松的经济区域，这些区域一般称为离岸法区。而所谓的离岸公司，是指在离岸法区内成立的有限责任公司或股份有限公司。如英属维尔京群岛、纽埃岛、巴哈马群岛、塞舌尔群岛、巴拿马共和国、毛里求斯共和国等，允许国际人士在其领土上成立一种国际业务公司。当地政府对这类公司不收取任何税费，只收取少量的年度管理费，同时所有的国际大银行都承认这类公司，为其设立银行账号及财务运作提供方便。通常情况下，这类地区和国家与世界发达国家有很好的贸易关系。无论在上述任何一个国家或地区注册的海外离岸公司，均具有高度的保密性、减免税务负担、无外汇管制三大特点，因而吸引了众多商家与投资者选择海外离岸公司的发展模式。离岸公司与一般有限责任公司相比，主要区别在税收上。与通常使用的按营业额或利润征收税款的做法不同，离岸法区的政府只向离岸公司征收年度管理费，而不征收任何税款。并且几乎所有的离岸法区均明文规定：公司的股东资料，如股权比例，收益状况等，享有保密权利。

3．“离岸”公司的特点

从严格意义上来说，离岸公司并不是一个非常准确的法律用语。离岸公司（Offshore Company）是人们用来泛指在离岸法域成立的有限责任公司或股份有限公司。而根据注册地的法律，这些离岸公司都有不同的称呼。比如，英属维尔京群岛称之为商务公司（Business Company），开曼群岛称之为豁免公司（Exempted Company）。在中国语境下，其被称之为境外特殊目的公司（Special Purpose Company）。

4．“离岸”公司的要素

（1）地域要素。离岸公司必须在特定的离岸法区成立，这是离岸公司的地域要素。世界上各大洲都有许多著名的离岸法域，这些法域主要是一些岛国，当地为了吸引投资，改善当地经济发展，都特别制定了《离岸公司法》，以鼓励世界各地资本到其当地注册，对于企业的营业所得，免除或者收取少量税赋，每年仅收取一定的管理费。

（2）法律要素。离岸公司成立的法律依据必须是离岸法区专门的《离岸公司法》规范，这是离岸公司的法律要素。比如，在英属维尔京群岛，当地规范离岸公司的法律是《维尔京国际商务公司法》，而在开曼群岛，则为《开曼群岛公司法》第七章下的豁免公司规范。

（3）资本要素。一般而言，离岸公司的注册资本来源于离岸法域之外的投资者的投资，或者说离岸公司的投资者或设立人具有非当地性，这是离岸公司的资本要素。从各国创设《离岸公司法》的目的来看，其本质是为了方便境外投资者的资本运作。而从实践上来看，由来自离岸地外的投资者（包括自然人和法人以及其他经济组织）和资本设立的公司构成了离岸公司的主体部分。

（4）运营要素。离岸公司不得在离岸法域内经营，或者说离岸公司是排除其在本土经营的公司，这是离岸公司的运营要素。几乎所有的《离岸公司法》都规定，一旦发现离岸公司在离岸法域内与其他公司签订商业合同，那么当局就将撤销该公司的离岸地位。离岸公司的注册地在离岸法域境内，而其主要经营管理活动都在所注册的离岸法域之外进行，离岸公司由此具有了注册地和经营地相分离的特征。这种分离有时不仅体现在公司的投资者不具有离岸法域自然人或法人的身份上，还体现在其董事、经理等公司的高级管理人员一般也不是注册地的居民上。

离岸优势

为什么要注册离岸公司，这是人们十分关心的话题。现在注册离岸公司的人很多，它对我们的好处非常大，但并不是十全十美的，离岸公司不是万能的，也有一些不足的地方，这也是我们经常疑惑的问题。因此在这里对设立离岸公司的优势做了一个简要介绍。

（1）方便投资融资。严格控制的外汇制度和复杂的海外上市审批手续，直接影响到企业的国际引资。海外上市第一步，通过注册一家离岸公司，以该公司的名义进行海外融资及上市，可以极大地简化海外上市的运作手续。如中国的著名企业SOHU就借用一个开曼（Cayman）的离岸公司在美国上市。

（2）注册程序便捷。离岸公司的注册程序非常简单，可由专业的注册代理机构代为完成，无须注册人亲临注册地。开设成本低廉，一般成立一个新公司的手续费在一万元人民币以下，实交注册资本为两美元，所有注册程序在两周左右就可完成。

（3）合法避税。所有离岸法区均不同程度地规定了离岸公司所取得的营业收入和利润免交当地税或以极低的税率缴纳，有的甚至免交遗产税等。

（4）简便的公司管理。离岸公司无须每年召开股东大会及董事会，即使召开，其地点也可任意选择。另外只要委托一个公司秘书，即可保证公司的日常运作与当地法律没有冲突。

（5）公司注册资料及文件高度保密。离岸公司的股东身份、董事名册、股权比例、收益状况等资料高度保密并受法律保护，公众人士不能查阅。只有合法取得对离岸公司进行监管资格的信托管理公司才可以查阅公司的背景资料，同时，法律禁止信托管理公司对外任意泄露有关材料。

（6）资产的有效保护。多年的实践证明，离岸公司是对各类资产（如股权、知识产权、不动产）进行保护的有效手段。

（7）方便国际贸易。如果该企业拥有一个离岸公司，企业就可直接向离岸公司出口产品。

（8）没有营业范围的限制。除了个别限制性行业，如银行、保险、军事等，离岸公司的经营范围几乎没有限制。

（9）发展跨国业务，提升企业形象。当今世界经济日趋一体化，商业越来越呈现跨国界的发展趋势，企业也经常用跨国经营来增强实力，扩大企业的经营区域。而注册成立离岸公司是企业走向世界，开展跨国业务，提升企业国际形象的捷径。

（10）对投资人、股东和董事没有限制。对投资人、股东和董事的国籍、年龄、资产等均没有限制，大多"离岸"区可以接受法人出任公司董事一职。

以上简述了离岸公司的优势，但是不是就没有缺点呢？是不是有了离岸公司就可以和外贸公司一样做生意了呢？当然不是，和外贸公司相比，离岸公司还是有一定弊端的，这里以香港注册离岸公司为例进行分析和说明。

（1）离岸公司在经营上会受到约束。比如，香港公司是在香港成立离岸公司的，因此受香港《公司法》约束，虽然香港早已回归，属于中华人民共和国，但所有香港公司在内地银行开设的离岸账户都不能办理人民币业务。虽然国家正在实行人民币结算试点，但是还没有大量展开。无论是在香港开设本地银行账户还是在内地开设离岸账户，接收人民币结算还存在一定的困难。

（2）发票问题。离岸公司不受内地工商、税务部门管辖，也就不能出具一般发票和增值税发票，香港公司只能出具形式发票。

（3）香港公司和其他离岸公司成立后每年都需要年审年报，而年审年报都是需要费用的，具体费用因离岸公司的不同而不同。

（4）内地工商部门不承认香港公司注册证书，因为公司不是在内地注册的，在内地只能以代表处、办事处，或者是与内地企业合资经营。

第五章 建筑施工企业融资业务的营改增案例精解

随着市场竞争越来越激烈，垫资建设现象也越来越普遍，建筑施工企业也慢慢演化成资金密集型企业了。而营改增以后，税法对贷款和相关服务费用的规定则给资金借贷增加了一道“坎儿”。如何绕开这道“坎儿”降低税收成本，就需要人们全面了解税收政策和企业的具体业务情况，全面而有效地进行税收筹划。

售后回购营改增财税筹划案例精解

售后回购作为融资业务的一种，已经被越来越多的投资人所使用。对于售后回购业务的涉税处理，多数人认为，根据“企业采用售后回购方式销售商品的，销售的商品按售价确认收入，回购的商品作为购进商品处理。有证据表明不符合销售收入确认条件的，如以销售商品方式进行融资，收到的款项应确认为负债，回购价格大于原售价的，差额应在回购期间确认为利息费用”的规定，从企业利益的角度考虑应当不做销售处理。这样操作是否真的对相关企业有利，其中是否存在涉税风险，在这里结合上海普誉财务咨询有限公司提供的有关资料做一个分析和说明。

案例1

甲公司为增值税一般纳税人，适用的增值税税率为17%。2016年12月1日，甲公司与乙公司签订协议，向乙公司销售一批商品，销售价格为1 000万元，成本为800万元。协议规定，甲公司应在2017年5月1日将该批商品购回，回购价为1 200万元，款项已收到。甲公司发生的业务销售价款均为不含税价，2016年会计利润为100万元，假定2016—2017年的所得税税率为25%，无其他纳税调整事项。分析甲公司应如何做相关的税收处理。

案例分析

1. 会计处理

售后回购交易是一种特殊形式的销售业务，它是指销货方在销售商品的同时，与购货方签订合同，并按照合同条款（如回购价格等内容），将售出的商品重新买回的一种交易方式。售后回购方式下是否按销售和回购两项业务分别处理，主要看其是否符合收入确认的条件。

《企业会计准则第 14 号——收入》等有关条款对收入的实现做了原则性的规定，销售商品收入同时满足下列条件的，才能予以确认：①企业已将商品所有权上的主要风险和报酬转移给购货方；②企业既没有保留通常与所有权相联系的继续管理权，也没有对已售出的商品实施有效控制；③收入的金额能够可靠地计量；④相关的经济利益很可能流入企业；⑤相关的已发生或将发生的成本能够可靠地计量。

对照以上五个条件，在销货方没有回购选择权的前提下，分两种情况讨论：①当销货方在回购商品时，如果回购价格是以当日的市场价格为基础确定，这种情况下商品价格变动产生的风险和报酬都转移到购货方，但购货方并无权对该商品进行处置，因此商品的控制权仍在销货方；②销货方在销售商品后的一定时间内回购，且回购价格在合同中订明，这种情况下商品价格变动产生的风险和报酬都由销货方所有或控制，且销货方仍对售出的商品实施控制。通过以上分析，售后回购业务与收入确认的第二个条件不符，同时如果回购价格在合同中明确，则与第一个条件也不符。所以一般而言，售后回购并不能确认收入，其实质上是一种融资的行为。在会计核算中，该项业务不做收入处理，体现了实质重于形式的原则。

当然，如果销货方有回购选择权，并且回购价以回购当日的市场价格为基础确定，同时回购的可能性很小，那么也可在售出商品时确认收入的实现。

《企业会计准则——应用指南》规定，采用售后回购方式销售商品的，收到的款项应确认为负债。回购价格大于原售价的，差额应在回购期间按期计提利息，计入财务费用。有确凿证据表明售后回购交易满足销售商品收入确认条件的（定价公允），销售的商品按售价确认收入，回购的商品作为购进商品处理。

2．政策分析

在税收上应当考虑增值税和企业所得税两个方面。根据增值税相关法规规定，售后回购已涉及有形动产所有权的转移，应在销售环节确认收入并核算销项税额，在实际回购环节核算进项税额，增值税税额通过发票载明的金额进行计算。根据国家税务总局《关于确认企业所得税收入若干问题的通知》（国税函〔2008〕875 号）的规定，采用售后回购方式销售商品的，销售的商品按售价确认收入，回购的商品作为购进商品处理。也就是说，税法上对于售后回购一般作为两个环节处理：销售和购回，企业销售的商品按售价确认收入，回购的商品作为购进商品处理。

综合上述规定，增值税相关法规与会计规定、所得税相关法规就确认收入的售后回购不存在差异。

但是，有一种情况例外。根据国家税务总局《关于确认企业所得税收入若干问题的通知》（国税函〔2008〕875 号）的规定，有证据表明不符合销售收入确认条件的，如以销售商品方式进行融资，收到的款项应确认为负债，回购价格大于原售价的，差额应在回购期间确认为利息费用。也就是说，企业认为售后回购不符合收入确认的条件，这样就形成了可抵扣暂时性差异，需要确认递延所得税资产。在这样的情况下，对于会计规定、所得税相关法规不确认收入的售后回购，实际执行中可能会有一定难度，增值税相关法规要求按照公允价值作为销售处理，对于这一部分交易，企业应按公允价值开具或收到相应发票，尽管会计规定和所得税相关法规方面允许不确认收入，而是作为融资行为处理，实际上也要求在确认融资收益或利息支出时参照公允价值标准进行确定。

在具体操作环节，企业在“有证据表明不符合销售收入确认条件”的情况下，应当如何处理才既符合法律规定，又对企业涉税利益更划算呢？目前许多媒体发表文章陈述了解决问题的办法和观点，这里先做一个归纳。

甲公司采用售后回购方式销售商品的，收到的款项应确认为负债，并通过“其他应付款”核算；回购价格大于原价格的，差额应在回购期间按期计提利息，计入财务费用。有确凿证据表明售后回购交易满足销售商品收入确认条件的，销售的商品按售价确认收入，回购的商品作为购进商品处理。对于回购期间的财务费用摊销，则作为财务费用处理，而税法把这部分费用作为回购商品的成本核算，当期需要进行纳税调增处理；转回的时候将回购的商品再次出售。

分析甲公司的业务情况，可以用两种方式处理：①商品已经发出，增值税专用发票没有开出；②商品已经发出，增值税专用发票已经开出。以上操作方法落实到会计处理上，根据不同的政策依据又可以进一步细分为三种方法。

方法一：假定商品已发出，没有开具增值税专用发票

甲公司与乙公司达成售后回购协议，甲公司将商品移交给乙公司，但是不开具增值税专用发票。其业务操作流程如图 5－1 所示。

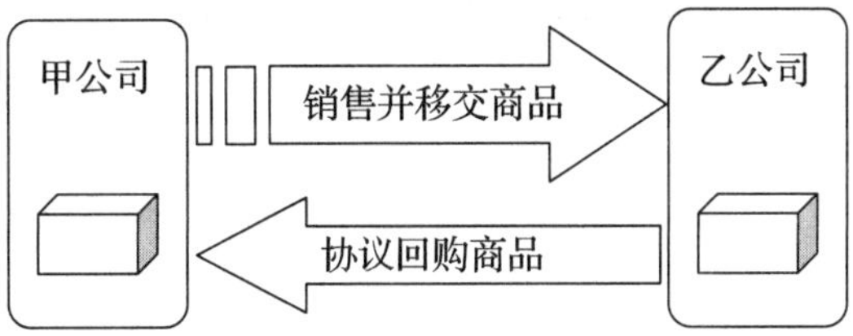

图 5－1　甲公司将商品移交给乙公司的业务操作流程

根据《企业会计准则第18号——所得税》的规定处理，售后回购中在会计上不确认收入，在税法上要确认收入，形成的是可抵扣的暂时性差异。相关会计处理如下：

2016 年 12 月的会计处理为

借：银行存款　　　　　　　　　　　　　　　11 700 000

　　贷：其他应付款　　　　　　　　　　　　　　10 000 000

　　　　应交税费——应交增值税（销项税额）　　　1 700 000

根据《企业会计准则第 18 号——所得税》的规定，企业对于可抵扣暂时性差异可能产生的未来经济利益，应以很可能取得用来抵扣可抵扣暂时性差异的应纳税所得额为限，确认相应的递延所得资产，并减少所得税费用。对于可抵扣暂时性差异可能产生的未来经济利益，应以很可能取得用来抵扣可抵扣暂时性差异的应纳税所得额为限，确认相应的递延所得资产。

递延所得资产 = 可抵扣暂时性差异 × 所得税税率

= (10 000 000 − 8 000 000) × 25% = 500 000(元)

借：递延所得资产　　　　　　　　　　　　　500 000

　　贷：所得税费用　　　　　　　　　　　　　　500 000

财务费用 = (12 000 000 − 10 000 000) × 1/5 = 400 000(元)

2016 年 12 月及以后 4 个月的会计处理为

借：财务费用　　　　　　　　　　　　　　　400 000

　　贷：其他应付款　　　　　　　　　　　　　　400 000

借：递延所得资产（400 000 × 25%）　　　　100 000

　　贷：所得税费用　　　　　　　　　　　　　　100 000

2017 年 5 月 1 日将该批商品购回的会计处理为

借：其他应付款　　　　　　　　　　　　　　12 000 000

　　贷：银行存款　　　　　　　　　　　　　　　12 000 000

方法二：假定商品未发出，也没有开具增值税专用发票

甲公司与乙公司达成售后回购协议，但是甲公司未将商品移交给乙公司，也不开具增值税专用发票。其业务操作流程如图 5-2 所示。

图 5-2　甲公司未将商品移交给乙公司的业务操作流程

根据国家税务总局《关于确认企业所得税收入若干问题的通知》（国税函〔2008〕875号）规定，采用售后回购方式销售商品的，有证据表明不符合销售收入确认条件的，如以销售商品方式进行融资，收到的款项应确认为负债，回购价格大于原售价的，差额应在回购期间确认为利息费用。即国税函〔2008〕875号文件发布后，对于售后回购本质上是融资业务的，企业所得税收入确认条件与《企业会计准则》趋于一致，两者都注重权责发生制原则和实质重于形式原则，则会计与税法不会产生任何差异，不会产生递延所得税。

售后回购中在会计上不确认收入，在税法上也不确认收入，因此不计算缴纳增值税和所得税。相关会计处理如下：

2016年12月的会计处理为

借：银行存款　　10 000 000

　　贷：其他应付款　　10 000 000

2016年12月及以后4个月的会计处理为

借：财务费用　　400 000

　　贷：其他应付款　　400 000

2017年5月1日将该批商品购回的会计处理为

借：其他应付款　　12 000 000

　　贷：银行存款　　12 000 000

方法三：假定商品已发出，并开具了增值税专用发票

甲公司与乙公司达成售后回购协议，甲公司将商品移交给乙公司，同时开具增值税专用发票。其业务操作流程如图5－3所示。

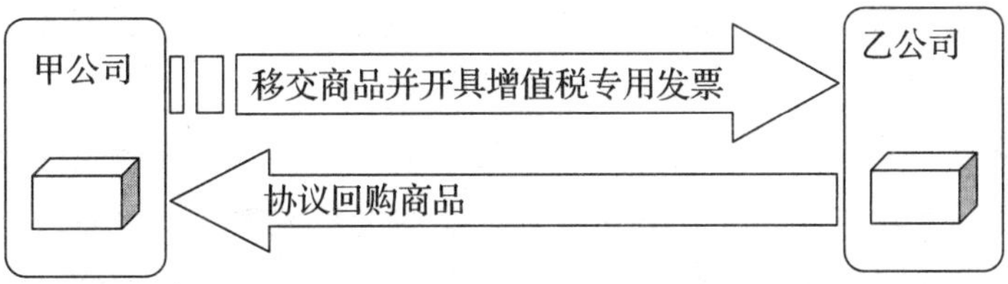

图5－3　甲公司将商品移交给乙公司，同时开具增值税专用发票的业务操作流程

甲公司用售后回购的方式处理该批商品，在交付和回收商品环节都开具了增值税专用发票。甲公司以销售商品方式进行融资处理。相关的会计处理如下：

2016年12月的会计处理为

借：银行存款　　11 700 000

　　贷：其他应付款　　10 000 000

　　　　应交税费——应交增值税（销项税额）　　1 700 000

借：发出商品　　8 000 000
　　贷：库存商品　　8 000 000
借：财务费用　　400 000
　　贷：其他应付款　　400 000
2016 年确认递延所得资产 =（2 000 000 +400 000）×25% =600 000（元）
税法上当期应缴纳所得税 =（1 000 000 +2 400 000）×25% =850 000（元）
借：递延所得资产　　600 000
　　所得税费用　　250 000
　　贷：应交税费——应交所得税　　850 000

2017 年 5 月 1 日，甲公司以 1 200 万元的价格将该批商品购回，同时取得增值税专用发票，那么，取得的进项税额抵减了前面缴纳的增值税，而发票上注明的商品价格则构成采购成本，抵减了前面产生的企业所得税。

专家点评

售后回购的主旨是为企业筹集资金。这种交易方式使销货方将实物资产转化为货币资金，出售时可以取得全部价款，从而获得所需的资金，而购货方也找到了一个风险小，回报有保障的投资机会。但是当发生“售后回购”业务时，增值税专用发票已经开具，并且与资产相关的经济利益已经流入企业，在应税收入的确认上，税法更侧重于以交易的法律形式作为判断标准。这时，税法将售后回购视同销售和采购两个环节进行处理。

笔者认为，上述业务处理方法存在以下三点不妥之处：

（1）如果企业发生销售核算销项税，但是不开具和取得增值税专用发票，则有关企业的售后回购业务将可能出现多交增值税问题。甲公司在第一种处理方法下处理售后回购业务，一个非常明显的问题就是这批商品在销售环节发生增值税销项税额为 170 万元，而在购进环节无法提取增值税的进项税额。如果甲公司以后将该批商品再销售，那么还需要再交一次增值税。这就存在重复交税问题。作为受让方未取得有关商品实质性的所有权，同样也存在经营性风险。

（2）国税函〔2008〕875 号文件规范的是企业所得税问题，与增值税无关。企业发生销售不核算销项税，与增值税有关规定相悖，存在少交增值税的问题，如果有关企业按此方法操作，将受到主管国税机关的处罚。

（3）如果企业发出商品的同时开具增值税专用发票，在会计上不做销售处理，同时注意核算会计与税法的差异，这在理论上不存在问题，但是，在实践过程中存在一定的难度：①容易与税务机关的管理发生矛盾，因为国税函〔2008〕875 号文件规定“有证据表明不符合销售收入确认条件的”才可以如此操作，而这里的“有证据表明”需要有关企业提供，这里容易产生与税务机关确认的标准不一致的问题，从而产生涉税风险；②对于商品出让方来说也是不经济的。因为，如果有关企业将商品出售按规定进行核算，做主营业务收入处理，那么，有关企业在计算招待费用、广告和业务宣传费用等方面都可以获得好处。

此外在具体业务处理上，还需要考虑其他因素。售后回购一般有四种情况：①卖方在销售商品后的一定时间内必须回购；②卖方有回购的选择权；③买方有要求卖方回购的选择权；④收购价格按照市场价还是按照合同价格等。

企业在采用售后回购的方式进行融资时，如果合同中规定的回购价以回购当日的市场价为基础确定，表明该商品增值或贬值直接和买方有关，但卖方企业仍对售出的商品实施控制。如果在合同中已经将回购价明确，那么商品价格变动产生的风险和报酬均和卖方企业相关，与买方企业无关。售后回购其实是一种融资行为，相当于企业将商品质押在另一方企业中，然后获得融资，并在一定期限之后将其赎回。因此一般情况下售后回购不作为销售处理。

按照新会计准则的规定，对于售后回购业务，企业应当设置“待转库存商品差价”科目，核算发出商品的销售价格与实际成本及相关税费之间的差额。企业在发出商品时，按实际收到或应收的价款，借记“银行存款”或“应收账款”等，按库存商品的实际成本或固定资产账面价值，贷记“库存商品”“固定资产清理”等，按增值税发票上的增值税税额，贷记“应交税费——应交增值税（销项税额）”等；根据计算的有关税金及附加后，借记“待转库存商品差价”，贷记“应交税费——应交城市维护建设税”“应交税费——应交教育费附加”，按借方、贷方差额，贷记或借记“待转库存商品差价”。如果回购价格大于原售价，还应在销售与回购期内按回购价格大于原售价的差额计提财务费用，借记“财务费用”，贷记“待转库存商品差价”。如果回购价格小于原售价，根据谨慎性原则，则不能计提财务费用。企业日后重新购回该商品时，根据对方开具的增值税专用发票，借记“材料采购”或“库存商品”“应交税费——应交增值税（进项税额）”等，贷记“银行存款”“应付账款”等；同时，将“待转库存商品差价”科目的余额冲减或增加购回商品的成本。

案例2

A企业和B企业均为增值税一般纳税人，A企业于2017年1月1日将一批商品销售给B企业，售价为500万元，成本为400万元，已经收到B企业的货款。A、B两企业相互商定，于2017年6月1日由A企业将这批商品购回，购回价以回购当日的市场价为基础确定。如果A企业与B企业约定，到期按照合同中的价格将商品购回，回购价为530万元。这等于A企业向B企业借款500万元，借款期限为5个月，支付利息为30万元。

会计上对售后回购业务的核算，根据实质重于形式的原则，企业一般将售后回购业务视同融资业务进行会计处理，并通过“待转库存商品差价”科目核算，计算企业在附有购回协议的销售方式下，发出商品的实际成本（或进价）与销售价格以及相关税费之间的差额。如果回购价大于售价，作为融资费用，分期确认“财务费用”的同时计入“待转库存商品差价”。但是当发生售后回购业务时，增值税专用发票已经开具，并且与资产相关的经济利益已经流入企业，在应税收入的确认上，税法更侧重于以交易的法律形式作为判断标准，这时，税法将售后回购视同销售和采购两个环节进行处理。所以，企业应在发出商品并收到销售款的当天确认为销售收入，并计算缴纳企业所得税。

案例分析

方案1：回购价以回购当日的市场价为基础确定

A企业销售商品时，其会计处理为

借：银行存款　　5 850 000

　　贷：库存商品　　4 000 000

　　　　待转库存商品差价　　1 000 000

　　　　应交税费——应交增值税（销项税额）　　850 000

假设A企业预计2017年6月1日该商品的市场价值为540万元，则A企业分期确认融资费用，按5个月算，其会计处理为

借：财务费用　　80 000

　　贷：待转库存商品差价　　80 000

如果到期时，市场上A企业的产品实际价格为580万元，则A企业就会以580万元的价格将其购回，其会计处理为

借：库存商品　　4 000 000

　　应交税费——应交增值税（进项税额）　　986 000

　　财务费用　　400 000

　　待转库存商品差价　　1 400 000

　　贷：银行存款　　6 786 000

方案2：A企业根据约定按照合同中的价格将商品购回

A企业销售商品时，其会计处理为

借：银行存款　　5 850 000
　　贷：库存商品　　4 000 000
　　待转库存商品差价　　1 000 000
　　应交税费——应交增值税（销项税额）　　850 000

A 公司将售价与回购价之间的差额 30 万元，按照 5 个月进行摊销，计入当期损益，其会计处理为

借：财务费用　　60 000
　　贷：待转库存商品差价　　60 000

到期时，A 企业将商品进行回购，支付款项 530 万元，其会计处理为

借：库存商品　　4 000 000
　　应交税费——应交增值税（进项税额）　　901 000
　　待转库存商品差价　　1 300 000
　　贷：银行存款　　6 201 000

这里需要注意售后回购业务中会计处理与税务处理的差异。售后回购业务在会计核算时，按照“实质重于形式”的要求，视同融资做账务处理，但在税收上不承认这种融资，而视为销售和采购两项经济业务。销售方在销售实现时要按照规定开具发票并收取价款，从税法上讲，这本身已经构成计税收入的实现。因此，甲公司在销售商品时，按规定的税率计征增值税的同时，应计算城市维护建设税、教育费附加和企业所得税。

专家点评

通过售后回购进行融资的企业，应当综合分析相关政策对企业所产生的影响，如果企业日常发生的招待费用、广告费用和业务宣传费用较多时，就应当将售后回购业务按正常销售来处理：在商品发出的同时，开具增值税专用发票，并通过“主营业务收入”核算销售处理。回购商品的同时索取增值税专用发票，按正常商品购进业务核算相关业务。

政策背景

国家税务总局《关于确认企业所得税收入若干问题的通知》（国税函〔2008〕875 号）。

根据《企业所得税法》及《企业所得税法实施条例》规定的原则和精神，现对确认企业所得税收入的若干问题通知如下：

“一、除企业所得税法及实施条例另有规定外，企业销售收入的确认，必须遵

循权责发生制原则和实质重于形式原则。

（三）采用售后回购方式销售商品的，销售的商品按售价确认收入，回购的商品作为购进商品处理。有证据表明不符合销售收入确认条件的，如以销售商品方式进行融资，收到的款项应确认为负债，回购价格大于原售价的，差额应在回购期间确认为利息费用。”

案例

售后回租营改增财税筹划案例精解

JC 建设集团公司（以下简称 JC 公司）和汇昌融资租赁公司就江春公司设备签订售后回租合同，租赁期为 36 个月，自租赁期开始日起每年年末支付租金 400 万元，租赁合同规定的年利率为 8%。该设备公允价值为 1 000 万元，账面价值为 270 万元，全新设备未计提折旧，估计使用年限为 5 年。江春公司采用实际利率法分摊未确认融资费用，采用直线法计提折旧，无残值。汇昌融资租赁公司采用实际利率法分摊未实现融资收益，发生初始费用 80 万元。

试问：王某应当如何处理江春公司的这笔资产才能取得税后利益的最大化?

案例分析

售后回租是一种特殊形式的租赁业务，实质上是一种融资融物相结合的融资方式，是销售方将一项自制或外购的资产出售后，又将该项资产从购买方租回，通常被称为“回租”。在售后回租方式下，销售方同时是承租人，购买方同时是出租人。在融资困难的情况下，资产的原所有者（承租人）通过售后回租的方式，可以盘活资产，既满足了企业对设备的需要，又满足了对资金的需求，能够有效缓解企业资金紧张的压力；而资产的新所有者（出租人）通过售后回租的方式，找到了一个风险小、回报大的投资机会。

对于 JC 公司而言，其具体的业务流程如图 5－4 所示。

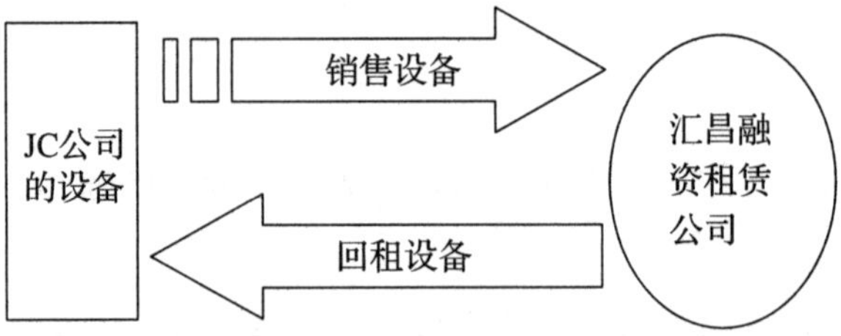

图 5－4　JC 公司销售设备和售后回租的业务流程

以融资租赁为实质内容的售后回租业务主要发在与大宗物件和不动产有关的业务之中，而且在不动产销售过程中，以售后回租的方式进行促销的现象越来越普遍。

所谓售后回租，有时又称为出售回租、回租、回租赁等，是指资产的所有权人首先与租赁公司签订“出售合同”，将资产卖给租赁公司，取得现金。然后，资产的原所有权人作为承租人，与该租赁公司签订“回租合同”，将该资产回租。承租人按“回租合同”还完全部租金，并付清资产的残值以后，重新取得资产的所有权。说得简单一点，售后回租就是将自制或外购的资产出售，然后从买方回租使用。

售后回租的优点在于，它使设备制造企业或资产所有人（承租人）在保留资产使用权的前提下获得所需的资金，同时又为出租人提供有利可图的投资机会。

由于资产的出售和回租实质上是同一笔业务，因此资产的售价和资金需一起计算。在承租人看来，如租约符合融资租赁的某一条件，就应将回租作为融资租赁处理，否则作为经营租赁处理。因此，售后回租实际上类似一种抵押融资行为，是资产所有权人用于盘活资产的融资手段。

《金融租赁公司管理办法》（中国银行业监督管理委员会令（〔2014〕3 号））规定，售后回租业务是指承租人将自有资产出卖给出租人，同时与出租人签订融资租赁合同，再将该资产从出租人处回租的融资租赁形式。售后回租业务是承租人和供货人为同一人的融资租赁方式。

《企业会计准则》规定，融资租赁，是指实质上转移了与资产所有权有关的全部风险和报酬的租赁。其所有权最终可能转移，也可能不转移。符合下列一项或数项标准的，应当认定为融资租赁：

1）在租赁期届满时，租赁资产的所有权转移给承租人。

2）承租人有购买租赁资产的选择权，所订立的购买价款预计远低于行使选择权时租赁资产的公允价值，因而在租赁开始日就可以合理确定承租人将会行使这种选择权。

3）即使资产的所有权不转移，但租赁期占租赁资产使用寿命的大部分。

4）承租人在租赁开始日的最低租赁付款额现值，几乎相当于租赁开始日租赁资产公允价值；出租人在租赁开始日的最低租赁收款额现值，几乎相当于租赁开始日租赁资产公允价值。

5）租赁资产性质特殊，如果不做较大改造，则只有承租人才能使用。

对于售后回租业务，《企业会计准则》规定，承租人和出租人应当将售后回租交易认定为融资租赁或经营租赁。售后回租交易认定为融资租赁的，售价与资产账面价值之间的差额应当予以递延，并按照该项租赁资产的折旧程度进行分摊，作为折旧费用的调整。售后回租交易认定为经营租赁的，售价与资产账面价值之间的差额应当予以递延，并在租赁期内按照与确认租金费用相一致的方法进行分摊，作为租金费用的调整。但是，有确凿证据表明售后回租交易是按照公允价值达成的，售价与资产账面价值之间的差额应当计入当期损益。

《企业所得税法实施条例》第四十七条规定，企业根据生产经营活动的需要租入固定资产支付的租赁费，按照以下方法扣除：①以经营租赁方式租入固定资产发生的租赁费支出，按照租赁期限均匀扣除；②以融资租赁方式租入固定资产发生的租赁费支出，按照规定构成融资租入固定资产价值的部分应当提取折旧费用，分期扣除。

根据《销售服务、无形资产、不动产注释》第一条第（五）款第1项规定，贷款，是指将资金贷与他人使用而取得利息收入的业务活动。各种占用、拆借资金取得的收入，包括金融商品持有期间（含到期）利息（保本收益、报酬、资金占用费、补偿金等）收入、信用卡透支利息收入、买入返售金融商品利息收入、融资融券收取的利息收入，以及融资性售后回租、押汇、罚息、票据贴现、转贷等业务取得的利息及利息性质的收入，按照贷款服务缴纳增值税。

融资性售后回租，是指承租方以融资为目的，将资产出售给从事融资性售后回租业务的企业后，从事融资性售后回租业务的企业将该资产出租给承租方的业务活动。

《企业会计准则第21号——租赁》依据租赁的目的以及租赁资产所有权有关的风险和报酬归属于出租人和承租人的程度不同，将租赁分为融资租赁和经营租赁，售后回租也因此分为售后回租形成融资租赁和售后回租形成经营租赁两种。

（1）关于承租方。根据规定，承租方在融资性售后回租业务中出售资产的行为，不属于增值税征收范围，因此不征收增值税。租回资产时向出租方支付的租金以及向出租方支付的与该项交易直接相关的投融资顾问费、手续费、咨询费等费用，其进项税额也不得抵扣。

（2）关于出租方。根据税法有关规定，符合规定的融资租赁公司以取得的全部价款和价外费用（不含本金），扣除对外支付的借款利息（包括外汇借款和人民币借款利息）、发行债券利息后的余额作为销售额，计算缴纳增值税。

营改增后，融资性售后回租业务被重新界定为一项贷款服务，按金融服务业6%的税率缴纳增值税。

纳税义务发生时间为发生应税行为并收讫销售款项或者取得索取销售款项凭据的当天；先开具发票的，为开具发票的当天。收讫销售款项，是指纳税人交易过程中或者完成后收到款项。取得索取销售款项凭据的当天，是指书面合同确定的付款日期；未签订书面合同或者书面合同未确定付款日期的，为交易完成的当天。

全面推开营改增以后，融资性售后回租由原来的有形动产租赁服务变为贷款服务。那么，营改增后融资性售后回租如何做财务处理？由于此类业务人们并不经常遇到，所以，对相关业务的会计处理比较陌生，为了帮助大家了解有关业务的处理技巧，这里引用上海普誉财务咨询有限公司提供的资料给大家做一个简要介绍。

1. 承租人的处理

主要会计处理为（单位：万元，下同）：

（1）出售资产时，

借：固定资产清理　　1 080

　贷：固定资产　　1 080

（2）收到出售款时，

借：银行存款　　1 000

　递延收益——未实现售后租回损益　　80

　贷：固定资产清理　　1 080

（3）租回资产时，

江春公司不知道出租人租赁内含利率，应选择合同利率作为最低租赁付款额的折现率。每期租金的现值之和 = 400 万元 ×（P/A，8%，3）= 1 028 万元 > 公允价值 1 000 万元，租赁资产按公允价值入账。

借：固定资产——售后回租　　1 000

　未确认融资费用　　200

　贷：长期应付款　　1 200

（4）支付每期租金时，

借：长期应付款　　400

　贷：银行存款　　400

（5）分摊未确认融资费用时，

按实际利率法分摊每年未确认融资费用，第 1 年为 80 万元，第 2 年为 54.4 万元，第 3 年为 65.6 万元。第一年会计处理为

借：财务费用　　80

　贷：未确认融资费用　　80

（6）计提折旧时，

借：制造费用　　200

　贷：累计折旧　　200

（7）分摊当期未实现售后租回损益时，

处置设备售价与账面价值的差额，应予以递延，按设备的折旧进度进行分摊，作为折旧费用的调整。

借：制造费用　　16

　　贷：递延收益——未实现售后租回损益　　16

此外，实务中对该类交易还有另一种可使用的会计处理方法：即在上述固定资产出售及租赁交易相互关联且基本能确定将在租赁期满回购（定价为1元）的情况下，如果把这一系列交易作为一个整体更能反映其总体经济影响，那么可以作为一项交易按照抵押借款进行会计处理。同时，应充分披露相关会计处理的依据及影响。该种处理方法与《企业会计准则讲解（2010）》中介绍的处理方法相比，对租赁期内各年度以及租赁期结束后的净资产、净利润均无影响。

2. 出租人的处理

根据税法有关规定，符合规定的融资租赁公司以取得的全部价款和价外费用（不含本金），扣除对外支付的借款利息（包括外汇借款和人民币借款利息）、发行债券利息后的余额作为销售额，计算缴纳增值税。纳税义务发生时间为发生应税行为并收讫销售款项或者取得索取销售款项凭据的当天；先开具发票的，为开具发票的当天。收讫销售款项，是指纳税人在交易过程中或者完成后收到款项。取得索取销售款项凭据的当天，是指书面合同确定的付款日期；未签订书面合同或者书面合同未确定付款日期的，为交易完成的当天。

主要会计处理为（单位：万元，下同）：

（1）购入融资租赁资产时，

借：融资租赁资产　　1 000

　　贷：银行存款　　1 000

（2）进行租赁债权确认时，

借：长期应收款　　1 200

　　贷：融资租赁资产　　1 000

　　　　银行存款　　80

　　　　未实现融资收益　　120

（3）每期收到租金时，

借：银行存款　　400

　　贷：长期应收款　　400

（4）分配确认融资租赁收入时，

根据400万元 × (P/A, r, 3) = 1 000万元 + 80万元，得知租赁内含利率为5.46%，每年确认含税收入为第1年58.96万元，第2年40.36万元，第3年20.68万

元。根据《税法》规定，计算增值税时应按合同约定的利率计算。第一年会计处理为

借：未实现融资收益　　58.96

　　贷：租赁收入　　54.44

　　　　应交税费——应交增值税（销项税额）（1 000 ×8%/1.06 ×6%）　　4.52

为保证不增加企业税负，自2016年1月1日起继续执行对经批准从事融资租赁业务的试点纳税人中的一般纳税人，提供有形动产融资性售后回租服务，对其增值税实际税负超过3%的部分实行增值税即征即退政策。增值税实际税负，是指纳税人当期提供应税服务实际缴纳的增值税额占纳税人当期提供应税服务取得的全部价款和价外费用的比例。

政策背景

《财政部、国家税务总局关于全面推开营业税改征增值税试点的通知》（财税〔2016〕36号）附件2：《营业税改征增值税试点有关事项的规定》第一条第（三）款第5项规定，融资租赁和融资性售后回租业务。

（1）经人民银行、银监会或者商务部批准从事融资租赁业务的试点纳税人，提供融资租赁服务，以取得的全部价款和价外费用，扣除支付的借款利息（包括外汇借款和人民币借款利息）、发行债券利息和车辆购置税后的余额为销售额。

（2）经人民银行、银监会或者商务部批准从事融资租赁业务的试点纳税人，提供融资性售后回租服务，以取得的全部价款和价外费用（不含本金），扣除对外支付的借款利息（包括外汇借款和人民币借款利息）、发行债券利息后的余额作为销售额。

（3）试点纳税人根据2016年4月30日前签订的有形动产融资性售后回租合同，在合同到期前提供的有形动产融资性售后回租服务，可继续按照有形动产融资租赁服务缴纳增值税。

继续按照有形动产融资租赁服务缴纳增值税的试点纳税人，经人民银行、银监会或者商务部批准从事融资租赁业务的，根据2016年4月30日前签订的有形动产融资性售后回租合同，在合同到期前提供的有形动产融资性售后回租服务，可以选择以下方法之一计算销售额：

1）以向承租方收取的全部价款和价外费用，扣除向承租方收取的价款本金，以及对外支付的借款利息（包括外汇借款和人民币借款利息）、发行债券利息后的余额为销售额。

纳税人提供有形动产融资性售后回租服务，计算当期销售额时可以扣除的价款

本金，为书面合同约定的当期应当收取的本金。无书面合同或者书面合同没有约定的，为当期实际收取的本金。

试点纳税人提供有形动产融资性售后回租服务，向承租方收取的有形动产价款本金，不得开具增值税专用发票，可以开具普通发票。

2）以向承租方收取的全部价款和价外费用，扣除支付的借款利息（包括外汇借款和人民币借款利息）、发行债券利息后的余额为销售额。

（4）经商务部授权的省级商务主管部门和国家经济技术开发区批准的从事融资租赁业务的试点纳税人，2016 年 5 月 1 日后实收资本达到 1.7 亿元的，从达到标准的当月起按照上述第（1）（2）（3）点规定执行；2016 年 5 月 1 日后实收资本未达到 1.7 亿元但注册资本达到 1.7 亿元的，在 2016 年 7 月 31 日前仍可按照上述第（1）（2）（3）点规定执行，2016 年 8 月 1 日后开展的融资租赁业务和融资性售后回租业务不得按照上述第（1）（2）（3）点规定执行。

《财政部、国家税务总局关于进一步明确全面推开营改增试点有关劳务派遣服务、收费公路通行费抵扣等政策的通知》（财税〔2016〕47 号）第三条第（三）款规定，一般纳税人 2016 年 4 月 30 日前签订的不动产融资租赁合同，或以 2016 年 4 月 30 日前取得的不动产提供的融资租赁服务，可以选择适用简易计税方法，按照 5% 的征收率计算缴纳增值税。

《财政部、国家税务总局关于全面推开营业税改征增值税试点的通知》（财税〔2016〕36 号）附件 3：《营业税改征增值税试点过渡政策的规定》第二条第（二）款规定，经人民银行、银监会或者商务部批准从事融资租赁业务的试点纳税人中的一般纳税人，提供有形动产融资租赁服务和有形动产融资性售后回租服务，对其增值税实际税负超过 3% 的部分实行增值税即征即退政策。商务部授权的省级商务主管部门和国家经济技术开发区批准的从事融资租赁业务和融资性售后回租业务的试点纳税人中的一般纳税人，2016 年 5 月 1 日后实收资本达到 1.7 亿元的，从达到标准的当月起按照上述规定执行；2016 年 5 月 1 日后实收资本未达到 1.7 亿元但注册资本达到 1.7 亿元的，在 2016 年 7 月 31 日前仍可按照上述规定执行，2016 年 8 月 1 日后开展的有形动产融资租赁业务和有形动产融资性售后回租业务不得按照上述规定执行。

《营业税改征增值税试点过渡政策的规定》第二条第（三）款规定，所称增值税实际税负，是指纳税人当期提供应税服务实际缴纳的增值税额占纳税人当期提供应税服务取得的全部价款和价外费用的比例。

《财政部、国家税务总局关于进一步明确全面推开营改增试点有关劳务派遣服务、收费公路通行费抵扣等政策的通知》（财税〔2016〕47 号）第三条第（四）款规定，一般纳税人提供管道运输服务和有形动产融资租赁服务，按照《营业税改征增值税试点过渡政策的规定》（财税〔2013〕106 号）第二条有关规定适用的增值税实际税负超过 3% 部分即征即退政策，在 2016 年 1 月 1 日至 4 月 30 日期间继续执行。

《财政部　国家税务总局关于明确金融、房地产开发、教育辅助服务等增值税政策的通知》（财税〔2016〕140 号）第六条规定，《财政部、国家税务总局关于全面推开营业税改征增值税试点的通知》（财税〔2016〕36 号）所称“人民银行、银监会或者商务部批准”“商务部授权的省级商务主管部门和国家经济技术开发区批准”从事融资租赁业务（含融资性售后回租业务）的试点纳税人（含试点纳税人中的一般纳税人），包括经上述部门备案从事融资租赁业务的试点纳税人。

案例

融资租赁与贷款选择营改增案例精解

某企业因生产需要增设一条流水线，价值 1 000 万元，每年可增加利润 400 万元，残值 50 万元。该企业有两种选择方案：①向固定资产租赁公司融资租赁，年折旧（租金）为 200 万元（融资租赁不能在税前扣除租金，但是可以计提折旧，假设折旧期限为 6 年，按直线法计提折旧，这时有折旧正好等于租金。下同），租赁期为 6 年；②向银行贷款，期限 6 年，年利率为 10%，分期付息一次还本。因设备折旧情况相同，在此可不予考虑。（复利现值系数：$(P/F, 10\%, 6) = 0.565$；年金现值系数：$(P/A, 10\%, 5) = 3.791$；年金现值系数：$(P/A, 10\%, 6) = 4.355$。

融资年租金为 200 万元、贷款年利率为 10% 的利益对照表如表 5－1 所示。

表 5－1　融资年租金为 200 万元、贷款年利率为 10% 的利益对照表

（单位：万元）

计算项目	融资租赁	银行贷款	
	第 1～6 年	第 1～5 年	第 6 年
息税前利润	400	400	450
折旧（租金）/利息	200	100	100
税前利润	200	300	350
所得税（25%）	50	75	87.5
税后利润	150	225	262.5

从表 5－1 可知，通过融资租赁，其税后利润的现值和为

$150 \times 4.355 = 653.25$（万元）

向银行贷款，其税后利润的现值和为

225 ×3. 791 +262. 5 ×0. 565 =1 001. 287 5(万元)

从表面上看，后者的现值要大于前者，但实际上后者因为第 6 年要支付 1 000 万元的贷款，所以银行贷款的现值应为436. 287 5(1 001. 287 5 –1 000 ×0. 565)万元。相比之下，企业采用融资租赁方式更合算。

案例分析

如果融资租赁的租金或者银行贷款的利率发生变化，结果就有可能发生变化。

(1) 假设融资租赁的利息不变，而银行贷款的利率从 10% 下调至 5%，则情况如何?

该流水线的价值为 1 000 万元，每年可增加利润 400 万元，残值 50 万元。该企业有两种选择方案：①向固定资产租赁公司融资租赁，年折旧（租金）为 200 万元，租赁期为 6 年；②向银行贷款，期限 6 年，年利率为 5%，分期付息一次还本。因设备折旧情况相同，在此可不予考虑。(复利现值系数：(*P/F*，5%，6) =0. 746；年金现值系数：(*P/A*，5%，5) =4. 329；年金现值系数：(*P/A*，5%，6) =5. 075。

融资年租金为 200 万元、贷款年利率为 5% 的利益对照表如表 5 –2 所示。

表 5 –2　融资年租金为 200 万元、贷款年利率为 5%的利益对照表

（单位：万元）

计算项目	融资租赁	银行贷款	
	第 1 ~6 年	第 1 ~5 年	第 6 年
息税前利润	400	400	450
折旧(租金)/利息	200	50	50
税前利润	200	350	400
所得税(25%)	50	87. 5	100
税后利润	150	262. 5	300

从表 5 –2 可知，通过融资租赁，其税后利润的现值和为

150 × 5. 075 =761. 25(万元)

向银行贷款，其税后利润的现值和为

262. 5 ×4. 329 +300 ×0. 746 =1 360. 162 5(万元)

通过以上分析可以发现，虽然银行利率下调，使企业通过银行贷款筹资经营实现的利润现值有所增加，但是当银行利率为 5% 时，该企业归还银行贷款后的利润的净现值为614. 162 5(1 360. 162 5 –1 000 ×0. 746)万元。相比之下，企业采用融资租赁方式则比较合算。

（2）如果融资租赁的租金发生变化，则情况如何？假设融资租赁的租金由200万元变为250万元，银行贷款的利率为5%。

该流水线的价值为1 000万元，每年可增加利润400万元，残值50万元。该企业有两种选择方案：①向固定资产租赁公司融资租赁，年折旧（租金）为250万元，租赁期为6年；②向银行贷款，期限6年，年利率为5%，分期付息一次还本。因设备折旧情况相同，在此可不予考虑。（复利现值系数：（P/F，5%，6）=0.746；年金现值系数：（P/A，5%，5）=4.329；年金现值系数：（P/A，5%，6）=5.075。

融资年租金为250万元、贷款年利率为5%的利益对照表如表5－3所示。

表5－3　融资年租金为250万元、贷款年利率为5%的利益对照表

（单位：万元）

计算项目	融资租赁	银行贷款	
	第1~6年	第1~5年	第6年
息税前利润	400	400	450
折旧（租金）/利息	250	50	50
税前利润	150	350	400
所得税（25%）	37.5	87.5	100
税后利润	112.5	262.5	300

从表5－3可知，通过融资租赁，其税后利润的现值和为

112.5×5.075=570.937 5（万元）

向银行贷款，其税后利润的现值和为

262.5×4.329+300×0.746=1 360.162 5（万元）

专家点评

这里是在不考虑增值税影响的前提下分析的，通过以上分析可以发现，银行因为第6年要支付1 000万元的贷款，所以银行贷款的现值为614.162 5（1 360.162 5－1 000×0.746）万元。但是，由于融资租赁业务的折旧（租金）成本增加对企业的税后利润有所影响，其税后利润的现值比银行贷款方式少一些，因此在这样的情况下，企业采用银行贷款方式更合算。

但是营改增以后，投资人需要考虑更多的因素，根据《财政部　国家税务总局关于全面推开营业税改征增值税试点的通知》（财税〔2016〕36号）附件1《营业税改征增值税试点实施办法》第二十七条第（六）款规定，纳税人购买贷款服务的进项税额不得从销项税额中抵扣。

案例

营改增后租赁业务筹划案例精解

地处江苏省常州市的甲公司是一家混凝土生产和建筑施工企业，2017 年年初，该公司被某市纳入保障房建设计划范围内，在可以预计的五年内，公司有相当数量的建设项目。为了适应业务的发展，公司需要增加生产能力，其中特别需要增加五辆混凝土专用运输车。根据调研，某品牌混凝土专用运输车的性价比及功能参数符合公司预期。经查询，该混凝土专用运输车的价格是每台 500 万元。五辆混凝土专用运输车合计价格为 2 500 万元。

由于公司暂时资金短缺，于是，公司决定通过融资租赁的方式解决这个问题（购买某品牌混凝土专用运输车）。

案例分析

据甲公司采购部和财务部了解，目前有两家融资租赁公司都愿意提供该项目服务，而且条件相同：租赁期限为 5 年，先期支付 500 万元，融资利息及其他服务费用为车辆价值的 20%，因此，初步预算甲公司合计需要支付 3 000 万元。

两家融资租赁公司分别是在上海的 A 公司（经有关部门批准从事融资租赁业务，且是增值税一般纳税人）和在江苏常州的 B 公司（未经批准从事融资租赁业务，已经被认定为增值税一般纳税人）。

甲公司的决策人想知道，应当与哪个公司洽谈合作事项，对方可能给予较大的让利。

1．政策分析

在市场经济条件下，公司不做亏本的生意，但是交易利润水平的高低，就要看其经营目的和其他相关因素了。甲公司获得的询价指标，显然是在保证融资租赁公司有足够利润的前提下给出的。

如果要解决甲公司提出的问题，就需要对相关事项做一个全面的分析。在操作成本和费用既定的前提下，这里的关键是税收问题，如果融资租赁公司的税收负担相对比较低，那么甲公司的利润水平就相对较高，换句话说，甲公司的让利空间也就相对较大。

《财政部、国家税务总局关于全面推开营业税改征增值税试点的通知》（财税〔2016〕36 号）附件 1：《营业税改征增值税试点实施办法》第十五条规定：①纳税人发生应税行为，除本条第（二）项、第（三）项、第（四）项规定外，税率为 6%。②提供交通运输、邮政、基础电信、建筑、不动产租赁服务，销售不动产，转让土地使用权，税率为11%。③提供有形动产租赁服务，税率为17%。④境内单位和个人发生的跨境应税行为，税率为零。具体范围由财政部和国家税务总局另行规定。

同时，《财政部、国家税务总局关于全面推开营业税改征增值税试点的通知》（财税〔2016〕36号）附件3：《营业税改征增值税试点过渡政策的规定》第二条第（二）款规定，经人民银行、银监会或者商务部批准从事融资租赁业务的试点纳税人中的一般纳税人，提供有形动产融资租赁服务和有形动产融资性售后回租服务，对其增值税实际税负超过3%的部分实行增值税即征即退政策。

分析目前的政策，只有流转税存在差异。即经人民银行、银监会、商务部批准经营融资租赁业务的营改增试点纳税人中的一般纳税人提供有形动产融资租赁服务的，按3%征收增值税。而其他企业则不能享受这个政策。

2. 业务分析

由于两个公司的背景各有不同（A公司地处上海，而且经中国人民银行批准从事融资租赁业务；B公司地处常州，但是未经批准从事融资租赁业务），所以它们如果都经营该笔业务，并且与该笔业务有关的其他费用合计为10万元，则其最终的经营成果是存在差异的。下面我们做具体分析（为了分析上的简便，假设购进时所有费用都可以抵扣增值税，这里仅分析增值税和企业所得税，计算时保留两位小数）。

方案一：向A公司租赁

在该笔业务中，融资租赁公司购进五辆混凝土专用运输车的成本合计为2 500万元，实际经营收入为3 000万元。由于A公司地处上海，而且经中国人民银行批准经营融资租赁业务的，根据现行规定，进行营业税改征增值税试点的一般纳税人提供有形动产融资租赁服务，按17%的适用税率征收增值税，对其增值税实际税负超过3%的部分实行增值税即征即退政策。因此，A公司需要缴纳增值税税额为

$(3\,000-2\,500)/1.17\times17\%=72.65$(万元)

同时取得增值税即征即退税款59.83万元，应当缴纳企业所得税为

$[(3\,000-2\,500)/1.17-10]\times25\%=104.34$(万元)

A公司在该业务上的经营成果为

$(3\,000-2\,500)/1.17-10-104.34=313.01$(万元)

方案二：向B公司租赁

B公司在常州从事融资租赁业务，但是未经有关部分批准，属于税法中所说的“其他单位从事的融资租赁业务”，租赁货物的所有权转让给承租方，征收增值税。在该笔业务中，融资租赁公司购进五辆某品牌混凝土专用运输车的成本合计为2 500万元，实际经营收入为3 000万元，那么B公司合计应当缴纳增值税税额为

$(3\,000-2\,500)/1.17\times17\%=72.65$（万元）

应当缴纳企业所得税为

$[(3\,000-2\,500)/1.17-10]\times25\%=104.34$（万元）

A 公司在该业务上的经营成果为

$(3\,000-2\,500)/1.17-10-104.34=313.01$（万元）

方案一和方案二的经营成果比较表如表 5－4 所示。

表 5－4　方案一和方案二的经营成果比较表　　（单位：万元）

方案	流转税	企业所得税	净利润	退税	实际收益	比较收益
方案一	12.82	104.34	313.01	59.83	372.84	59.83
方案二	72.65	104.34	313.01		313.01	0

通过上述计算和分析，可以归纳出如下结果：

两家公司都需要缴纳 72.65 万元的增值税，可以获得 313.01 万元的税后净利润。

但是 A 公司经中国人民银行批准经营融资租赁业务，一般纳税人提供有形动产融资租赁服务，按 17% 的适用税率征收增值税，对其增值税实际税负超过 3% 的部分实行增值税即征即退政策，因此，该公司从事该笔业务可以获得 59.83 万元的增值税退税，A 公司最终可以取得 372.84 万元的实际收益。

从理论上讲，A 公司存在较大的利润让步空间，因此，甲公司应当选择与 A 公司进行谈判。

专家点评

2016 年 5 月 1 日全面实行营改增以后，有形动产租赁，包括有形动产融资租赁和有形动产经营性租赁。有形动产融资租赁，是指具有融资性质和所有权转移特点的有形动产租赁业务活动。即出租人根据承租人所要求的规格、型号、性能等条件购入有形动产租赁给承租人，合同期内设备所有权属于出租人，承租人只拥有使用权，合同期满付清租金后，承租人有权按照残值购入有形动产，以拥有其所有权。不论出租人是否将有形动产残值销售给承租人，均属于融资租赁。有形动产经营性租赁，是指在约定时间内将物品、设备等有形动产转让他人使用且租赁物所有权不变更的业务活动。

在本案例的分析过程中，对相关业务进行了简化处理，在实务过程中，纳税人应当注意融资租赁业务中资产成本、费用的确定以及各税种的确认，如印花税、城市维护建设税及教育费附加等。此外还需要注意融资租入资产在财税处理方面的差异。

在融资租赁方式下，由于《企业会计准则》规定中固定资产的初始计量、未确认融资费用的摊销、租赁期等与税法规定存在不同，将导致会计与税务处理的差异。主要有以下两点：

1. 融资租赁方式下固定资产初始计量会计与税务的差异

在融资租赁方式下，《企业会计准则第21号——租赁》（以下简称租赁准则）规定，在租赁期开始日，承租人应当将租赁开始日租赁资产公允价值与最低租赁付款额现值两者中较低者作为租入资产的入账价值，将最低租赁付款额作为长期应付款的入账价值，其差额作为未确认的融资费用。而《企业所得税法实施条例》第五十八条第（三）款规定，融资租入的固定资产，以租赁合同约定的付款总额和承租人在签订租赁合同过程中发生的相关费用为计税基础，租赁合同未约定付款总额的，以该资产的公允价值和承租人在签订租赁合同过程中发生的相关费用为计税基础。

从上述会计与税务对融资租赁资产的初始计量规定可以看出，计税基础与会计计量是不同的。计税基础体现了实际发生的原则，固定资产的计税基础包含应支付的租金和实际发生的费用。会计计量体现了公允性原则，将公允价与最低租赁付款额两者中较低者作为固定资产的入账价值，其差额记入“未确认融资费用”账户中进行摊销。因此，会计与税法初始计量的差异体现在“未确认融资费用”的摊销中，每一纳税年度应调整会计与税务的折旧额。

2. 融资租赁方式下固定资产折旧摊销会计与税务的差异

《企业会计准则第21号——租赁》第十六条规定，承租人应当采用与自有固定资产相一致的折旧政策计提租赁资产折旧。能够合理确定租赁期届满时取得租赁资产所有权的，应当在租赁资产使用寿命内计提折旧。无法合理确定租赁期届满时能够取得租赁资产所有权的，应当在租赁期与租赁资产使用寿命两者中较短的期间内计提折旧。

《企业所得税法实施条例》第四十七条第（二）款规定，以融资租赁方式租入固定资产发生的租赁费支出，按照规定构成融资租入固定资产价值的部分应当提取折旧费用，分期扣除。折旧年限依据税法规定的最低年限来确定。

会计上是以租赁期或使用寿命期孰短的原则确定折旧年限的，与税法规定的最低年限形成时间性差异。

第六章 建设施工模式的营改增案例精解

挂靠、转包和分包虽然在经营过程中比较常见，但是在一个行业普遍存在，则是建筑施工企业的特点。同样，BT、BOT 和 PPP 几乎也是与建筑施工企业如影随形。再加上“甲供材料”的现象越来越多，更是将建筑施工企业的经营管理推到十分复杂的程度。如果说通过长期的实践已经适应的话，那么营改增以后，又增加了一个“扰局者”，迫使有些当事人不得不放弃习惯性做法。

案例

营改增后转包建筑业务财税筹划案例精解

常新（集团）建筑工程公司（以下简称常新集团）是常州某区的建筑施工企业，该建筑企业集团拥有建筑、钢结构等项目一级资质，下设 6 个二级子公司、4 个分公司及项目机构，2016 年度实现销售收入 326 455 万元。这些资质都集中在母公司，所以，常新集团在获得建设项目以后，通常都是通过分包的方式让其子公司或者其他企业去完成项目。因此如何完善分包业务就成了该企业的重点问题。

2017 年 5 月 8 日，常新集团通过招标的方式在金坛区获得一个土建工程项目，准备转包给注册地在溧阳市的 QS 建筑施工实业公司（以下简称 QS 公司）去施工，工程造价为 20 000 万元（含增值税）。

目前两家企业已经草拟了一份总分包合同。但是，当这份合同样稿传到法务部时，法务部的负责人艾哲民虽然是有律师资格证书，但是对其中的涉税问题还是有些吃不准。比如，参与操作各方如何纳税，能否差额纳税，相关业务如何进行会计处理？等等，疑难问题的确比较多。

由于案值比较大，且其政策刚刚发生了变化，企业在把握不准的情况下，就请来咨询专家为其释疑解惑。

案例分析

一、相关政策分析

建筑施工企业拿到建筑施工项目后，往往不会全部由自己实施，于是，出现分包和转包的现象。但是，在营改增以后，分包和转包在税收上待遇是不同的。于是，咨询专家首先跟企业人士一起学习有关税收政策和文件。

1. 分包与转包的涉税处理

国家税务总局公告2016年第17号第四条第（一）项规定："一般纳税人跨县（市、区）提供建筑服务，适用一般计税方法计税的，以取得的全部价款和价外费用扣除支付的分包款后的余额，按照2%的预征率计算预缴税款。"同时本条第（二）项规定"一般纳税人跨县（市、区）提供建筑服务，选择适用简易计税方法计税的，以取得的全部价款和价外费用扣除支付的分包款后的余额，按照3%的征收率计算预缴税款。"财税〔2016〕36号文件附件2《营业税改征增值税试点有关事项的规定》第一条第（三）项第9款规定："试点纳税人提供建筑服务适用简易计税方法的，以取得的全部价款和价外费用扣除支付的分包款后的余额为销售额。"

基于这些政策法律规定，在建筑工程总分包之间，可以差额纳税，但是，如果总承包方把工程转包给其他个人或建筑企业（无论有无建筑资质），则总承包方在计征增值税和工程所在地预缴增值税时，其销售额不能扣除分包额，必须全额缴纳增值税。换言之，总承包方发生转包不能差额纳税。

2. 涉税管理措施落实的涉税差异

根据国家税务总局公告2016年第17号第六条的规定，选择简易征税情况下的总承包人在差额征收增值税时，总承包人从建设单位取得的全部价款和价外费用中扣除支付的分包款，应当取得符合法律、行政法规和国家税务总局规定的合法有效凭证，否则不得扣除。其中上述合法有效凭证包括总承包方从分包方取得的2016年5月1日后开具的，备注栏注明建筑服务发生地所在县（市、区）、项目名称的增值税发票。同时根据《国家税务总局关于营改增试点若干征管问题的公告》（国家税务总局公告2016年第53号）第八条第（三）项的规定，纳税人跨县（市、区）提供建筑服务，在向建筑服务发生地主管国税机关预缴税款时，需填报《增值税预缴税款表》，并出示：①与发包方签订的建筑合同复印件（加盖纳税人公章）；②与分包方签订的资料分包合同复印件（加盖纳税人公章）；③从分包方取得的发票复印件（加盖纳税人公章）资料。

基于以上对税收政策的分析，选择简易征税情况下的总承包方享受差额征收增值税，应当符合以下申报程序：

（1）分包人必须向总包人开具备注栏注明建筑服务发生地所在县（市、区）、项目名称的增值税发票，而且总承包人必须向建筑劳务所在地国税局提供分包人开具加盖纳税人公章的增值税发票复印件。

（2）总承包方必须向其公司注册地的国家税务局办理选择简易计税的备案手续。

（3）总承包方必须向工程所在地的国家税务局提供其与发包方签订的建筑合同复印件（加盖纳税人公章）和其与分包方签订的分包合同复印件（加盖纳税人公章）。

（4）分包方必须有建筑资质而且不存在违法分包行为。

总之，为了差额征收增值税，选择简易征收增值税的总承包人必须履行一定的法定申报程序。未履行法定申报程序的，则不能差额纳税。

3．集团公司内部转包有例外

由于总承包方发生转包不能差额纳税，导致实务过程中部分企业操作困难，比如集团公司内部建筑资质与建设团队脱节的情况下运行困难等。为了解决这些问题，国家税务总局《关于进一步明确营改增有关征管问题的公告》（国家税务总局公告2017年第11号）第二条明确，自2017年5月1日起，建筑企业与发包方签订建筑合同后，以内部授权或者三方协议等方式，授权集团内其他纳税人（以下称第三方）为发包方提供建筑服务，并由第三方直接与发包方结算工程款的，由第三方缴纳增值税并向发包方开具增值税发票，与发包方签订建筑合同的建筑企业不缴纳增值税。发包方可凭实际提供建筑服务的纳税人开具的增值税专用发票抵扣进项税额。

在这里需要提醒纳税人注意的是，文件明确了业务流程的操作，特别强调三点：①操作主体是集团内部；②工程作业流程是以内部授权或者三方协议等方式，授权集团内其他纳税人（以下称第三方）为发包方提供建筑服务；③资金结算和开票流程是由第三方直接与发包方结算工程款的，由第三方缴纳增值税并向发包方开具增值税发票。满足这三个条件的，与发包方签订建筑合同的建筑企业才不缴纳增值税。

4．纳税地点调整

《纳税人跨县（市、区）提供建筑服务增值税征收管理暂行办法》（国家税务总局公告2016年第17号）第四条明确，纳税人跨县（市、区）提供建筑服务，按照以下规定预缴税款：

（1）一般纳税人跨县（市、区）提供建筑服务，适用一般计税方法计税的，以取得的全部价款和价外费用扣除支付的分包款后的余额，按照2%的预征率计算预缴税款。

（2）一般纳税人跨县（市、区）提供建筑服务，选择适用简易计税方法计税的，以取得的全部价款和价外费用扣除支付的分包款后的余额，按照3%的征收率计算预缴税款。

（3）小规模纳税人跨县（市、区）提供建筑服务，以取得的全部价款和价外费用扣除支付的分包款后的余额，按照3%的征收率计算预缴税款。

但是，国家税务总局《关于进一步明确营改增有关征管问题的公告》（国家税务总局公告2017年第11号）第三条对上述规定做出调整，明确自2017年5月1日起，纳税人在同一地级行政区范围内跨县（市、区）提供建筑服务，不适用《纳税人跨县（市、区）提供建筑服务增值税征收管理暂行办法》（国家税务总局公告2016年第17号）。也就是说，自2017年5月1日起，纳税人在同一地级行政区范围内跨县（市、区）提供建筑服务，就不需要在项目所在地预缴税款。

二、分包、转包业务的处理

在实务过程中，常新集团与QS公司的合作可以通过分包和转包的方式进行。对于分包模式下的造价为20 000万元（含增值税）的工程，根据《财政部、国家税务总局关于全面推开营业税改征增值税试点的通知》（财税〔2016〕36号）规定，作为增值税一般纳税人的企业如果选择一般计税时应全额纳税，但可以抵扣进项。这样，其业务处理过程和方法就与制造业完全相同。为了说明差额计税问题，在这里我们假设双方企业通过甲供材和清包工的方式进行纳税筹划，于是都采用简易征税方式。建筑业采用简易计税，可扣除分包额的差额计税，这里结合具体案例进行具体分析：

常新公司在金坛区承包的一个合同值为20 000万元的工程项目，并把其中6 000万元的部分项目分包给具有相应资质的分包人QS公司，工程完工后，该工程项目最终结算值为20 000万元。常新、QS公司均采取简易计税。常新公司完成工程累计发生合同成本10 000万元。

常新公司总包人会计处理（单位：万元，下同）：

（1）完成合同成本：

借：工程施工——合同成本　　10 000

　　贷：原材料等　　10 000

财税〔2016〕36号文件附件1第四十五条规定，纳税人提供建筑服务、租赁服务采取预收款方式的，其纳税义务发生时间为收到预收款的当天。收到建设方一次性结算的总承包款，产生纳税义务。

（2）收到总承包款：

借：银行存款　　　　　　　　　　　　　　20 000

　　贷：工程结算　　　　　　　　　　　　　19 417.48

　　应交税费——未交增值税　　　　　　　　582.52

（3）分包工程结算：

借：工程施工——合同成本　　　　　　　　5 825.24

　　应交税费——未交增值税　　　　　　　　174.76

　　贷：应付账款——QS 公司　　　　　　　　6 000

（4）全额支付分包工程款时：

借：应付账款——QS 公司　　　　　　　　6 000

　　贷：银行存款　　　　　　　　　　　　　6 000

（5）常新公司确认该项目收入与费用：

借：主营业务成本　　　　　　　　　　　15 825.2

　　工程施工——合同毛利　　　　　　　　3 592.6

　　贷：主营业务收入　　　　　　　　　　　19 417.48

（6）工程结算与工程施工对冲结平：

借：工程结算　　　　　　　　　　　　　19 417.48

　　贷：工程施工——合同成本　　　　　　　15 825.2

　　　　　　　——合同毛利　　　　　　　　3 592.6

向项目所在地国税局预缴税款 =（20 000 – 6 000）÷（1 + 3%）× 3% = 407.77（万元）

借：应交税费——未交增值税　　　　　　　407.77

　　贷：银行存款　　　　　　　　　　　　　407.77

差额计税：建筑施工采用简易计税方法时，发票开具采用差额计税但全额开票，

税额 = 20000 ÷（1 + 3%）× 3% = 582.52（万元）

金额 = 1 000 – 29.12 = 19 417.48（万元）

发票备注栏要注明建筑服务发生地所在县（市、区）及项目名称。简易计税的情况下，一般预缴税款等于向机构所在地主管税务机关纳税申报的税额。常新纳税申报按差额计算税额：

（1 000 – 300）÷（1 + 3%）× 3% = 407.77（万元）

如果常新集团通过转包的方式跟 QS 公司合作，将整个工程都转包给对方进行，其业务就比较简单了，根据国家税务总局 2017 年第 11 号公告具体建造业务全部在 QS 公司进行核算，并由该公司向承建方开具发票即可。

案例

营改增后 BT 模式的涉税筹划案例精解

AJ“某市政基础设施及安置小区配套系统”是由 AJ 人民政府以招商引资、采用 BT 方式确定由上海公司投资、建设施工管理和工程移交转让的。

工程项目的建设方为 AJ 人民政府，投资方为上海甲建筑公司，上海甲建筑公司与 AJ 人民政府签订了“某市政基础设施及安置小区配套系统建设工程及项目采购合同”，约定由甲建筑公司负责该小区基础设施及安置小区配套系统建设工程，由 AJ 人民政府指定硬件品牌型号，上海甲建筑公司进行工程施工、负责设备的采购并安装调试。项目建设方式采取上海甲建筑公司全额垫资建设资金，待系统正式运行后，由 AJ 人民政府按约定的合同总价予以回购；中标价格（合同总价）为前端设备建设的费用，引电工程费用根据实际发生金额由上海甲建筑公司垫付，根据实际垫付资金的天数按同期银行贷款利率加银行贷款手续费计算利息费用。

此 BT 项目的投资建设合同总额（AJ 人民政府回购款）为 20 亿元，由工程建设其他费用、建安费、建设期融资费用和回购期融资费用四项组成。

那么，对于该项目的流转税应当如何缴纳？在营改增后，会计应当如何核算？

案例分析

BT 投资是 Build 和 Transfer 的缩写，即建设—移交，是政府通过特许协议，引入社会资金进行专属于政府的基础设施建设，基础设施建设完工后，该项目设施的有关权利按协议由政府赎回。“建设—移交”是基础设施项目建设领域中采用的一种投资建设模式，指项目发起人通过与投资者签订合同，由投资者负责项目的融资、建设，并在规定时限内将竣工后的项目移交项目发起人，项目发起人根据事先签订的回购协议分期向投资者支付项目总投资及确定的回报。这里结合上海普誉财务咨询有限公司咨询专家提供的资料，对营改增后 BT 业务的财务处理做出分析。

在国内，BT 作为一种新型的融资建设模式，诞生时间短、实践经验少，国家税务总局并未出台针对该业务的相关政策，而部分省市根据自身的情况对 BT 方式的涉税问题进行了具体规定，这就使得 BT 项目的税务管理在各地形成差异。

在营改增以前，营业税属于地方税种，各地没有统一的政策。综合国内各地地税部门出台的不同的税收政策，主要有以下几种观点：

第一种观点，以取得的回购价款按照“建筑业”税目全额缴纳营业税。

比如，渝地税发〔2008〕195 号文件、广西壮族自治区地方税务局公告〔2010〕8 号文件和甬地税二〔2010〕113 号文件均规定，对 BT 项目的营业税征收管理，融资方取得的回购价款，包括工程建设费用、融资费用、管理费用和合理回报等收入，应全额缴纳建筑业营业税，并全额开具建筑安装发票。融资人的纳税义务发生时间为按 BT 模式合同规定的分次付款时间，合同未明确付款日期的，其纳税义务发生时间为总承包方收讫营业收入款项或者取得索取营业收入款项凭据的当天。分包方纳税义务发生时间为分包方收讫营业收入款项或者取得索取营业收入款项凭据的当天。

第二种观点，以取得的回购款扣除支付给建设施工企业工程承包总额后的余额，按照“建筑业”税目缴纳营业税。

持该观点的是吉林省地方税务局、安徽省宣城市地方税务局、广东省惠州市地方税务局、河南省地方税务局，其中又分为两种情景：①明确项目的建设方（或投资方）与施工企业为同一单位的，建设方在取得业主支付回购款项时以实际取得的回购款项为计税营业额，按建筑业税目征收缴纳营业税；②明确建设方将建筑安装工程承包或分包给其他建筑施工企业的，该建筑施工企业为建筑业营业税纳税人，按取得的回购价款减除支付给建筑施工企业的工程款后的余额征收建筑业营业税。

第三种观点，根据立项主体来分类，以投融资人为立项人，按“销售不动产”征收营业税；以项目业主的名义立项建设，按“建筑业”税目的现行规定征收营业税。

江西省地方税务局公告〔2010〕4 号文件中规定：“一、以投融资人的名义立项建设，工程完工交付业主的，对投融资人应按照‘销售不动产’税目征收营业税，其计税营业额为取得的全部回购价款（包括工程建设费用、融资费用、管理费用和合理回报等收入）。二、以项目业主的名义立项建设，对投融资人无论其是否具备建筑总承包资质，均应认定为建筑工程的总承包人，按‘建筑业’税目的现行规定征收营业税；同时项目业主委托投融资人建设的行为属于委托代建行为，对投融资人应按照‘服务业—代理业’税目征收营业税，其计税营业额为取得的全部回购价款（包括工程建设费用、融资费用、管理费用和合理回报等收入）扣除代建工程成本后的余额。”

而营改增以后，根据《财政部　国家税务总局关于全面推开营业税改征增值税试点的通知》（财税〔2016〕36 号）规定，销售不动产、建筑施工业务按 11% 计算缴纳增值税。

销售不动产，是指转让不动产所有权的业务活动。不动产，是指不能移动或者移动后会引起性质、形状改变的财产，包括建筑物、构筑物等。

建筑物，包括住宅、商业营业用房、办公楼等可供居住、工作或者进行其他活动的建造物。

构筑物，包括道路、桥梁、隧道、水坝等建造物。

转让建筑物有限产权或者永久使用权的，转让在建的建筑物或者构筑物所有权的，以及在转让建筑物或者构筑物时一并转让其所占土地的使用权的，按照销售不动产缴纳增值税。

财税〔2016〕36 号文件附件 2：《营业税改征增值税试点有关事项的规定》第一条第（三）款第 10 项规定，房地产开发企业中的一般纳税人销售其开发的房地产项目（选择简易计税方法的房地产老项目除外），以取得的全部价款和价外费用，扣除受让土地时向政府部门支付的土地价款后的余额为销售额。

房地产老项目，是指《建筑工程施工许可证》注明的合同开工日期在 2016 年 4 月 30 日前的房地产项目。

《营业税改征增值税试点有关事项的规定》（财税〔2016〕36 号）第一条第（三）款第 10 项中"向政府部门支付的土地价款"，包括土地受让人向政府部门支付的征地和拆迁补偿费用、土地前期开发费用和土地出让收益等。

房地产开发企业中的一般纳税人销售其开发的房地产项目（选择简易计税方法的房地产老项目除外），在取得土地时向其他单位或个人支付的拆迁补偿费用也允许在计算销售额时扣除。纳税人按上述规定扣除拆迁补偿费用时，应提供拆迁协议、拆迁双方支付和取得拆迁补偿费用凭证等能够证明拆迁补偿费用真实性的材料。

财税〔2016〕140 号第八条规定，房地产开发企业（包括多个房地产开发企业组成的联合体）受让土地向政府部门支付土地价款后，设立项目公司对该受让土地进行开发，同时符合下列条件的，可由项目公司按规定扣除房地产开发企业向政府部门支付的土地价款。

（1）房地产开发企业、项目公司、政府部门三方签订变更协议或补充合同，将土地受让人变更为项目公司。

（2）政府部门出让土地的用途、规划等条件不变的情况下，签署变更协议或补充合同时，土地价款总额不变。

（3）项目公司的全部股权由受让土地的房地产开发企业持有。

对于建筑施工业务的销售额确定，财税〔2016〕36 号文件附件 2：《营业税改征增值税试点有关事项的规定》第一条第（三）款第 9 项规定，试点纳税人提供建筑服务适用简易计税方法的，以取得的全部价款和价外费用扣除支付的分包款后的余额为销售额。

结合 AJ"某市政基础设施及安置小区配套系统"进行具体分析，得知是一个 BT 投资项目。对 BT 工程中的融资费用各地操作的口径不一，如果当地主管税务机关未做出具体规定，则对于相关事项的涉税认定，就要看双方的博弈水平了。从地方收入的角度考虑，一般会考虑将所有的融资费用定性为建安工程的价外费用，即确认融资费用为建安工程的价外费用，按建筑业税目缴纳增值税。理由有以下两点：

（1）回购款中的融资费用、管理费用因建筑项目的存在而产生，为建筑安装企业向建设单位工程价款之外收取的各种费用。

（2）BT 工程项目不是政府委托代建行为。委托代建应同时满足下列条件：①委托建房单位相关部门项目批准书。②委托建房单位具有土地使用证。③签有代建房屋协议，并在协议中列明所收取的“代建费或者代理服务费”。④受托方不垫付资金。很明显 BT 工程项目不符合委托代建的条件。

在此认识的基础上，纳税人应将从事 BT 业务取得的收入（回购款）按建筑业税目缴纳增值税，并全额开具建筑安装发票。收入即回购款，包括工程建设费用、融资费用、管理费用和合理回报。由 BT 工程总包项目方上海甲建筑公司在当地进行建筑施工项目登记，开具建筑业发票。

甲建筑公司针对该项目的主要财务处理为

（1）购进原材料、工程物资时，

借：原材料

工程物资

应交税费——应交增值税（进项税额）

贷：银行存款

（2）自产货物用于施工无须视同销售时，

借：工程施工——合同成本

贷：库存商品等

（3）发生的劳务派遣人员费用，

借：工程施工——合同成本

应交税费——应交增值税（进项税额）

贷：应付职工薪酬——劳务派遣

劳务派遣费用的抵扣，应区分纳税身份及不同计税方法。选择差额纳税的劳务派遣公司支付的用于劳务派遣员工工资、福利、社会保险及住房公积金的费用，不得抵扣进项税额。

（4）分项工程分包给其他公司时，

借：工程施工——合同成本

应交税费——应交增值税（进项税额）

贷：银行存款

（5）发生的项目借款利息，其进项税额不得抵扣，

借：工程施工——合同成本

　　贷：应付利息

（6）在项目所在地预缴税款时，纳税人跨县（市、区）提供建筑服务，应在服务发生地办理报验登记。预缴税款时以取得的全部价款和价外费用扣除支付的分包款后的余额，按照2%的预征率计算，支付的分包款应取得备注栏注明建筑服务发生地所在县（市、区）、项目名称的增值税发票。同时，应自行建立预缴税款台账，区分不同县（市、区）和项目逐笔登记全部收入、支付的分包款、已扣除的分包款、扣除分包款的发票号码、已预缴税款以及预缴税款的完税凭证号码等相关内容，留存备查。

借：应交税费——应交增值税进项税额

　　贷：银行存款

（7）登记已结算的合同价款时，

　　借：应收账款

　　　　贷：工程结算

（8）各期期末确认收入时，对于BT项目，增值税纳税义务发生时间通常为书面合同确定的付款日期；未签订书面合同或者书面合同未确定付款日期的，为建筑服务完成的当天；先收到预收款的，为收到预收款的当天。

借：主营业务成本

　　工程施工——合同毛利

　　贷：主营业务收入

　　应交税费——应交增值税（销项税额）（按合同约定计算）

（9）处置残余物资时按适用税率计算缴纳增值税，需注意的是，现场搭建的临时建筑虽然形态上属于不动产，但施工结束后即被拆除，其性质上更接近于生产过程中的中间投入物，取得的进项税额一次性抵扣。拆除的临时建筑，不属于非正常损失的不动产，其进项税额不需要转出。

借：银行存款

　　贷：工程施工——合同成本

　　　　应交税费——应交增值税（销项税额）

（10）竣工结算时，

　　借：工程结算

　　　　贷：工程施工——合同成本

　　　　　　　　　　——合同毛利

（11）收取的资金占用费，应按贷款服务缴纳增值税，

借：应收利息

贷：利息收入

应交税费——应交增值税（销项税额）

营改增后BOT模式的涉税筹划案例精解

BOT模式，即建设—运营—移交，该模式以政府和私人机构之间达成的协议为前提，由政府特许私人机构在一定时期内筹集资金建设某一基础设施，并管理和经营该设施及其相应的产品与服务。当特许期限结束时，私人机构按约定将该设施移交给政府部门，转由政府指定部门经营和管理。

BT与BOT项目是国际上比较成熟和通行的一种投融资建设方式，在我国兴起不久属于新型的融资方式。近年来在国内很多城市基础设施项目中得到了广泛应用。

一般情况下，由投融资人通过政府BT或者BOT项目招投标，中标取得BT或者BOT建设的投融资人负责建设资金的筹集和项目建设，并在项目完工经验收合格后（或者特许经营一段时间后）立即移交给政府，政府按合同约定分次支付工程建设费用和融资费用，支付时间由BT或者BOT建设双方约定。

通俗地说，BT或者BOT工程就是政府对于需要建设，而暂时没有足够资金来建设的项目进行招投标，找一家资质和资金雄厚的公司来垫资打包完成此项目的所有设计、建设，并按照协议由政府回购。通常这家公司只是一个项目管理公司或者项目经营公司，其中项目设计、工程建设需要由其他公司来完成。

与BT项目不同的是BOT项目多了一个运营环节，所以就显示出了自己的特点。这里就引用上海普誉财务咨询有限公司咨询专家提供的资料对具有运营事项的BOT模式的涉税事项进行简要分析。

在我国，采用BOT模式运作，有诸多税收优惠。其中在环境保护、资源利用方面为BOT方式运营提供了更加广阔的税收筹划空间。

1．增值税

为加快推广新型墙体材料，促进能源节约和耕地保护，根据《财务部、国家税务总局关于新型墙体材料增值税政策的通知》（财税〔2015〕73号）第一条规定，对纳税人销售自产的列入本通知所附《享受增值税即退政策的新型墙体材料目录》的新型墙体材料，实行增值税即征即50%的政策。

另外，《财政部、国家税务总局关于印发〈资源综合利用产品和劳务增值优惠目录〉的通知》（财税〔2015〕78号）第一条规定，纳税人销售自产的资源综合利用产品和提供资源综合利用劳务，可享受增值税即征即退政策。具体综合利用的资源名称、综合利用产品和劳务名称、技术标准和相关条件、退税比例等按照本通知所附《资源综合利用产品和劳务增值税优惠目录》的相关规定执行。

2. 企业所得税

《企业所得税法》第二十七条规定，企业从事国家重点扶持的公共基础设施项目投资经营的所得，从事符合条件的环境保护、节能节水项目的所得，可以免征、减征企业所得税。

《企业所得税法实施条例》进一步明确，税法所称国家重点扶持的公共基础设施项目，是指《公共基础设施项目企业所得税优惠目录》规定的港口码头、机场、铁路、公路、城市公共交通、电力、水利等项目。企业从事前款规定的国家重点扶持的公共基础设施项目的投资经营的所得，自项目取得第一笔生产经营收入所属纳税年度起，第一年至第三年免征企业所得税，第四年至第六年减半征收企业所得税。

同时明确，税法所称符合条件的环境保护、节能节水项目，包括公共污水处理、公共垃圾处理、沼气综合开发利用、节能减排技术改造、海水淡化等。企业从事税法规定的符合条件的环境保护、节能节水项目的所得，自项目取得第一笔生产经营收入所属纳税年度起，第一年至第三年免征企业所得税，第四年至第六年减半征收企业所得税。

我国各地现在运作的BOT项目主要集中在城市污水处理、供水、修建垃圾焚烧厂、水电站和高速公路建设等领域。由于我国采用BOT模式的时间短，实施的项目较少，国家有关部门也没有制定统一的操作规范，加上没有颁布针对BOT模式的法律和法规，因此各地的运作主要是参照国外一些成功的做法和相关的法律法规。

案例

A市水建公司采用BOT模式参与公共基础设施建设，投资兴建污水处理厂。2015年1月开始运行生产，2016年年底完工。该厂总规模为处理污水500万t/月，生产中水400万t/月。污水处理厂建设总投资为6 000万元，工程由市水建公司投资、建设和经营，特许经营期为20年。经营期间，市政府按处理每吨污水付给1元运营费，特许经营期满后，该污水处理厂将无偿移交给政府。

2015年建造期，A市水建公司实际发生合同费用3 600万元，预计完成该项目还将发生成本费用2 400万元。2016年实际发生合同费用2 400万元。

2017年年初污水处理厂投产，当年10月处理污水500万t，发生污水处理费用及生产中水费用1.68元/t（不包括特许权摊销费用）。实际销售中水400万t，每吨1.9元。同时取得污泥处理处置劳务收入50万元，其他应税项目收入90万元，款项均从银行入账。当月增值税进项税额100万元已经认证并准予抵扣。

合同完工进度按照累计实际发生的合同成本占合同预计总成本的比例确定，建设期间按案例分析实际发生的合同费用确认合同收入，增值税能够明确划分征免税项目收入成本。

案例分析

计算营业税、增值税和企业所得税。营业税、增值税和企业所得税的计算如下：

1. 2015 年、2016 年营业税的计算（单位：万元，下同）

（1）2015 年会计分录为

借：工程施工——合同成本　　3 600
　　贷：原材料等　　3 600
借：主营业务成本　　3 600
　　贷：主营业务收入　　3 600
借：营业税金及附加　　118.80
　　贷：应交税费——应交营业税　　108
　　　　应交税费——应交城市维护建设税　　7.56
　　　　应交税费——应交教育费附加　　3.24

（2）2016 年会计分录为

确认合同收入 = 6 000 - 3 600 = 2 400（万元）

确认合同费用 = 6 000 - 3 600 = 2 400（万元）

确认合同毛利 = 0

借：工程施工——合同成本　　2 400
　　贷：原材料等　　2 400
借：主营业务成本　　2 400
　　贷：主营业收入　　2 400
借：营业税金及附加　　79.2
　　贷：应交税费——应交营业税　　72
　　　　应交税费——应交城市维护建设税　　5.04
　　　　应交税费——应交教育费附加　　2.16
借：无形资产　　6 000
　　贷：工程结算　　6 000
借：工程结算　　6 000
　　贷：工程施工——合同成本　　6 000

2. 增值税的计算

应交增值税的销项税额 = 90 × 17% = 15.3（万元）

会计分录为

借：银行存款　　　　915.3

　　贷：主营业务收入　　　　900

　　　　应交税费——应交增值税（销项税额）　　15.3

结转免税项目应分摊的进项税额 = 100 × (400 × 1.9 + 50)/(400 × 1.9 + 50 + 90) = 90(万元)。

会计分录为

借：主营业务成本(应分摊的进项税额)　　90

　　贷：应交税费——应交增值税（进项税额转出）　90

当期应纳税额 = 15.3 − (100 − 90) = 5.3(万元)

会计分录为

借：应交税费——应交增值税（转出未交增值税）　5.3

　　贷：应交税费——未交增值税　　5.3

3. 企业所得税的计算

当月实现利润由销售利润、减免税补贴收入、分担投资成本后计算而得。按照税法规定，该企业从 2017 年起企业所得税实行“三免三减半”。

当月利润总额 = 400 × 1.9 − 500 × (1.68 − 1) + (137.7 − 90) − 6 000/20 = 167.7(万元)

需要提醒企业注意的是，该项目在营改增之前就基本完工了，为了分析和说明简便起见，这里未考虑 2016 年 5 月 1 日的营改增问题，所以建筑施工项目按营业税计算了。另外，在会计核算上，应明确划分征免税项目收入和成本，规范财务核算。免税项目对外销售时，不得开具增值税专用发票。

案例

营改增后平整土地方式涉税案例精解

江东公司是一家专业从事拆迁业务的企业，主要业务是受托进行建筑物拆除、平整土地等。截至 2017 年 1 月，公司累计取得拆迁收入 3 000 万元。其中，提供建筑物拆除劳务取得收入 1 000 万元、平整土地劳务取得收入 2 000 万元。那么，该公司取得的劳务收入如何计算缴纳增值税？

案例分析

根据《财政部、国家税务总局关于全面推开营业税改征增值税试点的通知》(财税〔2016〕36 号) 附件《销售服务、无形资产、不动产注释》第一条第（四）

款第5项规定，其他建筑服务，是指上列工程作业之外的各种工程作业服务，如钻井（打井）、拆除建筑物或者构筑物、平整土地、园林绿化、疏浚（不包括航道疏浚）、建筑物平移、搭脚手架、爆破、矿山穿孔、表面附着物（包括岩层、土层、沙层等）剥离和清理等工程作业。因此，应当按建筑业务适用11%计算缴纳增值税。

同时，财税〔2016〕36号文件附件2《营业税改征增值税试点有关事项的规定》第一条第（七）款对建筑服务如何计税也进行了具体规定：

（1）一般纳税人以清包工方式提供的建筑服务，可以选择适用简易计税方法计税。

以清包工方式提供建筑服务，是指施工方不采购建筑工程所需的材料或只采购辅助材料，并收取人工费、管理费或者其他费用的建筑服务。

（2）一般纳税人为甲供工程提供的建筑服务，可以选择适用简易计税方法计税。

甲供工程，是指全部或部分设备、材料、动力由工程发包方自行采购的建筑工程。

（3）一般纳税人为建筑工程老项目提供的建筑服务，可以选择适用简易计税方法计税。

建筑工程老项目，是指：

1）"建筑工程施工许可证"注明的合同开工日期在2016年4月30日前的建筑工程项目。

2）未取得"建筑工程施工许可证"的，建筑工程承包合同注明的开工日期在2016年4月30日前的建筑工程项目。

（4）一般纳税人跨县（市）提供建筑服务，适用一般计税方法计税的，应以取得的全部价款和价外费用为销售额计算应纳税额。纳税人应以取得的全部价款和价外费用扣除支付的分包款后的余额，按照2%的预征率在建筑服务发生地预缴税款后，向机构所在地主管税务机关进行纳税申报。

（5）一般纳税人跨县（市）提供建筑服务，选择适用简易计税方法计税的，应以取得的全部价款和价外费用扣除支付的分包款后的余额为销售额，按照3%的征收率计算应纳税额。纳税人应按照上述计税方法在建筑服务发生地预缴税款后，向机构所在地主管税务机关进行纳税申报。

（6）试点纳税人中的小规模纳税人跨县（市）提供建筑服务，应以取得的全部价款和价外费用扣除支付的分包款后的余额为销售额，按照3%的征收率计算应纳税额。纳税人应按照上述计税方法在建筑服务发生地预缴税款后，向机构所在地主管税务机关进行纳税申报。

因此，该公司取得的劳务收入的涉税处理，还要看该公司在业务合同上是如何签署的，如果提供的是清包工，可以选择适用简易计税方法计税。应当缴纳增值税为

$$3\,000/(1+3\%)\times 3\% = 87.38(\text{万元})$$

营改增后材料供应模式财税筹划案例精解

筹划案例

振兴建筑施工有限公司（以下简称乙方）承包了振华房地产开发有限公司（以下简称甲方）发包的某房屋建筑安装工程，“建设工程施工合同”约定合同总价款为8 000万元，包含乙方采购的石材（不含税价200万元），取得增值税专用发票。此外，合同约定水泥、混凝土和钢材由甲方提供，合计不含税价款为2 000万元，取得增值税专用发票，“甲供材料”不包含在合同总价款内。假设工程盈利，为了分析简便，则不考虑其他因素。

试问：营改增以后，“甲供材料”应当如何进行涉税筹划?

甲方在建设房产过程中，采用了“甲供材料”的操作方法，其操作的业务流程如图6－1所示。

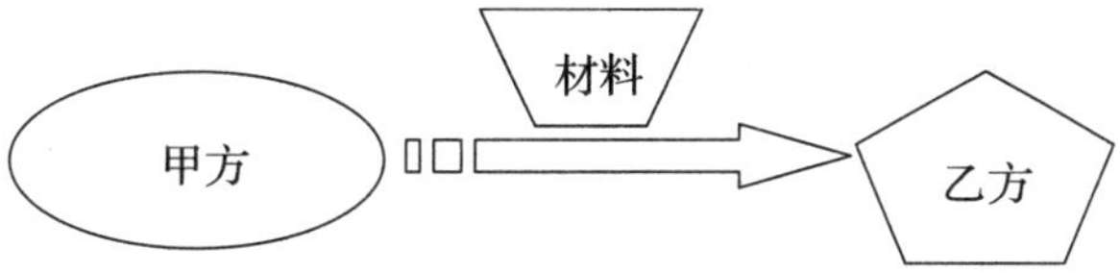

图6－1　“甲供材料”的操作流程

“甲供材料”是建筑行业术语。在建筑工程中，房产开发企业一般被称为甲方，房产开发企业自行购买用于工程的材料就被称为“甲供材料”。在原建设部《建设工程工程量清单计价规范》的解释中，也称为“甲方供料”。建筑工程中，“甲方供料”的主要目的有两个：一是控制工程质量，二是降低工程造价。

根据《建筑工程施工发包与承包计价管理办法》（原建设部令第107号）的规定，工程总造价根据发包与承包价的计算方法分为工料单价法和综合单价法。

这里需要注意的是，工程造价的直接费用中的材料费，是指该项建筑工程所使用的所有材料，不管这些材料是施工方购买的，还是由房产开发企业，即甲方直接提供的。这可以从住房和城乡建设部颁布的《建设工程工程量清单计价规范》的解释中得到，“甲方供料”应计入投标报价中，并在综合单价中体现；甲方购买材料费必须列入综合单价，如果在招投标阶段无法准确定价，应按暂估价确定。

施工方因“甲供材料”所需缴纳的相关税金，实际上是包含在工程造价中的。也就是说，虽然“甲供材料”涉及营业税的名义纳税人是施工方，但实际负税人却是房产开发企业。不仅如此，房产开发企业愿意自己购买材料，除了有控制工程质量的考虑外，还有一个目的就是降低工程的造价。比如，实践中经常会碰到房产开发企业和施工方在确定工程造价时，明确约定“甲供材料”不参与计提管理费和利润。甚至在某些情况下，房产开发企业约定“甲供材料”也不参与提税，即工程最终决算造价中不包含“甲供材料”税金，从而导致施工方为降低自身税收负担而逃避纳税。

筹划方案

在房地产开发企业的会计核算过程中，“甲供材料”的财务核算主要有以下两种方法：

方法一：“甲供材料”直接记入投资账户

房地产开发企业在领发“甲供材料”时，按材料实际购买价，借记“在建工程——××工程”科目，贷记“工程物资”科目。而施工方在收到材料及以后发出材料时不做账务处理，只在账外登记管理，“甲供材料”部分不反映在施工方的工程收入和工程支出中。

方法二：“甲供材料”通过转账结算

房地产开发企业在“甲供材料”发出时，直接按材料的预算价抵作预付给施工方的工程款。材料发出时，借记“预付账款”科目，贷记“工程物资”科目。由于冲抵的预付账款是按材料预算价计算，而转出的工程物资是按实际购买价计算，则其之间的差额直接计入工程成本，视其差额的正负情况，借（或贷）记“在建工程——××工程”科目。而施工方一般都是在收到材料时按材料的预算价，借记“库存商品”科目，贷记“预收账款”科目。

房地产开发企业“甲供材料”的涉税处理问题一直是热点话题，主要体现在“甲供材料”营业税管理、发票开具、纳税义务发生时间等方面。上述两种不同的财务核算方式，在实务中对应了两种“甲供材料”的涉税处理模式。

模式一：只缴税，不开票

在方法一中，由于房地产开发企业在材料发出时，直接计入了在建工程的成本。因此，在最终结算的环节，施工方对于“甲供材料”部分只缴税，不开票，否则就会导致“甲供材料”重复计入成本。

模式二：既缴税，又开票

在方法二中，由于房地产开发企业发出材料时，按材料预算价作为预付账款，则未计入工程成本，只是按预算价与实际购买价格之间的差额直接计入了工程成本。此时，施工方需要按“甲供材料”的实际购买价缴纳营业税，但只能按预算价开具建筑业发票。

案例分析

在营改增以后，根据《财政部、国家税务总局关于全面推开营业税改征增值税试点的通知》（财税〔2016〕36 号）及现行增值税有关规定，增值税建筑服务销售额是指纳税人发生应税行为取得的全部价款和价外费用，财政部和国家税务总局另有规定的除外。由于“甲供材料”不属于建筑施工企业取得的价款和价外费用，则自然不应并入其建筑服务增值税计税依据。“营改增”后，假设本案例中合同总价款是含税价，那么增值税计算应视不同情形而定。

如果分析“甲供材料”的涉税处理，则需要站在建设方（乙方）的角度去分析，通常情况下，有两种操作方式：①乙方是一般纳税人，适用一般计税方法；②乙方是一般纳税人，适用简易计税方法计税（理论上讲，乙方也可能是小规模纳税人，但是在规模经营条件下一般不可能，故在这里就不再分析）。

方案一：乙方是一般纳税人，适用一般计税方法

乙方的增值税税率是 11%，销项税额为

$$8\,000/(1+11\%)\times 11\% = 792.79(\text{万元})$$

此外，乙方采购的石材可以按规定抵扣增值税进项税额 340 万元。

方案二：乙方是一般纳税人，适用简易计税方法计税

依据财税〔2016〕36 号文件及相关规定，一般纳税人为甲供工程提供的建筑服务，可以选择适用简易计税方法计税。简易计税方法的增值税征收率是 3%，其应纳增值税为

$$8\,000/(1+3\%)\times 3\% = 233.01(\text{万元})$$

此外，乙方采购的石材不得抵扣增值税进项税额 340 万元。

专家点评

通过以上分析可以发现，在“甲供材料”模式下，如果乙方选择一般计税方式，则销项税额为 792.79 万元，扣除采购的石材可以抵扣增值税进项税额为 340 万元，实际承担增值税为 452.79 万元。而在简易计税方式下，虽然采购的石材不得抵扣增值税进项税额，但实际只承担增值税 233.01 万元。两者相差 219.78 万元。

根据现行政策分析可以发现，建筑施工企业选择按一般计税方式计税，还是选择按简易办法计税的关键在于税负的临界点的计算。

按照财税〔2016〕36号附件1：《营业税改征增值税试点实施办法》的规定，建造服务的适用税率是11%，而设备、材料、动力的适用税率一般均是17%。据此，可以大概计算出“甲供材料”中建筑施工企业增值税计税方式选择的临界点。

假设“甲供材料”合同中约定的工程价税合计（不含甲方购买的材料和设备）为A，则“甲供材料”中建筑施工企业选择一般计税方法和简易计税方法下的增值税计算如下：

（1）一般计税方法下的应缴增值税为

应交增值税 $= A \times 11\% / (1 + 11\%)$ − 建筑施工企业采购材料的进项税额 $= 9.91\% \times A$ − 建筑施工企业采购材料的进项税额

（2）简易计税方法下的应缴增值税为

应交增值税 $= A \times 3\% / (1 + 3\%) = 2.91\% \times A$

（3）两种方法下税负相同的临界点为

$9.91\% \times A$ − 建筑施工企业采购材料的进项税额 $= 2.91\% \times A$

推导出：

建筑施工企业采购材料的进项税额 $= 7\% \times A$

（4）一般情况下，由于建筑施工企业采购材料的适用税率均是17%，于是推导出临界点为

建筑施工企业采购材料的进项税额 = 建筑施工企业采购材料价税合计 $\times 17\% / (1 + 17\%) = 7\% \times A$

（5）由此计算出临界点为

建筑施工企业采购材料价税合计 $= 48.18\% \times A$

（6）结论。在“甲供材料”模式下，建筑施工企业选择按一般计税方法或者简易计税方法的临界点参考值为

建筑施工企业采购材料价税合计 $= 48.18\% \times A$

具体是

（1）建筑施工企业采购材料价税合计 $> 48.18\% \times A$ 时，选择一般计税方法有利。

（2）建筑施工企业采购材料价税合计 $< 48.18\% \times A$ 时，选择简易计税方法有利。

因此，建筑施工企业采购材料占整个工程造价的多少，或者说“甲供材料”占整个工程造价的多少，是选择计税方法的关键事项。

营改增后合同模式财税筹划案例精解

由于有“甲供材料”方式的存在，甲方与承包商在建造合同的签署上可能存在两种操作方式，即差额模式和总额模式。

在差额模式下，房地产开发企业自行采购材料、设备和动力，交由乙方施工，甲供部分的价值与乙方提供的建筑服务价值一起共同构成，作为开发产品的不动产的开发成本，并通过销售环节实现资金回流，实现一个完整的经营循环。

在总额模式下，房地产开发企业以工程总承包合同的形式将不动产的建造交由乙方，但为了保证工程质量和功能等原因，合同中约定材料设备动力的采购由甲方负责，然后交由乙方施工，乙方的经营额范围包括材料设备和建筑服务，甲方在工程计量和结算时，将甲供部分的价值从乙方已完工工程量中扣回，其实质相当于以材料设备等抵顶所欠乙方的工程款。

在这里，不去分析这两种模式的合理性，仅对不同模式下甲供材料的涉税处理，引用上案例海普誉财务咨询有限公司提供的资料，对相关业务的涉税处理及操作思路进行分析。

案例

振兴建筑施工有限公司（以下简称乙方）承包了振华房地产开发有限公司（以下简称甲方）发包的某房屋建筑安装工程，“建设工程施工合同”约定合同总价款为 8 000 万元，包含乙方采购的石材（不含税价 200 万元），取得增值税专用发票。此外，合同约定水泥、混凝土和钢材由甲方提供，合计不含税价款为 2 000 万元，取得增值税专用发票，“甲供材料”不包含在合同总价款内。假设工程盈利，为了分析简便，则不考虑其他因素。

试问：营改增以后，“甲供材料”应当如何进行会计处理？

合同模式分析示意图如图 6－2 所示。

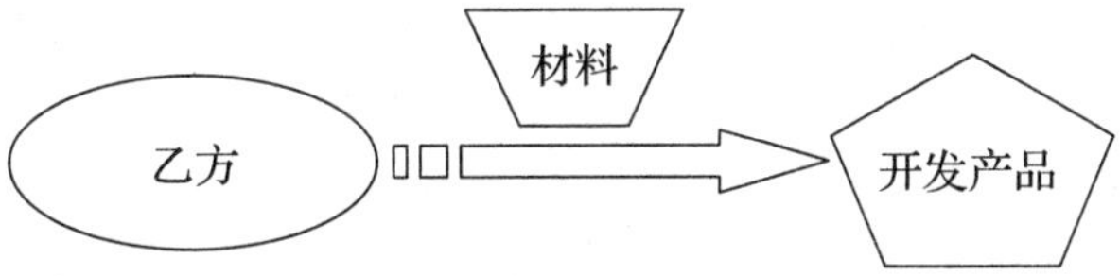

图 6－2　合同模式分析示意图

案例分析

一、税务处理

在营改增的政策背景下，甲供材料不作为收入的一部分之后，可能会影响下一步相应收入的确认，也就是收入规模可能会比以前有所降低。其实降低是分两个层面的：①甲供材料这一方面；②增值税和营业税之间的税制转换。税制变化，因为营业税属于价内税，增值税属于价外税，所以增值税的收入要进行价税分离。

1．甲方的税务处理

房地产开发企业对建筑业企业的“甲供材料”，有三种情景：①对工程总承包企业的“甲供材料”；②对专业分包企业的“甲供材料”；③对劳务分包企业的“甲供材料”。

房地产开发企业作为甲方的税务处理，主要问题在于建筑服务及材料设备等进项税额的处理，按照《房地产开发企业销售自行开发的房地产项目增值税征收管理暂行办法》（国家税务总局〔2016〕18号公告）的规定，房地产开发企业销售自行开发的房地产项目，适用一般计税方法的，其进项税额不适用分期抵扣的规定，可以全额当期抵扣。

对于建筑服务，无论是差额模式还是总额模式，乙方均有权选用简易计税方法，当然也可以选用一般计税方法，在甲方选用一般计税方法的前提下，只要取得乙方开具的建筑服务合规扣税凭证，均可以全额抵扣进项税额（11%或3%）。

对于作为甲供对象的材料、设备、动力等，在差额模式下，甲方采购时取得合规扣税凭证可以全额申报抵扣，材料设备等用于房地产建设工程时，进项税额不需要转出；在总额模式下，甲方采购时取得合规扣税凭证可以全额申报抵扣，移交给乙方用于房地产建设工程时，属于甲方向乙方有偿转让货物所有权的，应按照规定计提销项税额，并向乙方开具增值税专用发票。

2．乙方的税务处理

乙方作为建筑服务销售方，其税务处理的问题关键在于甲供部分是否计入销售额。

按照通常的思路来分析，在差额模式下，“甲供材料”与建筑业企业无关，不属于建筑业企业的税基；在总额模式下，“甲供材料”属于建筑业企业的税基，选用一般计税方法时，建筑业企业可凭甲方开具的扣税凭证抵扣进项税额，选用简易计税方法时，不得抵扣进项税额。

在“甲供材料”模式下，建筑施工企业对增值税销售额的确定需要认真对待。财税〔2016〕36号文件附件1《营业税改征增值税试点实施办法》第三十七条规定：“销售额，是指纳税人发生应税行为取得的全部价款和价外费用，财政部和国家税务总局另有规定的除外。”同时，财税〔2016〕36号文件附件2《营业税改征增值税试点有关事项的规定》第一条第（三）款第9项规定：“试点纳税人提供建筑劳务服务适用简易计税方法的，以取得的全部价款和价外费用扣除支付分包款后的余额为销售额。”根据以上政策规定，“甲供材料”中建筑施工企业计算增值税的销售额有以下两个模式：

模式一是建筑施工企业在选择一般计税方法计算增值税的情况下，销售额是指建筑施工企业发生建筑应税行为向发包方或业主收取的全部价款和价外费用。

模式二是建筑施工企业在选择简易计税方法计算增值税的情况下，销售额是指建筑施工企业向业主收取的全部价款和价外费用扣除支付分包款后的余额。

比如，乙方承包了甲方发包的某房屋建筑安装工程，“建设工程施工合同”约定合同总价款为 8 000 万元（含增值税），其中甲方自己采购主材 2 000 万元，则选择一般计税方法计算增值税的乙方计算增值税的销售额是 6 000 万元。

建筑业、房地产业全部实行营改增后，甲供材料的货物和建筑业的劳务虽然都是同一个税种——增值税，但与房地产、建筑业相关的货物或劳务种类繁多，几乎各档税率都可能涉及。对应的税率不同就会有完全不同的抵扣结果，所以企业要全面考虑，特别要注意以下两点：

（1）确定好谁采购和谁抵扣的问题。由于“甲供材料”一般为大宗材料，金额大、税款多，则谁采购谁将享受税款抵扣的好处。

但在建筑业中甲方居于主导地位，这种强势的地位，或可导致甲方将自己采购易于取得增值税专用发票的材料、设备、构配件等，而将难于取得发票的砂、土、石料等交由乙方采购。这样对甲乙双方的税负将产生很大的影响。所以，营改增后要解决好谁采购、谁抵扣的问题。

（2）确定好如何抵扣的问题。虽然谁采购谁将抵扣税款，但能抵扣税款并不意味着税负一定降低。

假定建筑业和房地产业的增值税税率都为 11%。那么采购 17%、13% 税率的货物、劳务，将获得 6%、2% 的税差收益；采购 6% 税率、3% 征收率的货物、劳务，将损失 5%、8% 的税差；采购 11% 税率的货物、劳务，进项和销项税差将维持平衡。所以，企业要根据材料、劳务的类别分类管理、分别执行政策。

二、会计处理

乙方取得“甲供材料”无须进行账务处理，可对取得的材料进行验收并登记备查。

在模式一的情景下，乙方是一般纳税人，适用一般计税方法，因此，应当做如下会计处理（单位：万元，下同）：

（1）购买石材时，

借：原材料——石材　　2 000

　　应交税费——应交增值税（进项税额）　　340

　　贷：银行存款　　2 340

（2）工程领用石材时，

借：工程施工——材料费　　2 000

贷：原材料——石材　　　　　　　　　　　2 000

（3）确定增值税销项税额时，

借：应收账款/银行存款等科目　　　　　　8 000

贷：工程结算等科目　　　　　　　　　　7 023.21

应交税费——应交增值税（销项税额）　　976.79

在模式二的情景下，乙方是一般纳税人，适用简易计税方法计税，因此，应当做如下会计处理：

（1）购买石材时，

借：原材料——石材　　　　　　　　　2 340

贷：银行存款　　　　　　　　　　　2 340

（2）工程领用石材时，

借：工程施工——材料费　　　　　　　2 340

贷：原材料——石材　　　　　　　　2 340

（3）确定增值税税额时，

借：应收账款/银行存款等科目　　　　8 000

贷：工程结算/预收账款等科目　　　　7 766.99

应交税费——应交增值税　　　　　　233.01

注：依据财税〔2016〕36 号等文件规定，建筑劳务增值税纳税义务发生时间为纳税人发生应税行为并收讫销售款项或者取得索取销售款项凭据的当天，先开具发票的，为开具发票的当天。纳税人提供建筑服务采取预收款方式的，其纳税义务发生时间为收到预收款的当天。

专家点评

在全国范围内全面推开营改增试点后，甲供工程，即“甲供材料”不再计入建筑企业的税基，且可以选择简易计税方法，税负可大幅降低。因此，建筑施工企业对此要做好营改增后“甲供材料”的税收处理和风险防范。

从直观上来看，一般都会建议房地产企业大量选择“甲供材料”，以获得更多的进项税额抵扣，降低自身税负，从表面上看这样的操作没有什么太大的问题，但实际上是什么样子呢？

1. 房地产企业是否具备“甲供材料”的管理能力

这里所说的管理是全面的管理，比如供应商的管理、采购管理、材料管理等，尤其在供应商采购方面是否能够找到对的供应商、拿到优惠的价格，是否能够获得足额的进项税额抵扣；在采购管理方面，采购运输成本、储存管理成本等成本管理方面是否能够做到高效率，企业是否有专门的人员配置；在材料管理方面，是否能够满足工程建设的需要，是否能够做好材料使用分析，从而避免浪费等。对于这些问题，如果房地产企业自身并没有一整套“甲供材料”管理流程和体系，贸然单纯地从纳税角度去定“甲供材料”决策，很可能给企业带来巨大的管理成本，进而吃掉节省的税负。

2. 乙方的定价和开票选择对甲方的围堵

乙方在营改增之后有两种开票选择：①根据财税〔2016〕36号文件规定开出3%的进项专票；②根据甲乙双方谈判开出11%的进项专票。营改增之后，甲方如果选择11%的税率开票，并且自身税负上涨压力很大，这时候乙方对建筑材料进项的需求就比较大；如果甲方选择“甲供材料”的模式，那么乙方极有可能只开出3%的进项专票，而且是受到法律支持的，甲方即便在合同中要求乙方开出11%的进项专票也是不受保护的，所以甲方要求对方开出11%的进项专票就必须要在报价上给予让步，从实际执行中来看，乙方的要价还是比较高的，最终甲方讨不到多少便宜。比较可行的做法是在合同定价模式上选择含税定价或是不含税定价，发挥乙方主动性来取得目标进项。

同时，乙方会对纳入建筑现场的“甲供材料”收取比较高的管理费，这一部分费用肯定会推高乙方报价；另外，材料使用方面不可避免地会存在浪费问题，甲方也不一定能够有效避免该浪费，或者甲方投入大量的监督和管理成本来避免浪费，但往往会得不偿失。

3. 甲乙双方进行友好谈判决定“甲供材料”水平

营改增之后，甲乙双方都会“抢材料”，而且都倾向于选择一般纳税人，带来的结果是材料优惠空间的缩小，那么甲方和乙方谁更有优势呢？最终执行上很可能会形成甲乙双方合作谈判材料的局面，双方共享税收利益，这是比较理想的。

在交易过程中的纳税筹划，往往是对一方有利的纳税筹划方案设计，对另一方则会不利，更多时候方案落地需要考验双方的议价和谈判能力。因此房地产企业不要贸然选择“甲供材料”，要基于全面的税务和财务数据分析，结合自身经营状况和谈判情况制定有利于双方的纳税决策。

4.“甲供材料”涉税风险控制的合同签订技巧

为了节省税负，在与发包方签订“甲供材料”合同时，必须考虑甲方自购建筑材料在整个工程中所耗建筑材料的比重而选择增值税的计税方法，否则将会增加甲方和乙方的增值税税负。营改增后，建筑施工企业与业主或发包方签订“甲供材料”合同时，控制多缴纳税收的合同签订技巧有：

（1）当建筑施工企业选择一般计税方法计算增值税时，必须要争取在“甲供材料”合同中建筑施工企业采购的材料价税合计 > 48.18% × “甲供材料”合同中约定的工程价税合计。

（2）当建筑施工企业选择简易计税方法计算增值税时，必须要争取在“甲供材料”合同中建筑施工企业采购的材料价税合计 < 48.18% × “甲供材料”合同中约定的工程价税合计。

案例

营改增后材料供应涉税处理案例精解

最近，CF 建筑工程公司从甲方（发包方）获得一笔铁路建筑工程业务，标的为 10 亿元。CF 建筑工程公司获得这笔业务后，计划将其中的部分劳务施工项目转包给他人。QS 建筑施工实业公司通过努力与其签署了分包合同，分包金额为 20 000 万元（含增值税）。在这 20 000 万元分包额中，包括 10 000 万元（含增值税）主要建筑材料和 10 000 万元建筑劳务款（含增值税）两大部分。

试问：这笔分包合同中的涉税问题应当如何处理?

案例分析

为了节约成本，保证工程质量，总包方在包工包料的情况下，工程中的主要建筑材料或主体建材都是由总包方统一购买，辅料由分包方自己采购。在这种情况下，总分包方签署的总分包合同中，会约定总包方发给分包方使用的主要建筑材料的数量、型号和种类，在与分包方进行工程结算时，总包方会在工程款中扣下总包方发给分包方使用或分包方领用的建筑材料款。

在这样的情况下，总分包方之间的材料领用的税务风险主要体现为以下三个方面：

1. 材料结算

分包方从总包方领用的建筑材料是由总包方采购的，并且含在总分包合同中，同时也应当在总包与分包的工程决算价中体现。

（1）分包方是法人单位，应作为一般纳税人处理。如果分包方是法人单位，那么作为一般纳税人，分包方从总包方“领用”材料，双方就形成了购销关系。在这样的情况下，如果分包方没有按照决算价给予总包方建筑服务业增值税发票，而是只针对劳务部分给予总包方 11% 税率的增值税发票，那么会存在少申报缴纳增值税的风险。

本例中，这 10 000 万元（含增值税）的主要建筑材料是由总承包方负责采购，并发给分包人用于工程建设的，因此在总包方与分包方进行工程结算时，决算价为

20 000 万元（含增值税）。

但是，完工后分包方只向总包方开具了10 000万元（含增值税）的增值税发票，而没有按决算价 20 000 万元开票。在这样的情况下，税务机关就可能认定分包方少申报其中的 10 000 万元主要建筑材料的增值税。

（2）分包方不是法人单位或者其他个人的处理。如果分包方不是法人单位或者其他个人，则在整个交易过程中，与总包方不是以独立核算的纳税人身份出现的，那么，这个分包方与总包方就是内部结算（核算）关系，分包方一般不承担开票义务。

2. 纳税方式

财税〔2016〕36 号附件 2《营业税改征增值税试点有关事项的规定》第一条第（七）款第 2 项规定，一般纳税人为甲供工程提供的建筑服务，可以选择适用简易计税方法计税。也就是说，如果符合“甲供材料”条件选择简易计税方法的，纳税人可以按简易计税方法开具 3% 税率而不是 11% 税率的增值税发票。现在的问题是，所谓的“甲供材料”，是指建设方与总承包方之间的一种建设方购买材料给总承包方施工使用的行为，不包括总承包方购买材料给分包方使用的行为。因此，总承包方采购建筑材料交付分包方使用的行为，不能套用“甲供材料”选择简易计税的增值税优惠政策。

筹划分析

进行税收筹划，放在第一位的应当是规避涉税风险。而规避涉税风险的第一步，就是应当将有关业务流程设计完整，因此，对于 CF 建筑工程公司和 QS 建筑施工实业公司来说，正确的做法是：总承包方就 10 000 万元材料（含增值税）向分包方开具金额为 8 547[10 000 ÷ (1 + 17%)]万元、增值税额为 1 453(8 547 × 17%)万元的增值税发票；分包方向总包方开具 20 000 万元（含增值税）的建筑业增值税发票。

实务过程中，完工后作为分包方的 QS 建筑施工实业公司只向总包方开具了 10 000 万元(含增值税）的增值税发票，而没有按决算价 20 000 万元(含增值税)开票。为什么会出现上述情景呢？其原因是总包方进行税收筹划的结果。因为处于主导地位的总包方如果按照正确的方法操作，即将有关业务按照完整流程设计，只能获得 991 万元的增值税进项税额抵扣，丢失了 462 万元的税收利益。

在这里，如果站在分包方的角度来分析，如何才能规避涉税风险呢？如果总包方负责采购主要建筑材料，而分包方在领用这些材料的过程中，总包方不作为销售，即如本案例中的分包方向总承包方领用 10 000 万元(含增值税）材料时，如果想规避相应的涉税风险，则需要注意如下几点：

（1）总分包方在签署分包合同时，不能将总包方购买的10 000万元建筑材料包含在分包结算价格中。即总包方与分包方仅就纯清包工的建筑劳务价格签署合同（分包方只购买辅料）。

（2）总包方采购建筑材料，再发给分包方使用，分包方对相关材料只负责代管义务。

（3）总包方与分包方进行工程决算时，仅就纯清包工的建筑劳务价格进行结算（不能把分包方从总包方领用的建筑材料款计算在内）。

专家点评

由于CF建筑工程公司占据市场的主导权——控制主要建筑材料，所以他们通过业务流程的设计，取得了税收收益。而分包方只能在从属地位被动地完善相关手续，尽可能规避涉税风险。

但是，分包方在不能按照“甲供材料”模式纳税的前提下，能不能选择增值税计税方法呢？回答是肯定的，因为财税〔2016〕36号附件2《营业税改征增值税试点有关事项的规定》第一条第（七）项规定：“一般纳税人以清包工方式提供的建筑服务，可以选择适用简易计税方法计税。以清包工方式提供建筑服务，是指施工方不采购建筑工程所需的材料或只采购辅助材料，并收取人工费、管理费或者其他费用的建筑服务。”基于以上税收政策规定，分包方在增值税计税方法的选择上既可以选择一般计税方法也可以选择简易计税方法。也就是说，当分包方在以“清包工方式（包工不包料）”提供建筑服务的情况下，就可以选择按照简易计税方法缴纳增值税。

实践中的分包方增值税计税方法选择的税收风险主要体现在两方面：①分包方与总承包方签订专业分包合同，分包方包工包料选择简易计税方法从而少申报增值税；②分包方与总承包方签订清包工合同，选择一般计税方法从而多缴纳增值税。

通过以上总分包业务的涉税风险分析，提出以下税务风险管控合同签订技巧：

（1）总承包方与分包方签订专业分包合同时，不能将主体工程分包给专业分包方；不能够肢解工程以分包的名义变相转包工程；必须经建设方同意分包后才能进行分包工程。

（2）如果总包方统一采购建筑材料，那么分包方从总包方领用建筑材料的情况，有两种合同签订方法：①单包工程（包工不包料，即清包工）。在签订分包协议时，分包方从总包方领用的建筑材料不含在分包金额中，协议中还需约定：总承包方享有对分包方建筑材料使用的监督权，总承包方派员到作业现场实施监督，确保建筑材料及时、足量用于本工程建设。②在签订分包合同时，分包方与总承包方签订专业分包合同（分包方包工包料）。

（3）总承包方在选择一般计税方法计征增值税的情况下，如果总承包方与分包方签订专业分包协议（包工包料），则分包协议中需明确约定：如果分包方选择一般计税方法计征增值税，则向总承包方开具11%税率的增值税专用发票；如果总承包方与分包方签订清包工协议（包工不包料或只提供部分辅料并提供劳务施工），则分包协议中需明确约定：分包方选择简易计税方法计征增值税并向总承包方开具3%的增值税专用发票。

（4）选择一般计税方法计征增值税的总承包方与分包方签订分包协议中的违约金或赔偿金条款中，应当约定：总包方违约，总包方向分包方支付违约金时，分包方必须向总包方开具11%的增值税专用发票（专业分包的情况下）或3%的增值税专用发票（清包工的情况下）。

（5）总包方向分包方收取的配合费用应当另行约定，避免税务机关按照“价外费用”征税。

案例

营改增后建筑设备使用模式财税筹划案例精解

CJ建筑服务有限公司成立于2016年5月，在成立初期就申请认定为一般纳税人，主要从事塔吊以及其他建筑设备的经营活动。目前，公司已经拥有大型塔吊400多台，此外还有钢模脚手架等建筑专用设备。有关设备都是通过融资租赁的方式采购的，其增值税进项税额都可以按期抵扣。

最近，该公司接到一笔塔吊经营业务，初步商定合作标的为含税价10 00万元，其他合作项目也在沟通过程中，预计在未来的三个月中可以签署价值1亿元的合同。但是，财政部和国家税务总局于2016年12月21日联合发布了《关于明确金融、房地产开发、教育辅助服务等增值税政策的通知》（财税〔2016〕140号）以后，网上对建筑施工设备的经营究竟如何计税的争议很多，也让许多企业人士产生疑惑，这个公司也不例外。于是，他们向咨询专家求助。

案例分析

1. 政策分析

咨询专家到该公司进行现场调研后认为，该公司的建筑施工设备，从目前的经营模式上来看可能有三种：①将设备直接出租给他人，由承租方操作和使用；②建筑施工设备出租给他人并配备操作人员为其操作；③使用建筑施工设备（如装卸搬运工具）或者人力、畜力，将货物在运输工具之间、装卸现场之间或者运输工具与装卸现场之间进行装卸和搬运的业务活动。

营改增以后，税法对上述不同的经营模式规定了不同的纳税方式。

(1)《财政部　国家税务总局关于全面推开营业税改征增值税试点的通知》（财税〔2016〕36号）附件1《营业税改征增值税试点实施办法》第十五条第（三）款规定，提供有形动产租赁服务，税率为17%。

(2)《财政部　国家税务总局关于明确金融、房地产开发、教育辅助服务等增值税政策的通知》（财税〔2016〕140号）第十六条规定，纳税人将建筑施工设备出租给他人使用并配备操作人员的，按照“建筑服务”缴纳增值税。

(3)《财政部　国家税务总局关于全面推开营业税改征增值税试点的通知》（财税〔2016〕36号）附件1《营业税改征增值税试点实施办法》附《销售服务、无形资产、不动产注释》第一条第（六）款第4项明确解释：物流辅助服务，包括航空服务、港口码头服务、货运客运场站服务、打捞救助服务、装卸搬运服务、仓储服务和收派服务。其中，装卸搬运服务，是指使用装卸搬运工具或者人力、畜力将货物在运输工具之间、装卸现场之间或者运输工具与装卸现场之间进行装卸和搬运的业务活动。

综上所述，对于建筑施工设备，从现行政策来看，可能按三种税率缴纳增值税，即按有形动产出租17%税率计算缴纳增值税、按“建筑服务”11%税率计算缴纳增值税、按“现代服务”下“物流辅助服务”装卸搬运适用6%税率计算缴纳增值税。可见，不同的经营方式税率也不同，其税收负担相差很大。

2. 筹划方案

对于CJ建筑服务有限公司来说，应当如何安排自己的纳税方案呢？我们不妨就以其中一笔业务，按上述不同的服务模式结合相关政策做一个简要分析（因为该公司的增值税进项税是额定的，这里仅计算其销项税额。为了便于分析，这里保留两位小数）。

方案一：直接出租

公司将设备直接出租给他人，由承租方操作和使用，因此，应当按有形动产出租17%税率计算缴纳增值税销项税额。

1 000/(1+17%) ×17% =145.30(万元)

方案二：提供建筑服务

公司将设备出租给建筑施工单位并配备操作人员为其操作，应当按“建筑服务”11%税率计算缴纳增值税销项税额。

1 000/(1+11%)×11% =99.10(万元)

方案三：提供装卸搬运服务

对于塔吊等部分装卸搬运设备而言，如果公司使用设备（如塔吊和其他装卸搬运工具）或者人力、畜力将货物在运输工具之间、装卸现场之间或者运输工具与装卸现场之间进行装卸和搬运的业务活动，则按“现代服务”下“物流辅助服务”装卸搬运适用6%税率计算缴纳增值税销项税额。

1 000/(1 +6%) ×6% =56.60(万元)

3. 筹划结论

在增值税进项税额既定的前提下，其销项税额越多，税收负担就越重。通过上述分析可以发现，如果公司的设备属于塔吊和其他装卸搬运工具，则可以用提供装卸搬运服务的方式计税，其税收负担较低。在单笔含税价为1 000万元的条件下，提供装卸搬运服务比提供建筑服务少缴增值税42.50万元；比提供出租服务少缴增值税97.70万元。如果单从服务公司的角度讲，其筹划效益是明显的。

专家点评

实施营改增以后，征税原理发生了变化，有些企业会发生“水土不服”现象，有些企业还会“过头”筹划。因此有关企业应当注意以下几点：

（1）自身的经营模式。企业的经营模式决定了税收负担水平，仅以汽车经营为例，为客户提供汽车出租服务，让其自驾游，那么，就按有形动产出租征收17%的增值税；如果利用企业的汽车及员工将客户送到目的地，则为交通运输服务按11%税率计算缴纳增值税。同样的道理，直接出租机器设备、提供建筑服务和提供装卸搬运服务三种模式的差异也是十分明显的，税务人员结合有关企业的业务合同、企业用工方式和会计核算事项就可以判断出来。

（2）企业自身的状态。《财政部、国家税务总局关于全面推开营业税改征增值税试点的通知》（财税〔2016〕36号）附件2：《营业税改征增值税试点有关事项的规定》第一条第（六）款第3项规定，一般纳税人发生电影放映服务、仓储服务、装卸搬运服务、收派服务和文化体育服务等应税行为可以选择适用简易计税方法计税。因此，如果企业利用旧设备（比如营改增之前采购的设备未抵扣增值税），在增值税可抵扣进项税额较少的前提下，作为一般纳税人提供“装卸搬运服务”，还可以选择简易征收办法按3%税率计算缴纳增值税。但是，选择简易征收办法不能够抵扣进项税额。如果有充分的进项税额，则选择简易征收办法按3%计税，其增值税的税负率未必就低。

（3）企业的市场地位。虽然同样是建筑运输设备，其选择服务方式不同，税收负担也会有所不同，但是如果企业缺乏话语权，在考虑合作的可能性上，其税收筹划的机会也可能会丢失。

第七章 工程计价与结算的营改增案例精解

在习惯上，人们对工程计价和结算环节几乎没有税收违法概念，因为这个环节的技术性很强，参与方很多……但是，事实上并非如此。营改增以后，增值税强调全程控制、存在增值税计税方法的选择、存在材料和用工的价税分离等，另外还有免征增值税产品作为建筑材料、可以差额计税的劳务派遣等因素的出现，就使得工程计价和结算环节越来越复杂，于是，就提出如何规避涉税风险和降低税收成本的必然要求。

案例

工程计价审核发现小金库

2017 年 3 月 18 日，某建筑工程有限公司因虚列工程成本 1 000 多万元，受到当地主管税务机关责令交增值税 140 多万元，同时给予一倍的处罚。

案例分析

税务检查组到某建筑工程有限公司例行检查。检查组在了解了该公司被检查年度生产经营情况后，仔细核对了财务核算与纳税申报信息，没有发现在纳税方面存在明显的异常问题，而且该公司企业所得税税负也处于当地同行的中上水平。至此，检查人员初步判断，该公司应该没有大问题。公司财务部王经理熟知检查人员的常规套路，在看到未能查出大问题后，对检查组说，公司平时的账务处理就比较规范，再加上汇算清缴前已进行了自查，对发现的问题主动进行了纳税调整，所以检查组没有发现问题是很正常的。

敏锐的检查人员觉得，该公司在纳税方面未发现异常情况，但是一些在其他公司常见的费用支出，如员工福利、各种常规的补贴、津贴等并未在该公司账面上反映。按照检查组检查前的案头分析，该公司效益并不差，但账面反映的人均收入仅相当于当地效益较差员工的收入水平。该情况比较异常，但公司的员工却没有任何怨言，这是为何？看来，对此问题唯一合理的解释是：该公司已满足了员工正常的收入需求，但是没有在账面上反映。如果是这样，那公司发放的资金来源是什么？从此前检查的情况分析来看，公司截留收入的可能性不大，但如果没有了这些来源，给员工发放福利的费用可能来自哪呢？

为了查明情况，检查组决定兵分两路，一路侧面了解员工的收入状况，另一路从账面列支的成本费用上查找问题。功夫不负有心人，不到半天时间，两路人马均有收获。第一路人员发现，员工的实际收入远高于账面反映的情况，除了公司账面上反映的每月发给员工的薪酬打到员工的卡上外，每月还会用现金为员工支付一部分薪酬。这部分另外支付的薪酬在账面上并没有反映，资金来源成了一个疑问。第二路人员发现，在公司的工程采购项目构成中，多数项目中都有花木采购，但是，公司的经营范围中没有花木采购的内容，每年的支出金额都高达500多万元，对此会计解释，存在部分代购项目。但是，检查人员认为每年都发生这么多的花木采购支出似乎也不太正常，这部分支出很可能存在问题。为此，检查组请公司进一步提供花木采购的相关证据，但公司仅提供了花木采购的合同和发票，公司提供建筑服务的施工图样中并没有这些内容。检查组讨论后决定，请公司工程部和财务部派人，陪同检查组去公司实施的建筑项目处进行实地查看绿化的情况。

检查人员重点抽查了该公司近两年在当地提供的建筑施工项目，在现场与甲方工程管理人员进行了交流，查看了施工图样，了解工程承包情况，发现该公司所提供的服务项目基本上都是土建工程，即使部分建设项目上有绿化配套，其服务也是由其他单位提供的。这些现象和账面上每年列支的大额花木采购有较大的出入，公司并不能给予合理的解释。至此，公司的财务经理只好如实说明了利用多列支花木采购费用形成小金库的情况。

原来，由于当下的树木和花草自产自销属于免税的范畴，而且其价格差异很大，很难准确界定，因此该公司“瞄准”了这个漏洞。几年来，该公司共虚列、多列花木采购支出近1 000万元，主要用于给员工发放福利、津贴和请客送礼。

专家点评

检查工程施工企业的涉税情况，通过甲方工程管理的角度寻找问题的线索是一个十分有效的方法。甲方工程实施施工管理，是工程项目物化的主要过程，大量的人力、材料设备在这个阶段投入，对工程实施阶段做好成本控制，是工程项目造价控制的关键。施工阶段的成本控制，主要从施工组织设计，质量、工期管理等几个方面考虑。

1. 施工组织设计与经济效益相统一

施工组织设计是工程施工的重要依据，决定着工程的质量、进度和成本。因此，一个好的施工组织设计对节约成本、控制造价起到非常大的作用。在施工组织时，要体现先进的劳动生产率，努力缩短工程施工的间接时间，减少材料消耗量。所以，应该选择技术上可行、经济上合理的施工方案，优化施工组织设计，达到施工组织设计与经济效益的统一。

2. 加强工程质量和进度管理

工期的延长或拖延，必然带来成本的增加，造成资金使用费的上升。因此要合理地制订资金使用计划，使成本控制与进度控制相协调；要加强施工质量管理，控制返工率，在施工过程中要严把质量关，使质量管理工作贯穿于项目的全过程中，做到工程一次成型、一次合格，杜绝返工现象的发生，避免因不必要的人、材、物等大量的投入而加大工程成本。

3. 加强材料成本的控制

材料成本占整个工程项目成本的比例最大，直接影响工程成本的控制，所以一定要对材料价格进行控制。工程施工企业首先应及时分析各种材料的市场变化趋势，掌握材料的真正售价，在确保质量的前提下，择优购料，并采用经济的运输方式，以降低运输成本。其次是做好材料用量的控制，坚持按定额确定材料的消耗量，并实行限额领料制度。最后改进施工技术，推广使用减低材料消耗的新工艺，力求以低价材料替代高价材料。同时，加强周转材料的控制，合理确定进货批量和时间，也是材料成本控制的有效措施。

而要实现上述目标，相关流程控制必须得到科学体现。所以，上述案例给检查人员三大提醒：①当企业出现必须发生的支出没有发生或发生额少等异常情况时，往往有其深层次原因，而原因往往是因为企业有其他非正常的资金来源；②如果对市场价格难以确定或波动较大的成本费用缺少监督，往往很容易被企业“钻空子”。所以，检查人员一定要仔细检查这方面支出的真实性、合理性及合法性；③通过技术流程的核查发现管理流程上的问题。

案例

装修工程里的“虚洞”

前不久，T市国税局稽查局成功查处了一起接受虚开增值税专用发票案，对涉案企业——CS建筑装饰有限公司按规定进行了相关处理，追交入库增值税额款55.38万元。

案例分析

1. 税务稽查

2017 年 3 月 28 日，T 市国税局稽查局收到一份从南京市浦口区国税局稽查局传来的协查函，请求对三份增值税专用发票进行协查。稽查人员在对发票票面信息进行登记时，发现发票上的中文信息显示“购货单位名称”为昆山市某有限公司，地址和电话也是昆山市的。联想到协查系统前段时间刚好升级，莫非是系统在升级中出现了数据的分拣错误，将昆山市的协查函分发到了 T 市？但协查系统数据分拣的工作原理是，以纳税识别号进行自动分拣，仔细查看该协查函上所反映的购货方纳税人识别号，开头的 6 位号码确实为昆山市行政辖区内，这并非是一份普通的协查函。

为尽快查明真相，稽查人员首先选择从弄清增值税专用发票上购方基本信息是否属于该市管辖企业入手。根据对方请求协查的发票信息上显示的购货方识别号，稽查人员很快锁定了 CS 建筑装饰有限公司。税务登记资料显示，该公司成立于 2015 年 12 月，经营范围为室内外装饰装修、园林建筑等。从 2016 年 1 月 1 日 ~ 2017 年 3 月 31 日的申报情况来看，仅几笔申报有税款，恰好是取得协查发票的属期，其余均为零申报。为什么 CS 建筑装饰有限公司会在发票上变成了昆山市某有限公司呢？要想弄清其中缘由，必须要到这家建筑装饰公司进行调查。

2017 年 4 月，稽查人员先后三次深入 CS 建筑装饰有限公司进行调查。起初该公司并不配合，他们以有关票据还在工程负责人手上为由进行推托，而工程负责人却联系不上。于是，税务稽查人员从建筑监管部门寻找突破口，通过重点工程项目的技术测量，核实工程造价，测算工程造价的真实性。在此基础上再与公司负责人进行对话。

通过上述努力，该公司负责人不得不交出企业财务资料。在查账过程中会计人员介绍，该公司近一年来开展了四笔建筑装修业务，由于最近房地产市场不太好，毛利比较低，所以税收也比较少。在核对该公司建材的采购情况后，稽查人员将协查发票的原始票面信息展现在面前时，在场的会计人员也不禁一愣：两份发票除了发票版本号、发票票号、84 位密码区、金额、税额等信息外，其余中文信息完全是“牛头不对马嘴”，存根联和抵扣联的票面信息毫不沾边。CS 建筑装饰有限公司的抵扣联上清清楚楚地列明如下信息：购货方单位名称为 CS 建筑装饰有限公司；货物或应税劳务名称为石膏板；销货方单位名称为常州新区某建材经销有限公司。而存根联上的信息却是：货物为动力煤油；购货方为昆山市某工贸有限公司；销货方为南京市某石化分公司。同一份发票会出现两种不同的票面信息，稽查人员头脑里闪出两个字——虚开。

2. 经济事实

稽查人员通过对相关账簿和资料的检查和对相关人员的调查，查清了该公司虚开增值税专用发票的违法事实。

经查，CS建筑装饰有限公司是开业时间不长的一家建筑安装企业，业务量不多，主要是部分包工头的挂靠项目，平时由负责人（包工头）实施工程预算、造价核算、材料采购、工程管理……其间发生的单据、发票由该公司会计人员做账。

营改增以后，增值税的适用税率较高，部分工程负责人于是便萌生了请人代开发票的想法。经联系，有人愿意代开发票，并且承诺先认证通过后再付款。代开的发票拿到税务机关认证，当“认证相符”的红印盖在进项发票上时，抵扣税款也就顺理成章了。工程负责人清楚地知道这样代开发票所带来的经济利益。

能代开真实发票且承诺能通过税务机关认证，什么人如此神通？又如何敢做出真票代开的承诺呢？稽查人员顺藤摸瓜，找到的答案是：加油站！同时也理清了加油站虚开发票、公司接受虚开发票的过程：作为增值税一般纳税人的加油站，平时面对的大多是不需要增值税专用发票的消费者。一段时间下来，便会囤积大量的富余发票，正是这些发票的存在为不法分子提供了涉税违法的空间。囤积有富余发票的加油站或其他手中有富余发票的企业，利用认证系统无法识别中文信息的特性，按自己企业真实的经营品目在不超出当期营业额的范围内开具存根联发票，然后再根据购票者或受票方的需要，随意篡改中文信息，套用密码区信息，分联套打开具抵扣联发票。如此，一份虚开的“动力煤油”变“石膏板”的增值税专用发票就炮制出来了。

专家点评

通过重点工程项目的技术测量，核实工程造价，测算工程造价真实性的税务稽查案例不多，本案例可以给人们一些启发：税务机关核实工程造价未必能够找到与税收事项有关的直接证据，但是，也可以从侧面揭示和提供一些“线索”，更主要的是让当事人产生心理压力。施工阶段造价管理的关键是以下四个方面：

（1）正确计算工程量。

（2）做好变更和签证的管理。

（3）处理好索赔。

（4）做好项目成本的管理。其中任何一个环节的技术性都很强，比如计算工程量包括以下两个方面：

1）结算工程量的确定。工程实体项目工程量按《计价规范》规定的工程量计算规则和计量单位进行计算所得，在工程实践过程中的招投标阶段，实体项目工程量主要是招标文件中业主提供的工程量清单中的工程量；进入施工阶段后根据施工图样所算的图样工程量，也可能是按实际施工完成的工程量等。

2）工程项目工程量调整。这里的调整又根据不同的类型和原因分为三类：①清单项目漏项造成的调整。一般是指招标人在编制工程量清单时遗漏了部分实体项目的工程量或者招标人在对清单项目进行项目特征描述时遗漏了必须详细描述的内容。②工程量计算失误造成的调整。在没有发生工程变更的情况下，招标人按施工图样及新版《计价规范》工程量计算规则编制而成的清单工程量与施工过程中根据同一套施工图样、同样的计算方法计算出来的工程量存在误差。这实际上就是招标人的计算错误，在招投标过程中时有发生。③工程设计变更造成的调整。在施工过程中，由于施工现场的自然条件产生了事先无法预料的变化而使设计图样变更，从而导致实际发生的项目工程量变化及工程量清单项目的工程量的调整等。

在现阶段工程量的清单模式下，结算工程量的确定是一个新的研究课题，它关系到施工企业最后能从建设方拿到多少工程款，随着新版《计价规范》正式实施，工程造价管理越来越规范，结算工程量的确定也越来越公平。税务机关通过工程造价的评估可以发现部分纳税人通过虚列造价成本偷税的问题。

不过，在提供建筑服务业务谈判的过程中，税收也的确是其中的一个因素。人们可以从税收角度，比较不同纳税人计税方法差异，通过现金流量分析，供决策层参考。实务中，双方应综合各种因素开展价格谈判，实现合作共赢。

《财政部、国家税务总局关于全面推开营业税改征增值税试点的通知》（财税〔2016〕36号）附件2《营业税改征增值税试点有关事项的规定》第二条规定，一般纳税人从事下列项目，可选择按简易方法计税：①以清包工方式提供的建筑服务；②为甲供材料工程提供的建筑服务；③为建筑工程老项目提供的建筑服务，具体是指："建筑工程施工许可证"注明的合同开工日期在2016年4月30日前的建筑工程项目；未取得"建筑工程施工许可证"的，建筑工程承包合同注明的开工日期在2016年4月30日前的建筑工程项目。

按此规定，大多数一般纳税人承接这类建筑服务项目，都选择简易方法计税。但是，对于接受建筑服务的一般纳税人，如该项目采用的是一般计税方法，则只能取得3%征收率专用发票，抵扣进项税额。出于自身利益的考量，这类纳税人要求对方开具11%增值税专用发票。在这种情形下，应开展价格谈判，当价格增加到多大幅度双方可接受？这里以一个案例来做具体说明。

甲房地产开发企业（简称甲公司）开发建设位于市经济开发区普通住宅楼。其中一期工程取得"建筑工程施工许可证"，注明开工时间为2016年4月。乙建筑工程建设有限公司（简称乙公司）与甲公司签订一期土建工程合同，工程含税总价款为A万元。按合同约定，工程所需材料均由甲公司提供。营改增后，甲公司经测算，一期住宅楼应选择一般计税方法，增值税税负可降低。为此，甲公司要求乙公司按工程款开具11%税率的增值税专用发票，并同意在原签订合同的基础上，适当调整工程造价，但上浮幅度未确定。

乙公司认为，选择简易计税方法计税，并无不妥之处。甲方要求开具11%增值税专用发票，也不违反税法规定，按一般计税方法计税是税法鼓励的。乙公司现分别按开具3%征收率与11%税率增值税专用发票两种情况，从增值税、企业所得税两税种对企业现金流量影响进行测算（不考虑城市维护建设税和教育费附加）。假设乙公司为该工程提供的建筑服务无进项税额抵扣，甲、乙公司适用企业所得税税率均为25%。

这里先从乙公司的角度进行具体分析。

（1）开具3%征收率增值税专用发票时，假设工程价款为A万元，则

应交增值税 $=A/1.03\times3\%=0.0291A$

确认收入金额 $=A-2.91\%\mathrm{A}=0.9709\mathrm{A}$

对企业所得税影响金额 $=0.9709A\times25\%=0.2427A$

产生净现金流量流入金额 $=A-0.0291A-0.2427A=0.7282A$

（2）当开具11%税率增值税专用发票时，假设工程造价调整金额为X万元，则

应交增值税 $=(A+X)/1.11\times11\%=0.0991(A+X)$

确认收入金额 $=(A+X)-0.0991(A+X)=0.9009(A+X)$

对企业所得税影响金额 $=0.9009(A+X)\times25\%=0.2252(A+X)$

产生净现金流量流入金额 $=(A+X)-0.0991(\mathrm{A}+\mathrm{X})-0.2252(A+X)=0.6757(A+X)$

设两种开具发票方式下净现金流量相等，则下列公式成立：

$0.7282A=0.6757(A+X)$

解得 $X=0.0777A$

因此，乙公司应在原来工程价款A万元基础上，与甲公司谈判，增加工程款7.77%A万元，增长幅度 $=7.77\%A/A=7.77\%$。也就是说，乙公司应按新的价格1.0777A万元开具税率为11%的增值税专用发票与甲公司结算。这样，不会减少现金流入量。

如果从甲公司的角度分析，当工程价款增幅在7.77%时，接收税率为11%的增值税专用发票，与接收原征收率为3%增值税专用发票净现金流出量相同。

通过以上分析可以发现，工程价款增幅7.77%，双方均可接受。

案例

配合甲方虚列成本受查处

最近，某税务检查组对 CF 建筑施工企业进行纳税检查过程中发现，该公司下属的两个项目部在不同的时段内对同一个企业提供了类似的建筑施工服务，其内容主要是小区所有道路和绿化等配套工程（包括小区主景区）的施工。为什么会出现这种情况呢？该税务检查组通过审批流程，对有关企业进行了延伸检查。

延伸检查

税务检查组长姜原哲和助手对 A 房地产开发公司进行了例行检查。A 公司开发的天润小区在被检查年度办理了竣工决算并销售完毕，组长姜原哲重点检查了该小区配电、物业、道路、绿化等配套工程的决算情况。

面对厚厚的工程决算审计报告，姜原哲虽看不懂审计报告后面具体的计算过程及数据的来龙去脉，但对审计报告中审计调增、调减的汇总数及所实施工程的内容和范围还是有所了解。他边看边请教 A 公司负责工程核算的会计员李萍芳。姜原哲向李萍芳说明自己检查有关配套工程决算情况的理由。见姜原哲看得很认真，李萍芳主动介绍说："这些零星工程的决算审计报告，实际上只是在核实和支付工程款时使用，决算额是多少，我们就支付多少，你只要看相关工程项目入账的金额、工程决算审计报告上的决算额、施工单位开具的工程发票额三者是否一致就行了。"

姜原哲认为李萍芳所说的的确是重要内容，但仅核对这些显然不够全面，还要关注其他内容。姜原哲在检查中发现，在 CJ、QS 两个施工项目公司所实施的工程中，都含有天润小区主景区的绿化和劳务工程，属于相同或交叉的施工内容，只是时间上有些差异。

究竟是不同的施工内容还是重复支付了工程款，姜原哲认为，A 公司可能故意安排不同单位审计同一项施工工程，以便于列支工程费。为了查明 CJ、QS 两个施工项目公司所完工的工程中是否存在重复内容，姜原哲仔细核对了两份审计报告反映的完工工程各项目的具体名称、内容和范围。

李萍芳看出了姜原哲的意图，于是进一步搪塞道：工程有交叉很正常，CJ、QS 两个项目公司完成的相关工程都在税务局开具了施工劳务发票，相关税款均已缴纳，开具施工劳务发票必须经过严格的审核，不会有假。

李萍芳的解释让姜原哲更加怀疑有关业务的真实性，眼见为实，他请李萍芳陪同到小区主景区的施工现场查看。李萍芳见无法隐瞒，只好说明了真实情况。

原来，A 公司为了套取现金设置小金库，在与 CJ 施工项目公司正常签订了小区所有道路和绿化等配套工程（包括小区主景区）的施工合同外，又与有长期合作关系的QS施工项目公司另外签订了以小区主景区为主的工程施工合同，而实际上QS施工项目公司并未实施任何工程。在小区全部工程完工后，QS施工项目公司到税务部门开具了有关绿化费和工程施工费等发票，同时虚编了小区主景区工程的决算资料，并委托另外一家工程审计单位对实际上由CJ施工项目公司实施的小区主景区工程进行了决算审计，骗取工程决算审计报告。同时，QS施工项目公司按照工程决算审计报告上的决算金额，向A公司收款并开具了工程施工发票。

这样，A公司通过与QS施工项目公司签订的虚假工程合同以及骗取的工程决算审计报告，套取了450万元现金。

稽查结论

通过上述检查，姜原哲发现A公司下属的两个项目部在不同的时段内对同一个企业提供了类似的建筑施工服务，其内容主要是小区所有道路和绿化等配套工程（包括小区主景区）的施工。其中一个项目公司配合甲方虚列工程成本和费用的问题，有关各方都受到了相应的处理和处罚。

案例分析

在日常税务检查中，许多税务检查人员往往不重视对基建工程项目的检查。不少检查人员看不懂工程决算审计报告，或认为已经通过审计不会出错，只是简单核对工程决算审计报告与施工方开具的工程发票，确认无误后，就不再考虑相关工程及工程决算审计报告的真实性和合理性，从而很少发现这方面的问题。

如今，一些房地产开发公司正在向家族化或集团化发展，公司领导往往利用自己的亲朋好友成立销售公司、物业公司、建安公司、装饰装潢公司等，然后将相关建安、配套或装潢等工程交由这些关联公司承建，这样不仅可以通过调节价格来调节房地产公司的收入或利润，而且方便订立虚假合同，通过虚假交易虚增成本费用来调节利润，达到偷税的目的。但不管业务真假，房地产开发公司与这些关联公司在业务完成后，都需要工程决算审计报告。因此，为了发现基建工程项目方面的涉税问题，检查人员不仅应掌握简单的检查工程施工及决算问题的方式方法，而且要懂得工程成本、费用及工程决算审计方面的基础知识。

工程结算需考虑涉税临界点

从税收筹划的角度讲，计税方法不同，影响到企业具体业务的税收负担。而对于建筑施工企业而言，有的时候存在按照简易计税方法还是按照一般计税方法计税的选择问题。

为保证营改增改革的平稳过渡，降低纳税人税负，一般纳税人为建筑工程老项目提供的建筑服务，可以选择适用简易计税方法计税。建筑业老项目是按照简易计税方法还是按照一般计税方法计税才合算，需要科学计算一个临界点。这里引用上海普誉财务咨询有限公司提供的资料对有关问题从理论的角度进行具体分析。

假设工程结算金额价税合计一定（不因税率或征收率的变化而变化），且在取得的进项税额可以预测的情况下，自营业务销售额（销售额－分包额）均为不含税价格。测算简易计税增值税税负低于一般计税的临界点。

(1＋11％)/(1＋3％)×3％×自营业务销售额≤11％×自营业务销售额－17％×材料购进额

0.032 3×自营业务销售额≤0.11×自营业务销售额－0.17×材料购进额

0.077 7×自营业务销售额≥0.17×材料购进额

材料购进额≤0.077 7/0.17×自营业务销售额

材料购进额≤0.457 1×自营业务销售额

在价税合计一定（不因税率及征收率变化而变化）且取得的进项税额可以预测的情况下，当材料购进金额低于自营业务销售额的45.71％时，选择简易计税比一般计税税负低。

筹划要点

利用平衡点（临界点）进行分析和论证是经济学中的一种常用方法，在税收上也不例外。对于一个经济事项如果存在两种不同计税方式的选择，就可以通过具体的分析和测算来进行具体验证。

案例 A 建筑公司于2016年4月1日取得一项建筑合同，价税合计111万元，且合同金额不因 A 建筑公司选择税率或征收率变化而变化。

案例分析

（1）预计外购材料不含税金额为46万元，可取得税率为17％的进项税额，试计算并分析何种计税方法较合算。

一般计税方法计算应纳增值税＝111/(1＋11％)×11％－46×17％＝11－7.82＝3.18(万元)

简易计税方法计算应纳增值税＝111/(1＋3％)×3％＝3.23(万元)

当46万元＞45.71％×100万元，即外购材料不含税金额＞45.71％×自营业务销售额时，选择一般计税方法较合算。

（2）预计外购材料不含税金额为45.71万元，可取得税率为17%的进项税额，试计算并分析何种计税方法较合算。

一般计税方法计算应纳增值税 = 111/(1 + 11%) × 11% − 45.71 × 17% = 11 − 7.77 = 3.23(万元)

简易计税方法计算应纳增值税 = 111/(1 + 3%) × 3% = 3.23(万元)

当45.71万元 = 45.71% × 100万元，即外购材料不含税金额 = 45.71% × 自营业务销售额时，选择一般计税方法和简易计税方法应纳税额一样。

（3）预计外购材料不含税金额为45万元，可取得税率为17%的进项税额，试计算并分析何种计税方法较合算。

一般计税方法计算应纳增值税 = 111/(1 + 11%) × 11% − 45 × 17% = 11 − 7.65 = 3.35(万元)

简易计税方法计算应纳增值税 = 111/(1 + 3%) × 3% = 3.23(万元)

当45万元 < 45.71% × 100万元时，即外购材料不含税金额 < 45.71% × 自营业务销售额时，选择简易计税方法较合算。

对于其他可以选择计税方法的项目，也可举一反三进行推导。

案例

营改增后质量保证金：结算时间不等于纳税时间

近日，某市CH建筑施工有限公司与当地主管税务机关发生了争执，起因是该公司2016年12月完工的一个工程，还有一笔500万元的质量保证金没有申报纳税。于是，当地主管责令其申报缴纳增值税税额55万元，城市维护建设税和教育费附加合计5.5万元。

案例分析

建筑施工企业在经营过程中，被甲方要求提供一定数量的质押金、保证金的情况比较普遍。但是，质押金、保证金在什么时候缴税，根据《财政部　国家税务总局关于全面推开营业税改征增值税试点的通知》（财税〔2016〕36号）附件1《营业税改征增值税试点实施办法》第四十五条第（一）款规定，增值税纳税义务、扣缴义务发生时间为，纳税人发生应税行为并收讫销售款项或者取得索取销售款项凭据的当天；先开具发票的，为开具发票的当天。收讫销售款项，是指纳税人销售服务、无形资产、不动产过程中或者完成后收到款项。取得索取销售款项凭据的当天，是指书面合同确定的付款日期；未签订书面合同或者书面合同未确定付款日期的，为服务、无形资产转让完成的当天或者不动产权属变更的当天。

从上述规定来看，对于质押金、保证金的纳税时间，应是合同规定的应付工程款日期，即使未收到也发生了纳税义务。

但是，《国家税务总局关于在境外提供建筑服务等有关问题的公告》（国家税务总局公告〔2016〕69号）第四条规定："纳税人提供建筑服务，被工程发包方从应支付的工程款中扣押的质押金、保证金，未开具发票的，以纳税人实际收到质押金、保证金的当天为纳税义务发生时间。"

专家点评

质押金、保证金属于建筑施工企业的收入，应当按规定纳税。但是，应当在什么时候申报纳税，国家税务总局公告〔2016〕69号文件进行了具体的明确。应从以下三个方面理解该项规定的精神：

（1）在建筑施工企业未开具与质押金、保证金相关的工程款发票的情况下，建筑施工企业何时实际收到质押金、保证金，何时发生纳税义务。

（2）建筑施工企业如果开具了发票，没有质押金、保证金也发生了纳税义务。

（3）建筑施工企业如果未开具相应的发票，即使书面合同确定的付款日期到了，也没发生纳税义务。

造价控制的营改增税收因素可以动态控制

《财务部　国家税务总局关于全面推开营业税改征增值税试点的通知》（财税〔2016〕36号）文件附件2《营业税改征增值税试点有关事项的规定》第一条第（七）款第2项规定："一般纳税人为甲供工程提供的建筑服务，可以选择适用简易计税方法计税。"在该条文件规定中有两个特别重要的词"可以"，具体的内涵是，只要发生"甲供材料"现象，建筑施工企业在增值税计税方法上就具有一定的选择性，既可以选择增值税一般计税方法，也可以选择增值税简易计税方法。

根据此规定可以看出，建筑施工企业是选择按一般计税方法计税，还是选择按简易计税方法计税的关键在于税负临界点的计算。

假设工程结算合同金额价税合计因税率或征收率变化而变化，且在取得的进项税额可以预测的情况下，自营业务销售额（销售额－分包额）均为不含税价格。测算简易计税增值税税负低于一般计税的临界点。

3%×自营业务销售额≤11%×自营业务销售额－17%×材料购进额

17%×材料购进额≤8%×自营业务销售额

材料购进额≤47.06%×自营业务销售额

分析结论

在合同金额价税合计因税率及征收率变化而变化且取得的进项税额可以预测的情况下，当材料购进金额低于自营业务销售额的47.06%时，选择简易计税比一般计税增值税税负低。

以上是引用上海普誉财务咨询有限公司提供的资料对有关问题从理论的角度进行的具体分析，当然也可以在实践中进行验证。

案例

A建筑公司于2017年1月1日取得一项建筑合同，如果选择包工又包料，那么在税收上采用一般计税方法，价税合计111万元；如果选择清包工，那么在税收上采用简易计税方法，价税合计103万元。

案例分析

（1）预计外购材料不含税金额为48万元，可取得税率为17%的进项税额，试计算并分析何种计税方法较合算。

一般计税方法计算应纳增值税＝111/(1＋11%)×11%－48×17%＝11－8.16＝2.84(万元)

简易计税方法计算应纳增值税＝103/(1＋3%)×3%＝3(万元)

当48万元＞47.06%×100万元，即外购材料不含税金额＞47.06%×自营业务销售额时，选择一般计税方法较合算。

（2）预计外购材料不含税金额为47.06万元，可取得税率为17%的进项税额，试计算并分析何种计税方法较合算。

一般计税方法计算应纳增值税＝111/(1＋11%)×11%－47.06×17%＝11－8.00＝3（万元）

简易计税方法计算应纳增值税＝103/(1＋3%)×3%＝3(万元)

当47.06万元＝47.06%×100万元，即外购材料不含税金额＝47.06%×自营业务销售额时，选择一般计税方法和简易计税方法应纳税额一样。

（3）预计外购材料不含税金额为47万元，可取得税率为17%的进项税额，试计算并分析何种计税方法较合算。

一般计税方法计算应纳增值税＝111/(1＋11%)×11%－47×17%＝11－7.99＝3.01(万元)

简易计税方法计算应纳增值税＝103/(1＋3%)×3%＝3(万元)

当47万元<47.06%×100万元，即外购材料不含税金额<47.06%×自营业务销售额时，选择简易计税方法较合算。

确定成本控制的原则是保证造价控制的根本，为确保项目成本目标的实现，应确定成本控制的原则。成本控制的原则应当是目标成本控制原则、全过程成本控制原则、动态控制原则、节约原则和全员成本控制原则。其中，动态控制、处理好财税问题和规避涉税风险则是成本控制的一个重要环节。

成本控制是在不断变化的环境中进行的管理活动，动态控制就是在施工过程中收集成本发生的实际数据，不断地将成本计划目标与实际发生值进行比较，找出干扰因素，分析成本偏差的原因，主动采取控制措施和筹划工具，保证成本控制在目标范围内。

案例

营改增后建筑劳务公司派遣人员工资结算案例精解

新华建筑公司（用工单位）与振兴人力资源有限公司（劳务派遣公司，以下简称振兴公司）签订劳务派遣合同，按期支付劳务派遣公司费用100万元（劳务派遣公司出具劳务费发票100万元），其中，支付被派遣人员工资78万元，社保费用10万元，福利费用2万元，管理费用10万元，取得增值税进项税额1万元。对于该公司来说，应当如何选择结算方式？

案例分析

首先需要明确有关公司是否有劳务派遣相关资质，若有相关资质，《财政部 国家税务总局关于进一步明确全面推开营改增试点有关劳务派遣服务、收费公路通行费抵扣等政策的通知》（财税〔2016〕47号）规定，一般纳税人及小规模纳税人提供劳务派遣服务，可以按照36号文件的有关规定，以取得的全部价款和价外费用为销售额，一般纳税人按照一般计税方法计税、小规模纳税人按简易计税方法依3%的征收率计算缴纳增值税；一般纳税人和小规模纳税人也可以选择差额纳税，以取得的全部价款和价外费用，扣除代替用工单位支付给劳务派遣员工的工资、福利和为其办理社会保险及住房公积金后的余额为销售额，按照简易计税方法依5%的征收率计算缴纳增值税。选择差额纳税的纳税人，向用工单位收取用于支付给劳务派遣员工工资、福利和为其办理社会保险及住房公积金的费用，不得开具增值税专用发票，可以开具普通发票。

1. 一般纳税人

（1）选择一般方法。以取得的全部价款和价外费用为销售额，适用税率为6%。

（2）选择差额征收方法（必须同时适用5%税率的简易计税方法）。以取得的全部价款和价外费用，扣除代用工单位支付给劳务派遣员工的工资、福利和为其办理社会保险及住房公积金后的余额为销售额，按照简易计税方法依5%的征收率缴纳增值税。

2. 小规模纳税人

（1）选择一般方法。以取得的全部价款和价外费用为销售额，适用税率为3%。

（2）选择差额征收方法（必须同时适用5%税率的简易计税方法）。以取得的全部价款和价外费用，扣除代用工单位支付给劳务派遣员工的工资、福利和为其办理社会保险及住房公积金后的余额为销售额，按照简易计税方法依5%的征收率缴纳增值税。

也就是说，选择差额征收方法必须同时采用简易计税方法，简易计税的税率为5%。

若无劳务派遣公司相关资质，则不能享受差额征税政策。

3. 业务分析

对于振兴公司来说，如果该企业是增值税一般纳税人，那么在具体结算方式上有两个选择：①按照一般计税方法计算；②按照简易计税方法（差额纳税）计算。

（1）按照一般计税方法计算振兴公司应缴纳的增值税为

应缴纳增值税 = 100/(1 + 6%) × 6% − 1

= 94.34 × 6% − 1

= 4.66(万元)

（2）按照简易计税方法（差额纳税）计算振兴公司应缴纳的增值税为

应缴纳增值税 = (100 − 78 − 10 − 2)/(1 + 5%) × 5%

= 9.52 × 5%

= 0.48(万元)

4. 分析结论

通过以上分析和计算可以发现，振兴公司选择简易计税方法计算增值税，比选择一般计税方法计算增值税省4.18(4.66 − 0.48)万元。

专家点评

对于劳务派遣公司而言，除了分析税收负担之外，还需要注意经营手段的使用。《国家税务总局关于全面推开营业税改征增值税试点有关税收征收管理事项的公告》（国家税务总局公告〔2016〕23号）第四条第（二）款规定，按照现行政策规定适用差额征税办法缴纳增值税，且不得全额开具增值税发票的（财政部、国家税务总局另有规定的除外)，纳税人自行开具或者税务机关代开增值税专用发票时，通过新系统中差额征税开票功能开具增值税发票。

(1) 选择一般计税方法的一般纳税人提供劳务派遣服务的发票开具：全额开具增值税专用发票。

用人单位接受服务方按取得的增值税专用发票上注明的增值税额和相关规定抵扣进项税额。

(2) 选择简易计税的方法一般纳税人和小规模纳税人提供劳务派遣服务的发票开具：依照5%征收率（差额纳税)，按照差额办法开具发票。

根据财税〔2016〕47号文件的规定，选择差额纳税的纳税人，向用工单位收取用于支付给劳务派遣员工工资、福利和为其办理社会保险及住房公积金的费用，不得开具增值税专用发票，可以开具普通发票。

按照差额办法开具发票，即纳税人自行开具增值税发票时，通过新系统中差额征税开票功能，录入含税销售额（全部价款和价外费用）和扣除额（支付给劳务派遣员工工资、福利和为其办理社会保险及住房公积金的费用)，系统自动计算税额和不含税金额，备注栏自动打印“差额征税”字样，发票开具不应与其他应税行为混开。

在差额开票的情况下，用人单位接受劳务派遣服务方按取得的增值税专用发票上注明的增值税额和相关规定抵扣进项税额。

(3) 小规模纳税人的劳务派遣公司选择在简易计税3%征收率征税的情况下，劳务派遣公司到当地税务机关全额代开增值税专用发票，用人单位接受劳务派遣服务按取得代开的增值税专用发票上注明的增值税额和相关规定抵扣进项税额。

工程设备经营的结算模式筹划案例精解

税收政策和相关法律法规是所有纳税人都必须严格遵守的游戏规则，具有普遍性特征，而某项经济业务的纳税遵从具有特殊性。那么，具体的涉税事项与具有普遍性特征的税收法律法规的结合点在哪里呢?

案例

振华机械工程有限公司成立于2008年10月，法人代表是王振华，主要从事建筑机械设备、工程机械设备、生产设备、通用机械的租赁业务；建筑机械及工程机械的施工、安装、维修和装卸搬运服务等。该企业于2012年10月1日纳入“营改增”范围，企业所得税属国税征管。2016年2月15日，主管税务机关对该企业营改增以后的经营情况进行了检查。

案例分析

一、查前分析

振华机械工程有限公司的投资人是美国的一家上市公司，企业的内部管理相对比较规范；注册地在南京，但其管理机构在北京，服务场所在全国各地且与建筑业务配套，所以，其业务的涉税事项受项目所在地税务管理特点制约。该企业的主营业务是将塔式起重机提供给施工单位，同时为使设备能够使用而进行预埋、安装，在塔机使用过程中对其顶升和使用完成后进行拆卸，因此企业自己将其业务划分为租赁业务和安装拆卸业务两部分申报缴纳营业税，适用租赁业5%和建筑安装业3%的税率。

营改增之后，该企业将安拆和租赁收入分别申报3%及5%的营业税；老设备的租赁收入申报3%的增值税，新塔吊租赁收入申报17%的增值税。

根据企业申报情况，检查预案以收入划分核算核查为重点制定。同时，在充分考虑检查团队成员个人特点的基础上，检查工作以查账年度业务与基础性项目工作相结合的方式统筹安排和分工。

1. 检查项目突出重点

根据举报线索，检查人员分析了企业可能存在的涉税疑点，并将其进行风险排序，结合检查项目之间的关联性进行了合理的布局，检查所属期限内的如下事项：

（1）对该企业相关业务营改增前后政策进行归集和梳理。

（2）分析和查证该企业销售项目的划分情况。

（3）检查主营业务收入、应交税费总账和明细账。

（4）检查取得增值税进项税额的转出情况。

（5）检查应税所得的确认情况。

2. 利用电子查账手段

由于企业规模大，有关业务的会计核算流程比较复杂，则利用电子查账是比较理想的手段，所以预案的另一个重要方面是了解和掌握该企业的财务软件信息，制定电子查账实施计划。检查组利用互联网搜索引擎，了解到该企业是上市集团性企业的下属子公司，其使用网络服务器的可能性较大，检查组做好了使用人工采集方法的各项准备工作。

二、稽查过程

检查人员综合企业情况以及各方汇总的资料，对该企业的纳税情况进行了检查。

1. 账面检查，理顺头绪

与预计的情况一致，检查实施过程中检查组发现该企业财务软件服务器在上海总部，调取完整的电子账套不现实，只是采集到部分科目信息。于是，按照流程决定先行调取该企业的纸质账册和凭证。

检查人员通过调账检查落实如下问题：

（1）企业经营活动的特点。根据财务资料对其经营情况和会计核算过程做总体分析，重点了解其收入确认的依据、确认方法、会计核算流程等。

（2）收入的申报情况。该企业提供的主营业务申报内容包括租赁业务、设备预埋和安装以及设备拆卸业务等。

（3）企业的成本和费用核算情况。重点抽查了成本核算的流程、核算方法、相关费用列支的依据等。

（4）大宗业务的具体内容。该企业的生产设备主要是通过融资租赁的方式取得的，因此，检查人员重点查看了融资租赁业务的操作过程、费用计算方法及依据。

与此同时，明确本次稽查的重点疑问：该企业取得的增值税专用票据是否合法？来源渠道是否合法？操作流程是否妥当？增值税进项税额是如何核算的？转出税金是否正确？

2. 逻辑分析，初战“告捷”

在检查过程中，检查人员通过对有关业务合同（协议书）、账面记录、有关业务凭证、发票开具、纳税申报的核实和比对分析，了解到企业总体业务情况和交易过程；对有代表性的业务进行重点核查：通过对项目名称、合同编号、设备编号排序分析，从而了解有关业务的涉税界定情况。

由于该企业经营业务的特殊性，一台塔式起重机的服务期限短的为2~3年，长的则为5~6年，且按月取得收入，因此会计核算相当复杂，每月都有40多本会计凭证。于是检查人员历时三个月对15 000多个数据进行了具体分析和研究。

通过分析和研究，发现了该企业收入划分问题及取得的增值税进项税额不能正确核算问题。但是对此意见，该企业财务负责人却不认可，他们拿出与国家税务局总局，上海、深圳、江苏省主管税务机关沟通的书面答复意见。

于是，检查人员拿出该企业检查期限内金额在1万元以上的运输业务、辅助材料及设备使用分析资料。在强有力的数据面前，该企业负责人不得不承认，根据财税〔2013〕106号第二十六条规定，确认该企业少转出增值税进项税额2 069 109.58元。

不过，这个成果被企业的另外一个差错冲销了。该企业在确定租赁业务中，将安拆业务收入15 690 276.51元也纳入其中，多计增值税销项税额2 667 347.01元。

转出进项税额计算公式为

不得抵扣的进项税额＝当期无法划分的全部进项税额×（当期简易计税方法计

税项目销售额＋非增值税应税劳务营业额＋免征增值税项目销售额）/（当期全部销售额＋当期全部营业额）

以上结算的结果，还需要退给企业增值税1 629 716.97元。

3. 现场核查，峰回路转

检查结果出来后，检查人员感觉心中的疑问没有解开：

（1）该企业提供的只是一项完整的设备出租业务，能否将其间的不同技术环节分解成安拆、基础预埋和租赁业务申报缴纳增值税呢？

（2）对“以塔吊对外提供服务”这一具体事项的业务定性，该企业在不同的时期存在不同的说法，那么具体应当如何界定？

于是，检查组通过审批流程到企业的现场进行实地考察。

检查人员到该企业的管理机构，与总经理、人力资源经理和财务经理进行了交流，分析企业对外服务事项的具体业务流程；查看企业用工合同、考勤办法、工作日志以及工资奖金发放操作流水记录；深入该企业在北京地区的三个作业现场，具体了解设备作业情况，与现场负责人、设备操作人员进行交流和取证。

通过现场调查取证，掌握了如下事实：

（1）该企业以塔吊设备对外提供服务是一个完整的过程，预埋、安装和拆卸等具体事项都是为塔吊实现装卸搬运服务功能而服务的，存在内在因果关系。

（2）该企业的主营业务内容是以自己的设备（起重机）、由自己的员工操作，为建设方提供装卸搬运服务。

（3）该企业对外提供少量的纯租赁和纯安装拆卸业务，会计核算清楚，界限明显。

三、税务处理

（1）根据财税〔2012〕71号、财税〔2013〕37号以及财税〔2013〕106号附件1《营业税改征增值税试点实施办法》第一条、第八条、第十二条第（三）款、第十五条、第十八条、第二十六条规定，该企业的流转税申报应当做相应的调整。另外，根据《企业所得税法》第一条、第四条、第五条的规定，其企业所得税也需要做相应的调整。因此：

1）该企业2012年10月1日—2014年12月31日将部分物流辅助服务收入以一般增值税收入和简易征收办法申报增值税；而另一部分物流辅助服务收入则在新合同新设备、老合同老设备、新合同老设备、老合同名义下，以安拆和租赁服务收入分别按3%和5%的营业税，以上各项收入应当按6%计算增值税销项税额20 010 366.97元。

2）该企业当期取得增值税进项税总额为15 794 739.85万元，其中，不可划分的增值税进项税额为4 901 167.65元，应做进项税额转出的为17 329.99元，已做进项税额转出的为652 335.95元。

3）该企业当期应当补缴增值税3 728 654.89万元。

4）收入计算口径调整：2012年1月1日—2014年12月30日当期调整前申报收入为419 666 478.7元，调整后确认收入为416 744 486.44元，在当期列支不该缴纳的营业税费用为6 643 394.659 3元，城市维护建设 税、教育费附加及地方教育附加为797 207.36元，进项税额转出在所得税前多列支635 005.96元，合计应增加计税所得1 272 940.89元。

（2）根据《税收征收管理法》第三十二条规定，对上述未按规定申报缴纳的增值税3 728 654.89元和企业所得税1 288 403.92元（合计5 017 058.81元）应加收滞纳金。

（3）根据《税收征收管理法》第六十三条规定，对该企业给予所偷税款0.5倍的处罚。

专家点评

该案例揭示了企业经营和结算模式的涉税问题，从企业的角度讲，每个企业都希望少缴税，但是，只有在合法的前提下进行税收筹划，才能最终实现税收利益最大化。因此，纳税人应当从中吸取深刻的教训：

（1）应当对涉税政策进行系统的研究，从而掌握政策的原理。基于租赁业务与建筑安装在税率上存在差异，该企业在签署业务合同的过程中，应将相关业务划分为裸机租赁、安拆、基础预埋等项目，并据此按5%和3%申报缴纳营业税，几年过去，税务机关并未提出质疑。而实行营改增以后，企业沿袭了这种做法，将老设备按3%申报增值税，老合同中的租赁业务按5%申报营业税，安拆业务则按3%申报营业税，合计共缴纳营业税6 525 074.68元。事实上，这样操作不符合增值税的征税原理。

（2）应当关注税法的特殊规定。在营改增政策中有光租业务和干租业务的说法，应将其界定为有形动产经营性租赁，但是此界定有前提，即远洋运输和航空运输，不能将其无限推广到为建筑提供配套的服务业务中。

（3）应当注意业务模式、结算形式和方式与税收政策的联结。光租业务和干租业务只将设备在约定的时间内出租给他人使用，不配备操作人员，不承担运输过程中发生的各项费用，只收取固定租赁费的业务活动。而以装卸搬运为内容的物流辅助服务，是指使用装卸搬运工具或人力、畜力将货物在运输工具之间、装卸现场之间或者运输工具与装卸现场之间进行装卸和搬运的业务活动。因此，企业应当注意生产和经营现场对有关业务流程进行研究。

（4）注意协议书（合同）的签署要点。在签署合作协议的过程中，应当注意专业事项的对应表述提供“设备租赁服务”与提供“物流辅助服务”业务是两个完全不同的服务方式，其合作协议的内容、资金结算模式和方式都有明显差异，这种差异应当在协议书中明确描述清楚。如“派员用自己的设备为客户提供装卸搬运业务”这个前提，就是按“物流辅助服务”征收增值税的关键要素，如果这个要素在协议中明确，就不存在争议。

营改增后，同样的工程结算方式为何结果不同

营改增后对混合销售行为，应按销售货物或服务全额缴纳增值税，而不是以划分确定的货物销售额和建筑安装服务销售额分别核算，适用不同税率。

案例

A 公司主营生产销售铝合金门窗，兼营铝合金门窗安装业务，属于一般纳税人。2016 年 3 月，销售给 B 公司铝合金门窗并负责安装，金额为 1 000 万元，未单独核算，主管税务机关核定其货物销售额为 700 万元。

同年 4 月，销售给 C 公司铝合金门窗并负责安装，金额为 1 000 万元，并与 C 公司签订了两份合同：一份是铝合金门窗销售合同，金额为 600 万元；另一份是负责安装合同，金额为 400 万元，并在账务上分开核算，分别进行增值税和营业税纳税申报。

同年 5 月，销售给 D 公司铝合金门窗并负责安装，金额为 1 000 万元，同样采用以签订两份合同的方式，划分货物销售 600 万元，建筑安装 400 万元，在账务上分开核算，分别以货物销售、建筑安装服务的适用税率进行增值税纳税申报。

同年 10 月，主管税务机关对 A 公司检查时，责令其对 5 月此笔销售业务的申报情况进行纳税调整，全部按货物的销售额征收增值税。

对此，A 公司一头雾水。同样的销售业务，在 3 月未划分货物销售额时，税务机关核定其销售额；4 月，此笔业务签订了两份合同，分开核算纳税，得到了确认；5 月，税务机关又不认可这种合同方式，需要纳税调整，补交增值税税款 18.49 万元，还加收 1 万多元滞纳金，这是怎么回事呢？

案例分析

根据《增值税暂行条例实施细则》第五条规定，一项销售行为如果既涉及货物又涉及非增值税应税劳务，为混合销售行为。第六条规定，纳税人的下列混合销售行为，应当分别核算货物的销售额和非增值税应税劳务的营业额，并根据其销售货物的销售额计算缴纳增值税，非增值税应税劳务的营业额不缴纳增值税；未分别核算的，由主管税务机关核定其货物的销售额：销售自产货物并同时提供建筑业劳务的行为。

《国家税务总局关于纳税人销售自产货物并同时提供建筑业劳务有关税收问题的公告》（国家税务总局公告〔2011〕23号）中明确，纳税人销售自产货物同时提供建筑业劳务，应按照《中华人民共和国增值税暂行条例实施细则》第六条及《中华人民共和国营业税暂行条例实施细则》第七条规定，分别核算其货物的销售额和建筑业劳务的营业额，并根据其货物的销售额计算缴纳增值税，根据其建筑业劳务的营业额计算缴纳营业税。未分别核算的，由主管税务机关分别核定其货物的销售额和建筑业劳务的营业额。

纳税人销售自产货物同时提供建筑业劳务，须向建筑业劳务发生地主管地方税务机关提供其机构所在地主管国家税务机关出具的本纳税人属于从事货物生产的单位或个人的证明。建筑业劳务发生地主管地方税务机关根据纳税人持有的证明，按本公告有关规定计算征收营业税。

2016年5月1日全面实行营改增后，根据《财政部　国家税务总局关于全面推开营业税改征增值税试点的通知》（财税〔2016〕36号）第四十条规定，一项销售行为如果既涉及服务又涉及货物，为混合销售。从事货物的生产、批发或者零售的单位和个体工商户的混合销售行为，按照销售货物缴纳增值税。

A公司主营生产销售铝合金门窗，兼营铝合金门窗安装业务，上述既涉及货物销售又涉及安装业务，属于混合销售行为。在营改增前，既涉及增值税，又涉及营业税。由于A公司3月的销售未分别核算，故有主管税务机关核定其货物销售额为700万元。因此，A公司对4月该项业务根据国家税务总局公告〔2011〕23号文件进行税收筹划，以合同方式将其货物和劳务金额分开核算（本文不考虑金额划分是否得当），符合税收的相关规定，比3月节税11万余元，无须调整增值税纳税，A公司以此方式进行了申报。

A公司发现，销售与安装两者存在着6%的税率差，但仍是签订了同样的两份业务合同，分别交税，因此被税务局要求补交增值税税款并按规定加收滞纳金。

专家点评

工程建设周期长，耗用资金数大，为使建筑安装企业在施工中耗用的资金及时得到补偿，需要对工程价款进行中间结算（进度款结算）、年终结算，全部工程竣工验收后应进行竣工结算。在会计科目设置中，工程结算为建造承包商专用的会计科目。工程结算是工程项目承包中的一项十分重要的工作。

工程结算编制的依据如下：

（1）国家有关法律、法规、规章制度和相关的司法解释。

（2）国务院建设行政主管部门以及各省、自治区、直辖市和有关部门发布的工程造价计价标准、计价办法、有关规定及相关解释。

(3) 施工方承包合同、专业分包合同及补充合同，有关材料、设备采购合同。

(4) 招投标文件，包括招标答疑文件、投标承诺、中标报价书及其组成内容。

(5) 工程竣工图或施工图、施工图会审记录，经批准的施工组织设计，以及设计变更、工程洽商和相关会议纪要。

(6) 经批准的开、竣工报告或停、复工报告。

(7) 建设工程工程量清单计价规范或工程预算定额、费用定额及价格信息、调价规定等。

(8) 工程预算书。

(9) 影响工程造价的相关资料。

(10) 安装工程定额基价。

(11) 结算编制委托合同。

企业申报纳税与工程结算有很大的关系，其中，拥有一份根据有关法律规定和税收筹划理念签署的合同（协议书）意义十分重大。税收筹划既要符合税法的要求，又要适应税收法规的变化。这里仅从税收的角度讲，对于从事建筑施工的纳税人来说，应当注意以下几点：

(1) 注意把握混合销售行为的本质。首先，一项销售行为是混合销售行为成立的前提，如果能划分成两种行为就是兼营，这也是混合销售行为与兼营的本质区别。其次，销售行为中涉及的货物销售与服务两者的因果关系，是判断是否符合混合销售行为的标准，即服务是否为伴随着该货物的销售而同时产生并提供的，两者应互为依存。

根据《增值税暂行条例实施细则》规定，可以通过业务合同等方式加以筹划。这并不意味着改变了混合销售行为的实质界定，只是核算形式上的要求，往往容易造成对混合销售行为认识上的误区，把一项行为划分为独立的两项行为。

(2) 注重把握税收法规的关键点变化。2016 年 5 月 1 日全面实行营改增后，混合销售行为定义的本质并没有发生变化，变化的只是计税依据。营改增前，对销售自产货物并同时提供建筑业劳务等特定行为，分别以货物销售、劳务的金额作为计税依据，计算缴纳增值税。营改增后，统一按货物销售额或服务额全额作为计税依据缴纳增值税。因此，涉税筹划必须时刻关注税收法规的具体要求，并不断调整。

(3) 注意营改增后，各地理解和落实口径。部分地区根据国家税务总局公告〔2011〕23 号文件允许类似于生产销售铝合金门窗，兼营铝合金门窗安装的业务可以分别核算，分别申报纳税。

第八章 建筑施工企业日常业务的营改增案例精解

对一个正常从事生产和经营的企业来说，日常经营需要处理的业务很多，但是在这里，仅讨论建筑施工企业营改增以后所特有的部分业务的涉税问题。比如，原来许多施工队都是以“非公司”形式以项目组（队）的名义“挂靠”在一个有资质的公司名下活动，或者用其他企业的资质去招投标，然后支付一定的“管理费”就可以实施经营活动了，而实行营改增以后，上述活动就难以进行了。所以，大量的“施工队”就应当公司化，那么，这些小公司的税收身份如何确定？如何打理好自己的设备？如何处理好采购过程中的票据问题？诸如此类事项的涉税问题应当如何筹划？

案例

小型建筑施工企业纳税身份的营改增案例精解

北京中原建筑施工有限公司（以下简称中原建筑施工）是一家新办的建筑施工企业。根据该企业的老板张长顺测算，中原建筑施工在正常情况下年度业务量大约为480万元，其能够取得增值税进项税额扣除的成本和费用项目估计占销售额的30%。

现在张老板需要咨询的问题，是在营改增条件下对于张老板的企业而言，应当如何操作呢？

案例分析

一、问题疏理

作为咨询专家遇到的第一个问题：张老板想咨询什么事项？

对于张老板，可以按照如下的思路去把握：张老板已经在工商管理部门注册，现在想到在企业新办环节的税收问题，对于他在创办这个建筑施工企业的时候，应当如何操作，才能在将来的经营过程中获得更大的税收利益？

张老板遇到的问题应当是纳税人身份的把握问题。对于张老板来说，他的眼光具有前瞻性，他想到未来企业的身份选择问题，是申请认定为增值税一般纳税人好呢？还是以小规模纳税人的身份经营好呢？

二、业务分析

本案例所反映的问题是多数小型企业在承办过程中遇到的问题，对于小型企业的增值税纳税人身份问题，企业应当未雨绸缪，提前进行筹划。

1. 进项抵扣额在较少条件下的涉税分析

中原建筑施工在正常情况下年度销售额为480万元，能够取得增值税进项税额扣除的成本和费用项目只占销售额的30%。如果中原建筑施工作为增值税一般纳税人，假设该企业所占销售额30%的成本和费用项目都符合增值税进项税额扣除的要求，并且其适用税率都为17%，那么该企业应当计算缴纳增值税为

480×11%－480×30%×17%＝28.32（万元）

其增值税的税收负担率为

28.32/480×100%＝5.9%

因为中原建筑施工的年销售额在500万元以下，其纳税人的身份可以自主选择。如果该企业作为增值税小规模纳税人，那么该企业按征收率3%计算缴纳增值税为

480×3%＝14.4（万元）

其增值税的税收负担率为

14.4÷480×100%＝3%

将两者做一个比较可以发现，纳税人的身份不同，税收负担在此差异很大：

5.9%－3%＝2.9%。

如果中原建筑施工作为增值税一般纳税人，其税收负担要比小规模纳税人高得多。

2. 进项抵扣额在较多条件下的涉税分析

中原建筑施工在正常情况下年度销售额大约为480万元，能够取得增值税进项税额扣除的成本和费用项目占销售额的50%。如果该企业作为增值税一般纳税人，假设该企业所占销售额50%的成本和费用项目都符合增值税进项税额扣除的要求，并且其适用税率都为17%，那么中原建筑施工应当计算缴纳增值税为

480×11%－480×50%×17%＝12（万元）

其增值税的税收负担率为

12/480×100%＝2.5%

如果中原建筑施工作为增值税小规模纳税人，其增值税的税收负担率为3%。

将两者做一个比较可以发现，在进项抵扣额较多的条件下，作为一般纳税人的

税收负担可能还会比小规模纳税人低：

$3\% - 2.5\% = 0.5\%$

由此可见，对于小型企业而言，纳税人的身份不同，其差异还是很大的。

3. 增值税一般纳税人与小规模纳税人的平衡点分析

这里以中原建筑施工的经营情况为例，对纳税人在不同身份条件下的税收负担水平进行了试算，结果发现，纳税人在一般纳税人身份条件下，其税收负担比较高。也就是说，就建筑施工企业而言，在多数情况下选择一般纳税人身份不划算。

那么，在什么条件下纳税人才可以选择一般纳税人身份呢？

回答这个问题，就需要计算出增值税一般纳税人与小规模纳税人的税收负担的平衡点。

假设建筑施工企业全面实行营改增以后，与建筑施工业务相关的物耗都可以作为增值税扣除，而企业则按不含税价格缴纳11%的增值税。假设建筑施工业务可抵扣物耗金额为M，则物耗可抵扣增值税的税金为$17\% M$，设销售额为N，则建筑施工企业的销项税额为$11\% N$。

如果令一般纳税人的应纳税额与小规模纳税人的应纳税额相等，则可得增值税一般纳税人与小规模纳税人的税收负担的平衡方程为

$3\% N = 11\% N - 17\% M$

解方程之后，可得扣税平衡点为

$M = 47.06\% N$

这就是说，当建筑施工企业增值税进项物耗占销售额的47.06%时，其当期应纳税额与小规模纳税人相等。换一句话说，当可以抵扣增值税的物耗$M < 47.06\% N$时，作为小规模纳税人有节税空间。

三、分析结论

对于中原建筑施工而言，由于其在正常情况下年度销售额为480万元，其能够取得增值税进项扣除的成本和费用项目估计占销售额的30%，如果仅从承担的税收负担水平的角度讲，其增值税纳税人的身份应当选择小规模纳税人。

四、注意事项

对于建筑施工企业而言，应当注意建立筹划意识，提前做好筹划。这里的关键是，其操作对象是否具备选择的资格，因为《国家税务总局关于全面推开营业税改征增值税试点有关税收征收管理事项的公告》（国家税务总局公告2016年第23号）第二条规定：

（1）试点纳税人应按照本公告规定办理增值税一般纳税人资格登记。

（2）除本公告第二条第（三）项规定的情形外，营改增试点实施前（以下简称试点实施前）销售服务、无形资产或者不动产（以下简称应税行为）的年应税销售额超过500万元的试点纳税人，应向主管国税机关办理增值税一般纳税人资格登记手续。

试点纳税人试点实施前的应税行为年应税销售额按以下公式换算：

应税行为年应税销售额 = 连续不超过12个月应税行为营业额合计/（1 + 3%）

按照现行营业税规定差额征收营业税的试点纳税人，其应税行为营业额按未扣除之前的营业额计算。

试点实施前，试点纳税人偶然发生的转让不动产的营业额，不计入应税行为年应税销售额。

（3）试点实施前已取得增值税一般纳税人资格并兼有应税行为的试点纳税人，不需要重新办理增值税一般纳税人资格登记手续，由主管国税机关制作、送达“税务事项通知书”，告知纳税人。

（4）试点实施前应税行为年应税销售额未超过500万元的试点纳税人，会计核算健全，能够提供准确税务资料的，也可以向主管国税机关办理增值税一般纳税人资格登记。

（5）试点实施前，试点纳税人增值税一般纳税人资格登记可由省国税局按照本公告及相关规定采取预登记措施。

（6）试点实施后，符合条件的试点纳税人应当按照《增值税一般纳税人资格认定管理办法》（国家税务总局令第22号）、《国家税务总局关于调整增值税一般纳税人管理有关事项的公告》（国家税务总局公告2015年第18号）及相关规定，办理增值税一般纳税人资格登记。按照营改增有关规定，应税行为有扣除项目的试点纳税人，其应税行为年应税销售额按未扣除之前的销售额计算。

增值税小规模纳税人偶然发生的转让不动产的销售额，不计入应税行为年应税销售额。

（7）试点纳税人兼有销售货物、提供加工修理修配劳务和应税行为的，应税货物及劳务销售额与应税行为销售额分别计算，分别适用增值税一般纳税人资格登记标准。

兼有销售货物、提供加工修理修配劳务和应税行为，年应税销售额超过财政部、国家税务总局规定标准且不经常发生销售货物、提供加工修理修配劳务和应税行为的单位和个体工商户可选择按照小规模纳税人纳税。

（8）试点纳税人在办理增值税一般纳税人资格登记后，发生增值税偷税、骗取出口退税和虚开增值税扣税凭证等行为的，主管国税机关可以对其实行6个月的纳税辅导期管理。

专家点评

随着《财政部、国家税务总局关于全面推开营业税改征增值税试点的通知》（财税〔2016〕36号）的全面实施，纳税人身份的认定是本次“税改”备受关注的焦点。财税〔2016〕36号文件规定，一般纳税人应税服务年销售额标准为500万元；财政部和国家税务总局可以根据试点情况对应税服务年销售额标准进行调整。提供应税服务的增值税一般纳税人认定标准为500万元，远高于现行50万元（适用于生产型企业）和80万元（适用于贸易型企业）的标准。这就意味着大部分服务型企业将被作为小规模纳税人管理，适用3%的增值税征收率。

但是，如果销售超过500万元已经被认定为一般纳税人的企业，还可以在计税方法上筹划降低税收负担。财税〔2016〕36号文件附件2：《营业税改征增值税试点有关事项的规定》第一条第（七）款就建筑服务明确：

（1）一般纳税人以清包工方式提供的建筑服务，可以选择适用简易计税方法计税。

以清包工方式提供建筑服务，是指施工方不采购建筑工程所需的材料或只采购辅助材料，并收取人工费、管理费或者其他费用的建筑服务。

（2）一般纳税人为甲供工程提供的建筑服务，可以选择适用简易计税方法计税。

甲供工程，是指全部或部分设备、材料、动力由工程发包方自行采购的建筑工程。

（3）一般纳税人为建筑工程老项目提供的建筑服务，可以选择适用简易计税方法计税。

建筑工程老项目，是指：

1）“建筑工程施工许可证”注明的合同开工日期在2016年4月30日前的建筑工程项目。

2）未取得“建筑工程施工许可证”的，建筑工程承包合同注明的开工日期在2016年4月30日前的建筑工程项目。

案例

建筑施工企业利用税收优惠的营改增案例精解

CJ工程建筑公司是一家专门从事基础项目建设的大型企业。从2008年1月28日开始，CJ工程建筑公司在沿江某地投资建设一个码头，该码头一共五个泊位，与某中心城市只有不到一公里的路程，其未来的发展前景十分可观。这个项目于2011年4月26日竣工投产，当年取得收益1 000万元。该公司的财务总监认为，这个收入应当免缴企业所得税。

2017年2月26日，当地主管税务机关对该公司的企业所得税情况进行了检查。在检查过程中发现该公司有2 000万元的计税利润未申报缴纳企业所得税。但是企业却不予认可，于是，双方发生了争执。

为了解决这个问题，该公司决定聘请上海普誉财务咨询有限公司的税务专家对公司的涉税事项进行指导，如果可能，请税务专家帮助公司与税务机关进行协调。税务专家马云峰到现场了解公司的生产经营情况和相关业务的会计核算情况以后，发现问题的症结在于企业人士对相关政策理解不到位。针对上述情况，马云峰便对该公司的管理人员就公共基础设施投资的税收政策进行了讲解。

案例分析

由于基础设施项目基本上属于公共产品，具有为全社会提供服务的属性，在经济发展中具有十分重要的地位。目前我国的基础设施建设还不是很发达，其建设需要的资金投入又十分巨大，为了继续鼓励企业投资建设公共基础设施项目，需要对其给予适当的税收优惠政策。但随着我国市场经济的发展，作为扶持对象的公共基础设施项目也会发生变化，因此，在不同的时期往往会对当期需要扶持的项目做出明确的界定。

我国《企业所得税法》所确认的国家重点扶持的公共基础设施项目，是指“公共基础设施项目企业所得税优惠目录”规定的港口码头、机场、铁路、公路、城市公共交通、电力、水利等项目。纳税人掌握公共基础设施项目投资经营所得税政策，重点需要把握以下几个方面：

1. 能够享受优惠的公共基础设施项目范围

现行税法采取列举的办法，明确规定了港口码头、机场、铁路、公路、城市公共交通、电力、水利等项目为享受优惠的国家重点扶持的公共基础设施项目。

改革开放以来，我国基础设施建设得到了较快发展。但在经济增长加速的情况下，近年来的煤、电、油、运供求关系全面紧张，能源、交通再度成为经济发展的“瓶颈”制约。“十一五”规划纲要把加强基础设施建设放在重要位置，提出要统筹规划、合理布局交通基础设施，加快发展铁路运输，进一步完善公路网络，积极发展水路运输，优化民用机场布局；积极发展电力，以大型高效环保机组为重点优化发展火电，在保护生态基础上有序开发水电，积极推进核电建设，加强电网建设。“十二五”规划纲要还将国家铁路、国家高速公路、重要港口和航道、枢纽机场和重要支线机场、空管设施、南水北调、大江大河治理等重大水利工程列为中央政府投资支持的重要领域。

为了继续鼓励企业投资建设公共基础设施项目，《企业所得税法》第二十七条第（二）项规定，企业从事国家重点扶持的公共基础设施项目投资经营的所得，可以免征、减征企业所得税。由于国家重点扶持的公共基础设施项目需要国家相关部门根据产业结构和产业政策不断调整，因此税法规定，国家重点扶持的公共基础设施的详细项目，由国家相关部门在《公共基础设施项目企业所得税优惠目录》（以下简称《目录》）中具体规定。因此，纳税人应当注意《目录》的适时变化，从而充分享受税收优惠。

2. 优惠的具体办法

《企业所得税法实施条例》第八十七条规定，《企业所得税法》第二十七条所称国家重点扶持的公共基础设施项目，是指《目录》规定的港口码头、机场、铁路、公路、城市公共交通、电力、水利等项目。企业从事前款规定的国家重点扶持的公共基础设施项目的投资经营的所得，自项目取得第一笔生产经营收入所属纳税年度起，第一年至第三年免征企业所得税，第四年至第六年减半征收企业所得税。企业承包经营、承包建设和内部自建自用税法规定的项目，不得享受税法规定的企业所得税优惠政策。基础设施是经济社会发展的重要物质基础。

在这里纳税人应当注意政策的变化。新税法规定的优惠办法，在对优惠的起始点和免征、减半征收期限方面进行了调整。原《外商投资企业和外国企业所得税法实施细则》第七十五条规定，从事港口码头建设的中外合资经营企业，经营期在十五年以上的，经企业申请，所在地的省、自治区、直辖市税务机关批准，从开始获利的年度起，第一年至第五年免征企业所得税，第六年至第十年减半征收企业所得税；在海南经济特区设立的从事机场、港口、码头、铁路、公路、电站、煤矿、水利等基础设施项目的外商投资企业和从事农业开发经营的外商投资企业，经营期在十五年以上的，经企业申请，海南省税务机关批准，从开始获利的年度起，第一年至第五年免征企业所得税，第六年至第十年减半征收企业所得税；在上海浦东新区设立的从事机场、港口、铁路、公路、电站等能源、交通建设项目的外商投资企业，经营期在十五年以上的，经企业申请，上海市税务机关批准，从开始获利的年度起，第一年至第五年免征企业所得税，第六年至第十年减半征收企业所得税。新《企业所得税法》在统一内外企业优惠的基础上，进一步修改了免征的起始点，可以减少企业推迟获利年度的动机。

3. 注意事项

享受相关税收优惠政策，纳税人需要注意相应的问题。按照新版《目录》规定，企业投资7大类18项公共基础设施项目仍然可以享受税收优惠政策，但与老版本相比，新版《目录》抬高了企业享受相关税收优惠政策的“门槛”。纳税人在从事投资公共基础设施项目的过程中应当注意相关税收政策的具体界限。

（1）注意享受税收优惠的主体。

项目的建设仅作为本企业主体经营业务的设施，满足本企业自身的生产经营活动需要，而不属于向他人提供公共服务业务的公共基础设施建设项目。

（2）注意税收优惠的起始点。

（3）注意税收优惠的期限。

（4）注意税收优惠的对象。

（5）注意涉税事项的会计核算。

（6）注意向主管税务机关备案。

（7）注意规避涉税风险。

（8）注意增值税相关优惠政策利用的筹划。

政策背景

《财政部、国家税务总局关于执行公共基础设施项目企业所得税优惠目录有关问题的通知（财税〔2008〕46号）将》执行《目录》的有关问题通知如下：

（1）企业从事《目录》内符合相关条件和技术标准及国家投资管理相关规定，于2008年1月1日后经批准的公共基础设施项目，其投资经营的所得，自该项目取得第一笔生产经营收入所属纳税年度起，第一年至第三年免征企业所得税，第四年至第六年减半征收企业所得税。

第一笔生产经营收入，是指公共基础设施项目已建成并投入运营后所取得的第一笔收入。

（2）企业同时从事不在《目录》范围内的项目取得的所得，应与享受优惠的公共基础设施项目所得分开核算，并合理分摊期间费用，没有分开核算的，不得享受上述企业所得税优惠政策。

（3）企业承包经营、承包建设和内部自建自用公共基础设施项目，不得享受上述企业所得税优惠政策。

（4）根据经济社会发展需要及企业所得税优惠政策实施情况，国务院财政、税务主管部门会同国家发展改革委员会等有关部门适时对《目录》内的项目进行调整和修订，并在报国务院批准后对《目录》进行更新。

《国家税务总局关于实施国家重点扶持的公共基础设施项目企业所得税优惠问题的通知（国税发〔2009〕80号）》将实施该项优惠政策的有关问题通知如下：

（1）对居民企业（以下简称企业）经有关部门批准，从事符合《目录》规定范围、条件和标准的公共基础设施项目的投资经营所得，自该项目取得第一笔生产经营收入所属纳税年度起，第一年至第三年免征企业所得税，第四年至第六年减半征收企业所得税。

企业从事承包经营、承包建设和内部自建自用《目录》规定项目的所得，不得享受前款规定的企业所得税优惠。

（2）本通知所称第一笔生产经营收入，是指公共基础设施项目建成并投入运营（包括试运营）后所取得的第一笔主营业务收入。

（3）本通知所称承包经营，是指与从事该项目经营的法人主体相独立的另一法人经营主体，通过承包该项目的经营管理而取得劳务性收益的经营活动。

（4）本通知所称承包建设，是指与从事该项目经营的法人主体相独立的另一法人经营主体，通过承包该项目的工程建设而取得建筑劳务收益的经营活动。

（5）本通知所称内部自建自用，是指项目的建设仅作为本企业主体经营业务的设施，满足本企业自身的生产经营活动需要，而不属于向他人提供公共服务业务的公共基础设施建设项目。

（6）企业同时从事不在《目录》范围的生产经营项目取得的所得，应与享受优惠的公共基础设施项目经营所得分开核算，并合理分摊企业的期间共同费用；没有单独核算的，不得享受上述企业所得税优惠。

期间共同费用的合理分摊比例可以按照投资额、销售收入、资产额、人员工资等参数确定。上述比例一经确定，不得随意变更。凡特殊情况需要改变的，需报主管税务机关核准。

（7）从事《目录》范围项目投资的居民企业应于从该项目取得的第一笔生产经营收入后15日内向主管税务机关备案并报送如下材料后，方可享受有关企业所得税优惠：

1）有关部门批准该项目文件复印件。

2）该项目完工验收报告复印件。

3）该项目投资额验资报告复印件。

4）税务机关要求提供的其他资料。

案例

营改增后固定资产取得的渠道选择案例精解

HF建筑施工有限公司（以下简称HF公司）是一家中小型建筑安装企业，是增值税一般纳税人。HF公司适用的增值税税率为11%，城市维护建设税税率为7%，教育费附加征收率为3%，企业所得税税率为25%（未享受企业所得税优惠政策）。HF公司虽是负债经营，但经营态势良好。

按照年度财务预算，HF公司计划2017年购置一批小型施工辅助设备。经了解，在当地供应HF公司施工辅助设备的两户供应商中，一户具有增值税一般纳税人资格，另一户是小规模纳税人，但可申请代开增值税专用发票。经初步商洽，小规模纳税人称可给予一定的价格优惠。从税收角度分析，HF公司究竟从哪户供应商中采购设备更有利?

案例分析

为便于分析，暂不考虑资金的时间价值及固定资产的预计净残值。对于HF公司而言，有两个方案可度选择：①向增值税一般纳税人采购设备；②向增值税小规模纳税人采购设备。两个方案比较分析如下：

方案一：向增值税一般纳税人采购设备

HF公司从具有增值税一般纳税人资格的供应商处购入该批设备，并获得供应商开具的增值税专用发票。设备售价（含税）为X万元，公司购入设备而计入固定资产的价值为($X/1.17$)万元，可抵扣的进项税额为($X/1.17\times17\%$)万元，相应的城市维护建设税为($X/1.17\times17\%\times7\%$)万元，教育费附加为($X/1.17\times17\%\times3\%$)万元。因折旧可在企业所得税税前扣除，则折旧可抵扣企业所得税($X/1.17\times25\%$)万元。从净现金流角度分析，公司购置设备要支付含税价格；凭增值税专用发票可抵扣增值税，从而少交增值税和相应的城市维护建设税及教育费附加；因设备的成本可以折旧的方式分期在企业所得税税前扣除，从而少交企业所得税。因此，HF公司购置该批设备，在不考虑资金的时间价值下，净现金流出为

$$X-X/1.17\times17\%-X/1.17\times17\%\times(7\%+3\%)-X/1.17\times25\%=0.6265X\text{（万元）}$$

方案二：向增值税小规模纳税人采购设备

HF公司从小规模纳税人处购入该批设备，并获得税务机关代开的增值税专用发票。设备售价为Y万元，公司购入设备而计入固定资产的价值为（$Y/1.03$）万元，可抵扣的进项税额为（$Y/1.03\times3\%$）万元，相应的城市维护建设税及教育费附加为〔$Y/1.03\times3\%\times(7\%+3\%)$〕万元。因折旧可在企业所得税税前扣除，则折旧可抵扣企业所得税（$Y/1.03\times25\%$）万元。

公司购置该批设备的净现金流出为

$$Y-Y/1.03\times3\%-Y/1.03\times3\%\times(7\%+3\%)-Y/1.03\times25\%=0.7252Y\text{（万元）}$$

根据上述分析可知，当$0.6265X=0.7252Y$时，HF公司选择从一般纳税人处购置设备与从小规模纳税人处购置设备的净现金流出相等，即临界点为$Y=0.6265/$

$0.7252X = 86.39\% X$。当小规模纳税人售价低于一般纳税人售价（含税）的86.39%时，从小规模纳税人处购置有利。反之，则从一般纳税人处购置有利。

不过，HF公司在选择供应商（劳务提供方）时，除了考虑税收因素外，还应综合售后服务、加工便利等因素，选择最优的方案。

专家点评

通过对上述案例进行分析，能够给纳税人一个提示，在进行投资决策的过程中，应当拥有筹划意识，通过合理的筹划，就可以在规避涉税风险的前提下，降低税收成本。此外，在营改增后计税发生了很大的变化，建筑施工企业欲享受增值税抵扣政策，还需关注以下四个关键点：

1. 决策人要熟悉政策

为用好该政策，必须熟练掌握该项税收优惠政策，严格按税法办事。营改增以后税法规定准予抵扣的固定资产范围很广，而且适用多档税率，既包括可以抵扣适用17%税率的机器、机械、运输工具以及其他与生产经营有关的设备、工具、器具，也包括适用11%税率的房屋、建筑物等不动产，有些即使在会计制度下作为固定资产核算，但是，用于非增值税项目、免税项目或者非正常损失的，不得抵扣进项税额。

2. 采购固定资产应尽量获取增值税专用发票

营改增会对企业投资产生正效应，存在使企业扩大投资和设备投资的政策激励，从而对企业收益产生影响。自2016年5月1日起，增值税一般纳税人购进（包括接受捐赠和实物投资）或者自制自建（包括改扩建和安装）固定资产发生的进项税额，可按《税法》有关规定，凭增值税专用发票、海关进口增值税专用缴款书和运输费用结算单据（简称增值税扣税凭证）从销项税额中抵扣。因此，对包括房屋、建筑物在内的购进固定资产、用于自制固定资产的购进货物或增值税应税劳务，应取得增值税专用发票，这样才能享受增值税进项税额抵扣的政策。如果购进时不能分清固定资产用途的，也要取得增值税专用发票，待明确购进固定资产的用途后，再最终决定是否能够进行增值税进项税额的抵扣。

3. 要注意采购固定资产必须选择供货商的纳税人身份

一般纳税人企业在采购固定资产时，必须在不同纳税人身份的供货商之间做出抉择。供货商有两种纳税人身份，即一般纳税人和小规模纳税人。假定购进固定资产的含税价款为S，供货商若为一般纳税人，则其适用的增值税税率为T_1。若供货商为小规模纳税人（能到税务机关代开增值税专用发票），则其适用的增值税税率为T_2。当从一般纳税人供货商和小规模纳税人供货商处购进固定资产时，可抵扣的增值税进项税额分别为 $ST_1/(1+T_1)$ 和 $ST_2/(1+T_2)$。

（1）当一般纳税人的增值税税率 T_1 取值为17%，小规模纳税人的增值税税率 T_2 取值为3%时，则有，17%/(1+17%)>3%/(1+3%)，因此一般纳税人企业从一般纳税人供货商处采购固定资产，能获得更多可抵扣的增值税进项税额。

（2）当一般纳税人的增值税税率 T_1 取值为13%，小规模纳税人的增值税税率 T_2 取值为3%时，则有13%/（1+13%）>3%/（1+3%），因此一般纳税人企业从一般纳税人供货商处采购固定资产，能获得更多可抵扣的增值税进项税额。

企业在设备的购置以及固定资产的日常修理中，对小型维修和零配件的加工，都会考虑是选择增值税一般纳税人还是小规模纳税人作为劳务提供方。对此，企业应事先进行分析比较，选择有利的方案。

4．采购固定资产抵扣增值税时机的选择

当企业购买固定资产时，必须考虑固定资产的购进时机。一般来说，购进企业在出现大量增值税销项税额时期购入，这样在固定资产购进过程中就可以实现进项税额的全额抵扣。若在一定时期，购进固定资产的进项税额大于该时期的销项税额，则购进的固定资产就会出现一部分进项税额不能实现抵扣的现象，从而降低固定资产抵扣的幅度。因此，企业必须对固定资产投资做出财务预算，合理规划投资活动的现金流量，分期分批进行固定资产更新，以实现固定资产投资规模、速度与企业财税目标的相互配合。

案例

营改增后新增设备筹划案例精解

甲公司为某大型露天矿山开采企业，是增值税一般纳税人，2016年开采矿石量为300万吨。因市场对矿石的需求量增加，甲公司预计从2017年开始每年增加产能约100万吨，年矿石产量将达400万吨，时间可持续四年。

2016年以前，甲公司开采的矿石通过外包，由其他工程公司安排挖掘机进行铲装。按目前甲公司的采矿产能，所配置的挖掘机已不能满足生产需要，尚需两辆挖掘机作业方能保证生产。乙公司为某采掘工程公司（私营企业），甲公司所开采的矿石承包给乙公司铲装。现因产能所需，要增加投资购入两辆新挖掘机，以确保甲公司的正常生产。对于新增产能所需要的设备，是继续由乙公司增加挖掘机进行铲装，还是由甲公司自行采购？

案例分析

营改增以后，有关企业获得了很大的筹划空间。这里引用上海普誉财务咨询有限公司提供的资料对上述案例进行分析。

1. 方案设计

预计从2017年开始每年增加产能约100万吨，四年里增加产量将达400万吨。对于新增产能所需要的设备的涉税分析，甲乙公司可以按照如下两个思路进行运作：

（1）由乙公司采购设备继续承包经营。在此思路下，还有两种操作方案：①乙公司给甲公司开具能够抵扣11%的增值税专用发票；②乙公司给甲公司开具能够抵扣3%的增值税专用发票。

（2）由甲公司采购设备，工程承包给乙公司。在此思路下，也有两种操作方案：①乙公司给甲公司开具能够抵扣11%的增值税专用发票；②乙公司给甲公司开具能够抵扣3%的增值税专用发票。

那么，上述两个思路哪个更好呢？哪个又能被双方所接受呢？

2. 业务分析

要回答上述问题，还需要对每个操作方案结合相关税收政策做一个简要分析。上述操作思路可以梳理成四个筹划方案：

（1）由乙公司采购设备继续承包经营，乙公司给甲公司开具能够抵扣11%的增值税专用发票。

（2）由乙公司采购设备继续承包经营，乙公司给甲公司开具能够抵扣3%的增值税专用发票。

（3）由甲公司采购设备，工程承包给乙公司，乙公司给甲公司开具能够抵扣11%的增值税专用发票。

（4）由甲公司采购设备，工程承包给乙公司，乙公司给甲公司开具能够抵扣3%的增值税专用发票。

下面针对以上四个方案进行具体计算和分析。（为便于分析，这里仅分析增值税，计算时保留两位小数）

方案一：由乙公司采购设备继续承包经营，乙公司给甲公司开具能够抵扣11%的增值税专用发票

甲乙公司按原有承包合同经营，矿石铲装费为1.50元/吨，四年增加的总产量预计发生铲装费为

$400 \times 1.50 = 600$（万元）

甲公司承担并支付该部分费用。

根据《财政部、国家税务总局关于全面推开营业税改征增值税试点的通知》（财税〔2016〕36号）规定，建筑服务适用11%的税率。

乙公司购置的挖掘机售价为110万元/辆，两辆挖掘机共计220万元，取得合法有效的增值税专用发票能够抵扣增值税。提供建筑劳务按11%的税率缴纳增值税。

乙公司购入资产当期可抵扣进项税额为

220/1.17×17%=31.97(万元)

则乙公司四年内的新增产量需缴纳增值税为

600/1.11×11%-31.97=27.49(万元)

在此方案下，甲公司就新增产能外包劳务部分可以抵扣增值税59.46万元。

方案二：由乙公司采购设备继续承包经营，乙公司给甲公司开具能够抵扣3%的增值税专用发票

根据《财政部、国家税务总局关于全面推开营业税改征增值税试点的通知》(财税〔2016〕36号）规定，一般纳税人以清包工方式提供的建筑服务，可以选择适用简易计税方法计税，即按3%计税。甲乙公司按原有承包合同经营，矿石铲装费为1.50元/吨，四年内新增总产量预计发生铲装费为

400×1.50=600(万元)

甲公司承担并支付该部分费用。乙公司采购设备的增值税不能抵扣，则乙公司四年内的总产量需缴纳税费为

600/1.03×3%=17.48(万元)

在此方案下，甲公司就新增产能外包劳务部分可以抵扣增值税17.48万元。

方案三：由甲公司采购设备，工程承包给乙公司，乙公司给甲公司开具能够抵扣11%的增值税专用发票

甲公司购置的挖掘机售价为110万元/辆，两辆挖掘机共计220万元，取得合法有效的增值税专用发票。乙公司提供建筑劳务按11%的税率缴纳增值税，则四年内新增产量需缴纳增值税为

600/1.11×11%=59.46(万元)

在此方案下，甲公司就新增产能外包劳务部分可以抵扣增值税91.43(59.46+31.97)万元。

方案四：由甲方采购设备，工程承包给乙公司，乙公司给甲公司开具能够抵扣3%的增值税专用发票

甲公司购置的挖掘机售价为110万元/辆，两辆挖掘机共计220万元，取得合法有效的增值税专用发票。乙公司提供建筑劳务按3%的税率缴纳增值税，则四年内新增产量需缴纳增值税为

600/1.03×3%=17.48(万元)

在此方案下，甲公司就新增产能外包劳务部分可以抵扣增值税 49.45（17.48 + 31.97）万元。

四个方案汇总表如表 8－1 所示。

表 8－1　四个方案汇总表　　（单位：万元）

方案	乙公司抵税	乙公司交税	甲公司抵税	备注
方案一	31.97	27.49	59.46	乙公司采购
方案二	0	17.48	17.48	
方案三	0	59.46	91.43	
方案四	0	17.48	49.45	

3．分析结论

通过对上述各方案进行计算和分析可以发现，操作方案不同，其双方利益差异比较大。从乙公司的角度讲，无论是否购买设备，如果采用简易计税方式，则其税收负担最低；而从甲公司的角度讲，由乙公司采购设备并采用简易计税方式，其所获得的税收利益最低；但是，如果在不考虑其他因素的条件下采购设备并让乙公司采用一般计税方式，则可以获得最大的税收利益。

专家点评

营改增后，全面实行增值税，其计税方法也随着营改增变得十分复杂。在固定资产投资过程中，除了采购业务的增值税扣除问题，还需要关注融资利息的增值税问题。

在营改增后，对利息也有很多的细节规定。考虑到利息的增值税问题是一个全新事项，所以，在这里将其有关的涉税问题做一个归纳。

1．贷款利息适用的税率

企业收取的利息实际上属于金融服务，金融服务适用的增值税税率为 6%，因此贷款利息的税率也是 6%。

2．贷款利息的进项税额能抵扣

营改增后，存在借款的一般纳税人非常关注借款利息是否能够抵扣的问题，如果借款利息能够抵扣进项税额，则对存在借款的一般纳税人而言绝对是有益的。不过根据《营改增试点实施办法》的规定，纳税人接受贷款服务是不得抵扣进项税额的，同时，纳税人接受贷款服务向贷款方支付的与该笔贷款直接相关的投融资顾问费、手续费、咨询费等费用，其进项税额不得从销项税额中抵扣。

3. 金融企业发放贷款后应收未收利息的增值税

根据《财政部　国家税务总局关于全面推开营业税改征增值税试点的通知》（财税〔2016〕36号）附件3：《营业税改征增值税试点过渡政策的规定》第四条规定，金融企业发放贷款后，自结息日起90天内发生的应收未收利息按现行规定缴纳增值税，自结息日起90天后发生的应收未收利息暂不缴纳增值税，待实际收到利息时按规定缴纳增值税。

也就是自结息日起90天内发生的应收未收利息，应根据权责发生制的原则，按照应收利息的日期确认利息收入缴纳增值税，而自结息日起90天后发生的应收未收利息则按照收付实现制的原则，在实际收到利息时缴纳增值税。

4. 利息收入免征增值税

根据《财政部、国家税务总局关于全面推开营业税改征增值税试点的通知》（财税〔2016〕36号）的规定，下列利息收入免征增值税：

（1）2016年12月31日前，金融机构农户小额贷款。

（2）国家助学贷款。

（3）国债、地方政府债。

（4）人民银行对金融机构的贷款。

（5）住房公积金管理中心用住房公积金在指定的委托银行发放的个人住房贷款。

（6）外汇管理部门在从事国家外汇储备经营过程中，委托金融机构发放的外汇贷款。

（7）统借统还业务中，企业集团或企业集团中的核心企业以及集团所属财务公司按不高于支付给金融机构的借款利率水平或者支付的债券票面利率水平，向企业集团或者集团内下属单位收取的利息。

（8）金融同业往来。

1）金融机构与人民银行所发生的资金往来业务，包括人民银行对一般金融机构贷款，以及人民银行对商业银行的再贴现等。

2）银行联行往来业务，同一银行系统内部不同行、处之间所发生的资金账务往来业务。

3）金融机构间的资金往来业务，是指经人民银行批准，进入全国银行间同业拆借市场的金融机构之间通过全国统一的同业拆借网络进行的短期（一年以下含一年）无担保资金融通行为。

4）金融机构之间开展的转贴现业务。

5. 存款利息的增值税

我国如今的存款利息是非常低的，这样的存款利息还要交税吗？答案是否定的。

根据《财政部　国家税务总局关于全面推开营业税改征增值税试点的通知》（财税〔2016〕36号）的规定，存款利息不征收增值税。这其实也是沿袭了营业税的相关政策规定。

案例

营改增后材料采购业务流程的财税筹划案例精解

SN春风建筑有限公司（以下简称建筑公司）是一家规模不大的建筑施工企业，该公司于2013年3月18日注册成立，在成立的初期公司处于亏损状态，两年里亏损合计为125万元，经过全公司上下的共同努力，2015年才实现扭亏为盈，到2016年12月底，建筑公司实现销售收入18 360万元，实现利润238万元。

基本案情

2016年年初，建筑公司总经理王祥到当地最大的建材场看货，他想采购最近将要生产的一批建筑所需要的石膏板。他在李某的柜台前发现一种石膏板很合他的心思，于是就与其交流。通过谈判，约定一笔石膏板供应生意。

事毕，王经理反复提醒：我公司是一般纳税人企业，我们采购货物，需要对方提供能够抵扣17%的增值税专用发票。你能够提供吗?

个体经营者李某满口答应：没有问题。这样吧，到时候你看货给钱！同时向王经理索要了一张注有建筑公司税号等相关信息的名片。

就这样，该个体经营者李某从天津购进价值385 875元的石膏板给建筑公司，购买时按增值税专用发票开具的要求直接从天津某石膏板生产企业开到建筑公司，购货款由个体经营者李某当场付现金，回来后再与建筑公司结算，显然李某的意图是为该建筑公司代购石膏板。

税务稽查

当2017年3月12日稽查人员到建筑公司进行纳税检查时，发现该笔业务有问题：该公司接受的增值税专用发票中注明的供货方为天津某石膏板生产企业，而建筑公司的货款支付方却是当地建材市场的个体经营者李某，发票开出方与货款接受方不一致。

税务稽查人员认定为代开发票行为，发票上注明的增值税税款65 598.80元不予抵扣，同时罚款50 000元。

案例分析

现行税收政策规定，代购货物行为，凡同时具备以下条件的，不征收增值税；不同时具备以下条件的，无论会计制度规定如何核算，均征收增值税：

（1）受托方不垫付资金。

（2）销售方将发票开具给委托方，并由受托方将该项发票转交给委托方。

（3）受托方按销售方实际收取的销售额和增值税额（如是代理进口货物则为海关代征的增值税额）为委托方结算货款，并另外收取手续费。

根据以上规定，在具体的经营活动中要注意把握以下几点：

（1）要明确代购关系。在该案例中，经营石膏板的个体经营者李某与建筑公司洽谈并明确该业务时，建筑公司要与李某签订代理业务合同，明确相关权利和义务。

（2）个体经营者李某不垫付资金。当建筑公司与李某明确代购业务关系之后，应该先汇一笔资金给李某，然后由李某利用这笔资金去采购石膏板。

（3）个体经营者李某以建筑公司的名义购买石膏板。李某按照建筑公司的要求购买石膏板，同时索要有建筑公司抬头、税号的增值税专用发票，并将发票与石膏板一起交给建筑公司。

（4）李某与建筑公司根据代理协议中议定的服务费标准结算手续费，结算相关的手续费时要有合法的手续和凭证。

筹划难点

本案例所揭示的问题目前比较普遍。在一般情况下，购销活动都存在一一对应的关系。但是，随着经营活动进一步深入，企业的业务流程就会复杂起来。如果当事人能够理清有关业务关系，则问题是不可能发生的。目前的问题是，有关当事人并不了解（或者并不真正理解）税收法律和法规中有关代销、代购以及委托加工等具体业务的规定，从而陷入涉税陷阱。

案例

营改增后采购货物票据确认的案例精解

太湖混凝土有限公司是当地镇政府招商引资的一个重点项目，税务机关内部信息系统显示如下资料：该企业 2015 年实现销售收入为 3 207 248.36 元，进项税额为 465 748.21 元，销项税额为 545 232.23 元，应缴增值税为 79 483.83 元，税负为 2.48%，应纳所得税额为 0。

2016 年实现销售收入为 6 814 578.64 元，销项税额为 1 158 478.37 元，进项税额为946 349.09元，应缴增值税为212 129.28元，税负为3.11%，应纳所得税额为48 036.99元。

税务人员将以上资料进行了系统的分析，发现该企业的增值税纳税情况还算正常，但是企业所得税可能存在问题。做出如此推测的依据是：①该企业是从某市搬迁过来的，企业处于开办期间，而目前部分乡镇在土地征用等方面操作往往不规范，企业的账面表现为有关费用入账不规范；②该企业账面表现是正好持平或者处于微利状态。

案例分析

一、税务稽查

根据已掌握的资料仍不能明确判断是否有问题，需要通过其他资料进一步核实有关情况。2017年3月16日，当地主管税务机关的检查人员进入企业进行实地检查。

经检查，发现该企业在“管理费用”科目中列支的费用存在如下问题：2015年度发票抬头不符列支成本2 732元，个人费用在企业列支成本为9 148元；通过对“在建工程”科目的检查发现，该企业接受财政部门内部的结算凭证列支“土地征用费”摊销为27 377元。应当调增应纳税所得额39 257元。

2016年度在“管理费用”科目中列支的费用存在如下问题：2016年度发票抬头不符列支成本1 921元，个人费用在企业列支成本为1 800元。接受假运输发票11 030元；通过“在建工程”科目的检查发现，该企业接受财政部门内部的结算凭证列支“土地征用费”摊销为136 466.32元，应当调增应纳税所得额150 445.22元。

统一了以上认识以后，对该企业做出如下处理决定：根据《企业所得税暂行条例》第八条规定，补交企业所得税62 601.73元；根据《税收征收管理法》第三十二条规定，加收滞纳金2 606.16元；根据《税收征收管理法》第六十三条规定，处以0.5倍，即31 300.87元的罚款。

结合对本案例的分析，其很多问题反映出企业管理方面的不足，其中的发票管理应当引起管理层面上的注意。同时，纳税人还可以在此基础上举一反三，对其他票据的使用也需要引起注意。

二、操作提示

对于取得镇政府财政所开具的行政事业单位结算凭证，是否可以列入企业费用问题，曾经是基层税务机关的执法盲点。对于行政部门票据的使用，目前的企业财务人员甚至部分税务管理人员存在一个认识误区，认为只要是带财政监制章或者税务监制章的票据，就与发票一样，都可以在企业所得税前列支。而营改增以后又出现抵扣增值税的专用发票等事项，因此，建议大家澄清有关模糊认识。

1. 合法票据的确认

企业在日常业务中除了接收发票外，有时还会收到很多收据。一般而言，企业财务人员都知道发票是合法的凭据，可以入账，而对于收据应当如何处理，却不是很清楚。其实，带有税务或者财政部门监制章的票据与日常所说的“发票”不能画等号，收据也是收付款凭证，它有种类之分。至于能否入账，则要看收据的种类及使用范围。

从收据的作用来划分，收据可以划分为结算凭据和收费收据两大类。结算凭据可以分为内部收据和外部收据。外部收据又分为税务部门监制、财政部门监制、部队收据三种。

结算凭据的特点是用于企业内部各部门、企业与内部员工以及企业与其他单位之间的经济往来业务，而不涉及纳税义务。内部收据是单位内部的自制凭据，用于单位内部发生的业务，如材料内部调拨、收取员工押金、退还多余出差价款等；单位之间发生业务往来，收款方在收款以后不需要纳税的，收款方就可以开具税务部门监制的收据，如收到下属单位归还的借款，因为收到借款不存在纳税义务，所以可以向下属单位开具税务局监制的收据。单位与部队之间发生业务往来，按照规定不需要纳税的，可以使用部队监制的收据。结算收据的账面表现是通过往来会计科目反映有关经济业务内容。这里需要提醒企业财务人员的是，如果涉及采购材料、列支费用等需要在企业所得税列支的项目，就不能用结算收据（或者凭证）了。

此外，目前盖有财政部门监制章的票据有两大类：①行政事业单位结算凭证；②行政事业性收费收据。行政事业单位结算凭证是用于事业单位结算暂存、暂付款项、分摊代办费、单位内部往来、冲减经费支出等。而行政事业性收费收据则用于行政事业单位非经营性收费，如车辆管理收费、社会劳动保险收费、防疫站收取防疫费、环保局收取环保费等，都可以使用财政部门监制的收费收据作为合法的费用凭据。

从税收的角度讲，行政事业单位结算凭证是不能作为企业的正式票据列支有关费用的，而行政事业性收费收据则可以列支有公益或者行政管理职能的费用。当然也就可以在企业所得税前扣除。该混凝土有限公司接受的是财政部门内部的结算凭证，所以有关费用不能在该企业的所得税前扣除。对企业涉税凭证的检查是税务检查的一个重要方面，所以，进行纳税检查也应当从涉税凭证入手。

2. 军队有关单位票据的确认

纳税人在实际经营中，时常与军队事业编制的招待所、出版社、报社、期刊社及科研、设计、检（监）测、修理、工程建设技术机构等发生经济业务来往，如外出时住宿在部队主办的招待所、租用部队所辖房屋等。那么，纳税人能否将取得的中国人民解放军往来票据收据作为税前扣除的合法凭证呢?

军队事业单位属于《增值税暂行条例实施细则》中规定的纳税人，应接受税务机关的管理。《国家税务总局关于军队事业单位对外有偿服务征收企业所得税若干问题的通知》（国税发〔2000〕61 号）规定，军队事业单位应持“中国人民解放军事业单位有偿服务许可证”和“中国人民解放军事业单位有偿服务收费许可证”，按照《税收征收管理法》及其实施细则、《税务登记管理办法》的有关法规，在 2000 年 7 月 1 日前，到所在地主管税务机关办理税务登记。对外有偿服务应使用税务机关统一印制的发票。因此，军队事业单位发生对外提供有偿服务情形的，与其他纳税人一样，都要接受税务机关的管理。

在实际工作中，纳税人最关注的是与军队事业单位发生经营业务应取得何种发票，能够作为可报销凭证在税前扣除。

《国家税务总局关于部队取得应税收入税收征管问题的批复》（国税函〔2000〕466 号）规定，根据《发票管理办法》中“销售商品、提供服务以及从事其他经营活动的单位和个人，对外发生经营业务收取款项，收款方应当向付款方开具发票”和《国家税务总局关于军队事业单位对外有偿服务征收企业所得税若干问题的通知》（国税发〔2000〕61 号）中“对外有偿服务应使用税务机关统一印制的发票”的规定，武警、军队对外出租房屋、提供有偿服务应使用税务机关统一印制的发票。中华人民共和国财政部和中国人民解放军总后勤部发布的《军队票据管理规定》（财字第〔1999〕81 号）第二条和第三十三条也明确规定，本规定所称票据，是指军队单位在业务往来结算，价拨装备、被装、物资、器材，提供服务等非经营性经济活动中开具的收款凭证，是单位财务收支的法定凭证和会计核算的原始凭证。军队在地方工商、税务部门注册登记的保障性和福利性企业，按照国家或地方政府有关票据管理规定执行。

据此，纳税人与军队事业单位发生有偿相关经济业务，应取得其在税务机关领购的发票作为报销凭证。对取得的未按规定开具的票据，根据《发票管理办法》第二十二条的规定，不符合规定的票据，不得作为财务报销凭证，任何单位和个人有权拒收。

3．实行“差额纳税”能够在销售额中扣减增值税的凭证

建筑施工企业和其他相关企业应当注意营改增以后的票据问题，这里列示几个主要文件以做提示。《财政部、国家税务总局关于全面推开营业税改征增值税试点的通知》（财税〔2016〕36 号）附件 2《营业税改征增值税试点有关事项的规定》第一条第三款第 11 项规定，可以从销售额中扣减的业务（差额纳税）需要提供的凭证：①支付给境内单位或者个人的款项，以发票为合法有效凭证；②支付给境外单位或者个人的款项，以该单位或者个人的签收单据为合法有效凭证，税务机关对签收单据有疑义的，可以要求其提供境外公证机构的确认证明；③缴纳的税款，以完税凭证为合法有效凭证；④扣除的政府性基金、行政事业性收费或者向政府支付的土地价款，以省级以上（含省级）财政部门监（印）制的财政票据为合法有效凭证；⑤国家税务总局规定的其他凭证。纳税人取得的上述凭证属于增值税扣税凭证的，其进项税额不得从销项税额中抵扣。

国家税务总局〔2016〕14 号公告第八条规定，纳税人按规定从取得的全部价款和价外费用中扣除不动产购置原价或者取得不动产时的作价的，应当取得符合法律、行政法规和国家税务总局规定的合法有效凭证。否则，不得扣除。上述凭证是指：①税务部门监制的发票；②法院判决书、裁定书、调解书以及仲裁裁决书、公证债权文书；③国家税务总局规定的其他凭证。

4. 不属于虚开发票的特殊情况

在实务过程中，还有一些特殊情况纳税人也需要注意。比如，国家税务总局在《关于纳税人对外开具增值税专用发票有关问题的公告》（国家税务总局公告〔2014〕39 号）中规定，纳税人通过虚开增值税进项税额偷逃税款，但对外开具增值税专用发票同时符合以下情形的，不属于对外虚开增值税专用发票：①纳税人向受票方纳税人销售了货物，或者提供了增值税应税劳务、应税服务；②纳税人向受票方纳税人收取了所销售货物、所提供应税劳务或者应税服务的款项，或者取得了索取销售款项的凭据；③纳税人按规定向受票方纳税人开具的增值税专用发票相关内容，与所销售货物、所提供应税劳务或者应税服务相符，且该增值税专用发票是纳税人合法取得，并以自己名义开具的。

受票方纳税人取得的符合上述情形的增值税专用发票，可以作为增值税扣税凭证抵扣进项税额。

正确运用这个政策，需要把握以下几点：

（1）纳税人对外开具的销售货物的增值税专用发票，纳税人应当拥有货物的所有权，包括以直接购买方式取得货物的所有权，也包括“先卖后买”方式取得货物的所有权。所谓“先卖后买”，是指纳税人将货物销售给下家在前，从上家购买货物在后。

（2）对于挂靠方式开展经营活动的票据使用需要视不同情况分别确定：①如果挂靠方以被挂靠方名义向受票方纳税人销售货物、提供增值税应税劳务或者应税服务，应以被挂靠方为纳税人。被挂靠方作为货物的销售方或者应税劳务、应税服务的提供方，按照相关规定向受票方开具增值税专用发票，属于上述文件规定的情形。②如果挂靠方以自己名义向受票方纳税人销售货物、提供增值税应税劳务或者应税服务，被挂靠方与此项业务无关，则应以挂靠方为纳税人。在这种情况下，被挂靠方向受票方纳税人就该项业务开具增值税专用发票，不在上述文件规定之列。

（3）上述文件规定是对纳税人的某一种行为不属于虚开增值税专用发票所做的规定，目的在于既保护好国家税款安全，又维护好纳税人的合法权益。换一个角度说，该文件规定仅仅界定了纳税人的某一行为不属于虚开增值税专用发票，并不意味着非此即彼，从上述文件规定并不能反推出不符合三种情形的行为就是虚开。

5. 取得走逃（失联）企业开具增值税专用发票的情况

为进一步加强增值税专用发票管理，有效防范税收风险，根据《增值税暂行条例》有关规定，国家税务总局在《关于走逃（失联）企业开具增值税专用发票认定处理有关问题的公告》（国家税务总局公告〔2016〕76 号）就走逃（失联）企业开具增值税专用发票认定处理的有关问题规定如下：

（1）走逃（失联）企业的判定。走逃（失联）企业，是指不履行税收义务并脱离税务机关监管的企业。税务机关通过实地调查、电话查询、涉税事项办理核查以及其他征管手段，仍对企业和企业相关人员查无下落的，或虽然可以联系到企业代理记账、报税人员等，但其并不知情也不能联系到企业实际控制人的，可以判定该企业为走逃（失联）企业。

（2）走逃（失联）企业开具增值税专用发票的处理。税务机关对特定的企业判定为“走逃（失联）企业”后，会对该企业所对应属期开具的增值税专用发票列入异常增值税扣税凭证（以下简称“异常凭证”）范围。在这样的情况下，增值税一般纳税人取得异常凭证，尚未申报抵扣或申报出口退税的，暂不允许抵扣或办理退税；已经申报抵扣的，一律先做进项税额转出；已经办理出口退税的，税务机关可能会按照异常凭证所涉及的退税额对该企业其他已审核通过的应退税款暂缓办理出口退税，无其他应退税款或应退税款小于涉及退税额的，也可能让出口企业提供差额部分的担保。经核实，符合现行增值税进项税额抵扣或出口退税相关规定的，企业可继续申报抵扣，或解除担保并继续办理出口退税。

第九章 建筑施工企业涉税风险的案例精解

数十年来，建筑施工企业为我国的基础设施建设做出了不可磨灭的贡献。但是，由于建筑企业涉及面广，业务操作流程长，遇到的不确定因素多，所以，发生涉税风险的可能性也比较大。为了帮助广大建筑安装企业理解该行业的涉税风险，笔者在这里引用部分税务稽查案例，对目前的建筑施工企业在日常经营活动过程中容易遇到的涉税风险做一个简要提示。

虚列成本的风险案例

建筑施工企业由于施工对象的不同，其利润差异往往很大，因此，同行业企业之间的财务指标往往不具有可比性，于是，部分纳税人就在成本费用上动起了脑筋，如利用重复列支材料、在异地假办公司虚列机械租赁费等。其实，通过上述手段操作的人都存在侥幸心理，为了帮助纳税人认识这一点，在这里引用一个稽查案例，并且将稽查的过程也具体陈述在这里。

稽查案例

2017 年 2 月，某市地税局接到国家税务总局稽查局交办的某路桥建筑有限责任公司涉税举报案件。市地税局责成市稽查局限期查办，尽快查处此案。

某路桥建筑有限责任公司注册资本为 3 000 万元，法人代表是张某，经营范围以公路工程施工为主。公司根据每年中标工程情况成立相应的项目部，每个工程项目应当缴纳的增值税，在施工所在地税务机关申报缴纳，各项目部单独设置账簿，年终损益并入公司统一核算，汇总后统一缴纳企业所得税及其他地方各税。2016 年共有两个施工项目，为甲省某公路 A 标段和 B 标段，均为当年施工及完工决算。

检查预案

根据上级交办的要求，检查组经过仔细研究，确定了具体的检查预案。

（1）对路桥施工企业的财务核算业务进行了学习，熟悉并掌握了相关的行业情况。

（2）查阅企业的一户式档案，了解其财务资料和纳税情况，并同时调阅了本市其他大型路桥建筑公司的财务资料，进行了行业比较，发现该企业与同期同行业其他企业相比，利润率低了10%左右。根据比较结果，确定检查重点在企业所得税特别是成本方面。

（3）根据企业的核算特点，决定对企业本部和两个施工项目部进行同时突击调账检查，不给企业准备的机会，保证财务资料的真实、准确和完整。

稽查实施

根据检查预案，检查人员确定了以下具体检查方法：项目部与本部同时调取账簿；涉及资金流向进行外部调查，从银行等部门取得证据；对异地难以查证的问题发函协查或实地调查。同时，专门拟定了与企业相关人员的谈话方法：视情况采取同一时间或不同时间与企业相关人员分别谈话询问的方式，反复进行正面交锋，宣传法律法规和相关政策，指出其违法手段，由其自己说清事实，争取使企业相关人员彻底抛弃侥幸心理，交代违法事实。

1. 账面检查

在检查初期，由于该企业下属的项目部单独建账，检查组分成不同小组对这两个项目部进行独立检查，这样工作的结果使检查出现信息沟通不畅、各自为战的问题，并且由于事前办案人员没有掌握企业偷逃税的具体线索，且企业法人代表和企业财务人员对税收的法律法规、相关政策和稽查方法有一定的了解，因此检查组对企业突击调账检查中，除发现企业在财务列支中存在多列费用及部分白条入账等一般性问题外，未发现重大偷税问题。在这种情况下，如何筛选企业违法疑点，如何找到案件查处的突破口，成了关键性问题。

2. 寻找疑点

检查组经过反复分析，决定改变就账查账的传统做法，确定以企业账簿和凭证为线索，选择重要疑点，结合外围协查进行案件突破的工作思路。按照新的工作思路，检查组又对企业财务核算账簿和各种原始凭证进行了全面仔细的审查。审查中发现，企业在A、B项目部列支了大额的机械租赁费、材料费及人工费，发票均为施工地税务机关代开的建安及运输业发票，金额近亿元。提供发票的单位是乙省有开票能力的企业，既然有开具发票的资质和能力，为什么要代开？情况明显异常。检查组向提供设备租赁业务的两家企业所在地乙省地税局发出协查函。协查后发现，两家租赁企业虽在乙省注册，但注册后并没有发生业务，已列入非正常户管理。经双方税务机关进一步核查得知，其中之一的租赁企业法人代表王某实际上是T公司员工，检查期间已无法找到王某。

为搞清其业务的真实性，检查组决定，以T公司向租赁方支付的资金流向为切入点，循踪溯源，查明真伪。于是以其支付机械租赁有限公司的第一笔设备租赁费为突破口，检查其汇票去向。经查，T公司A标项目部通过工商银行汇给租赁企业的150万元，未汇入租赁企业账户，汇票收款人为王某；同月，王某又以汇票背书的方式，在开户银行直接将该笔资金背书转让给了T公司。T公司收到该款后入账列入往来款，这样在列支完工程成本后，付出的租赁设备款又回到了本公司账户中，形成“资金回流”。

同时发现，企业在施工材料核算上，工程成本的真实性有待核实。检查组针对A项目部和B项目部同时施工，单独记账的情况，将检查重点放在该企业两个项目部之间往来账的“其他应收款”“其他应付款”“应收账款”及“应付账款”等科目的比对与审核上。将两项目部相关联的往来账款分别制成表格，集中相互比对。经检查发现，该企业2016年度A标段购入施工材料未进入库存而直接列支了工程成本。A标段结束后，将剩余大量已计成本的材料转交给B标段列支，A标段并未冲减工程成本，造成材料成本的重复列支。

3. 调查取证

检查组根据调查出来的违法事实，以及该企业账务核算的特点，理清思路，就企业违法的事实应取得的证据进行梳理，利用计算机绘制图解，将公司、项目部、租赁公司和银行等作为图上个体，用现有的线索绘制其中的款项往来，较直观地判断是否合理，将看似繁杂的业务简单化，找出疑点，进行核实取证。在取证过程中，检查组人员前往施工地进行调查取证，在银行工作人员的配合下，从银行凭证中将所需证据全部找到并复印，固定了证据，为该案件顺利地查处提供了证据保障。

违法事实

某路桥建筑有限公司公司在账簿上重复列支材料费，多列工程材料成本2 026万元；利用在异地假办企业，采取假租赁方式在账簿上多列机械租赁费支出5 629万元，造成少缴企业所得税1 913.75万元。

处理结果

经税务局重大案件审理委员会审理，税务机关依法做出处理决定：

（1）根据《企业所得税法实施条例》第一条、第二条、第六条第（一）款，《企业所得税税前扣除办法》第二条、第三条和《税收征收管理法》第六十三条第

（一）款的规定，追缴该企业少缴的企业所得税 1 913.75 万元。

（2）根据《税收征收管理法》第三十二条规定，对上述税款从滞纳之日起至实际缴纳入库之日止，按日加收滞纳税款万分之五的滞纳金。

根据《税收征收管理法》第六十三条第（一）款规定，对该企业在账簿上多列支出，造成少交企业所得税 1 913.75 万元的行为认定为偷税，处以少交税款 1 倍的罚款。

鉴于该企业偷税行为已涉嫌触犯《中华人民共和国刑法》第二百零一条第（一）款的规定，根据《税收征收管理法》第七十七条和《行政执法机关移送涉嫌犯罪案件的规定》第三条及有关规定，将该企业移送司法机关追究其刑事责任。

建筑安装企业的“外经证”

根据《企业所得税法》的有关规定，建安企业到县外施工的，可凭“外出经营活动税收管理证明”（以下简称“外经证”）回机构所在地缴纳企业所得税。这样凭“外经证”，外出经营建安企业所得税就可脱离经营地的管辖，形成了建安企业税收管辖权的双主体，即增值税由施工地主管地税机关管辖，所得税由机构所在地主管税务机关（包括国税和地税）管辖。施工项目与税收管辖权分离，由于各地管理方式和政策执行口径的不同，必然导致执行税收政策的差异，这就为纳税人选择企业所得税纳税地点提供了机会。下面介绍一个税务稽查案例。

稽查案例

日前，检查人员在对某房地产企业进行检查时，为核实房地产企业工程造价，对几家施工单位负责人进行了约谈。在交谈过程中了解到，在近几年的项目开发过程中，承接施工项目的单位均是外来建安单位，外来建安单位持有“外经证”，马鞍山市地税部门根据机构所在地税务机关出具的“外经证”，开具发票并征收增值税。

当检查人员请某外来建安单位出示其在马鞍山市项目的企业所得税完税凭证及项目账簿时，该建安单位却无法提供完税凭证，并且称以前的账簿遗失，只能提供近期的账簿。从其提供的账簿资料中也无法证明其在机构所在地缴纳了企业所得税。

检查人员意识到该建安单位可能利用现有的外出经营税收管理政策的缺陷，偷欠企业所得税。

稽查过程

检查人员立即将这一情况向稽查局领导汇报。经局长办公会议研究决定，外调检查人员去了解情况。检查人员赶到浙江杭州，会同当地税务部门到该建安单位的机构所在地，对其与马鞍山市的项目部资金往来及企业所得税申报情况进行了解核实。发现企业总部只是进行并表核算，将外出施工项目上报的收入借：内部往来，贷：主营业务收入；同时，根据收入的98%结转成本，借：主营业务成本，贷：内部往来。施工项目都挂靠经营，企业总部对项目部的财务核算既疏于管理，也难以插手，实质上是收取2%的管理费，机构所在地主管税务机关无法对在外地的工程项目成本费用核算和账簿设置保管情况进行了解和监控。而企业总部的企业所得税征收方式是查账征收。

因此检查人员根据外调情况，按照《税收征收管理法》的规定，对该建安单位取得的收入补征企业所得税121万元。

案例分析

此案的调查查处均已结束，无论从哪个角度去分析都不算复杂，然而给我们的思考却是深刻的。

（1）外出经营管理规范难，异地施工税收管理缺位。建筑安装企业大都异地承包施工，对《税收征收管理法》规定的报验、登记和按期申报制度，真正能办理的并不多，等工程决算后再开票交税的情况似乎约定俗成，异地经营户的登记、报验、申报制度缺乏体制保证。外地工程项目漏征漏管的情形时有发生。对于纳税人外来施工而言，如果经营活动在没有税收监控的情况下结束了，则纳税人欠税、偷税追回的难度较大。

（2）外出施工的工程一般单独设账，其会计资料都在工程所在地，企业总部只是进行并表核算，机构所在地主管税务机关无法对在外地的工程项目成本费用核算和账簿设置保管情况进行了解和监控。

由于现在大部分施工项目都挂靠经营，企业总部对项目部的财务核算既疏于管理，也难以插手，甚至有些企业对挂靠的工程项目只收取管理费，财务上并不并账核算，即使并账核算，现实中工程结算也总是拖延，难以及时并账。项目施工地主管税务机关，无法判断工程收入是否并入了机构所在地缴纳企业所得税，项目部不是独立企业纳税人，即使要就地缴纳，也只能进行核定征收或预征。管理中的空档和漏洞，给了纳税人左右逢源的余地。

（3）外出施工建安企业“外经证”的管理上存在漏洞。《税收征收管理法》规定了纳税人临时外出经营，应由主管税务机关开具“外经证”，但无管理的具体办法。由于使用“外经证”有利于机构所在地企业和税收收入，因此对外出经营的建安企业要求开具“外经证”的，只要提供税务登记证和工程合同，机构所在地主管税务机关就乐于开具，但是《税务登记管理办法》规定，“外经证”最长有效期不得超过 180 天，对期满后经营活动未结束是否应续开“外经证”没有明确规定。部分建安企业为了使税款延后缴纳或借机偷逃税款，不在规定期限内缴销“外经证”。由于各地企业所得税附征率或征收率不统一，施工队就会寻找税负低的地区挂靠建筑企业进行偷逃税。

（4）税务机关对“外经证”的管理不到位。机构所在地税务对外出施工企业的“外经证”往往一开了之，只按合同金额预征部分所得税，而预征率又低于施工地企业所得税预征率。特别是经济不发达地区，有很多建筑企业在大城市和经济发达地区进行建筑施工，主管税务机关为了抓住税源，对企业实际经营情况并不关注，对企业是否及时将工程收入并入所在地汇总缴纳所得税并不关注，也不按规定对施工企业应纳的所得税汇算清缴，造成企业凭“外经证”就可以少交税的情况。在票据管理上，过去将“外经证”列为重要的票证管理，有严格的制度。现在“外经证”由主管税务机关从征管系统中开具，且不列为票证管理，领、用、存、废各环节都较随意，容易使“外经证”的管理和使用失控。

建筑安装企业主要涉税风险控制点

建筑安装业是我国经济领域的主力军之一，一般来说，一个建筑安装企业在生产经营上主要包括项目洽谈安排、融资、建材仓储管理、建筑施工、结算分配五大环节。但是，不同规模的项目以及经营模式不同，也会有所差异。营改增之后，由于增值税融入企业生产和经营全流程的各个环节，项目建设的各个环节都与税收有直接的关系，相关环节的正确操作是依法纳税、厉行节约的前提。在此，笔者就建筑安装业在日常操作上存在的主要风险点归纳如下（52 个风险点）：

在项目承揽安排环节存在八个风险点：

（1）从他人手中取得的工程承包项目再转包或分包给他人经营，存在增值税链条配合问题。

（2）与地方政府合作，投资政府土地整治项目的存在进项抵扣和合法有效凭证的取得问题。

（3）在政府土地整治项目中，提供的建筑业劳务取得的收入未申报纳税。

（4）施工企业以他人名义提供劳务未按规定申报纳税。

（5）未认定为增值税一般纳税人的，材料购销涉税处理存在风险。

（6）资质共享，业务流程不配套，未来无法抵减增值税。

（7）组织架构仍然停滞在营业税时期，招标主体与实施主体分离造成多交税。

（8）参与 PPP 项目建设，业务流程设计不合理多交税。

在融资环节存在七个风险点：

（9）为垫资向非金融机构（包括企业和个人）融入的资金利息支出无法取得正规发票，从而导致利息支出无法入账（也会将借款通过货物买卖转化为商业信用融资避税）。

（10）利用融资租赁取得的建筑设备手续不规范，导致费用无法入账多交税。

（11）专用设备贷款未筹划，导致多交税。

（12）采用“售后回租”“售后回购”方式融资的流程操作不规范，导致多交税。

（13）与股东及其他关联方资金往来未支付利息，存在偷逃税问题。

（14）通过关联企业融资，可能存在应付未付利息等纳税调整风险。

（15）参与PPP投资基金，业务流程操作不当而多交税。

在建材仓储环节存在九个风险点：

（16）对工程物资未按用途划分核算。

（17）对“甲供材料”的涉税处理不当（为获得简易计税方法）。

（18）为购进设备和工程物资支付运费中的进项税额操作不当。

（19）人为的因素（管理不善）造成工程物资报废损失，未做涉税处理。

（20）委托外单位加工未取得合法有效凭证。

（21）以工程物资抵减加工费，未取得加工票据无法抵扣进项税额。

（22）职工福利支出（如采购的蔬菜等食堂用品）未取得合法凭证。

（23）工程物资领用（或者费用）未按类型归结，导致“风险应对”涉税风险。

（24）以工程物资与外单位串换其他物资未按规定进行财务核算。

在建筑施工环节存在九个风险点：

（25）BT项目或者BOT项目流程不清晰，相关税项申报不实。

（26）租赁的钢模、脚手架、施工机械等未取得合法凭证，租赁费用无法入账。

（27）发生日常费用支出开具“办公用品”等概念票。

（28）个人生活用品混入生产经营费用入账。

（29）为少交税，实际发生委托加工支出但不索要发票。

（30）接受劳务派遣公司的差额发票未按差额抵税。

（31）劳务用工费用以工资的名义支付。

（32）虚列职工人数，以工资抵冲经营过程中发生的“灰色费用”。

（33）建设现场临时用房的进项税额处理不当。

在工程结算环节存在十五个风险点：

（34）以工程物资抵减加工费未做“材料转让”申报。

（35）将工程物资挪作他用没有做涉税处理。

（36）销售合同（发票）为阴阳合同（发票），未如实申报收入。

（37）工程的进度结算与纳税申报的差异处理不当。

（38）混合销售中人为地调节不同项目的销售额，从而选择低税率申报纳税。

（39）在一个公司里人为地分拆混合销售业务。

（40）货物或者商品销售价格明显偏低（卖给股东或关联方），或未按市场公允价申报纳税。

（41）取得建设方以产品抵账的，未申报纳税。

（42）将抵账物资（其他产品）再处理时未按规定申报纳税。

（43）取得的零星建筑和修理劳务不开票、不申报。

（44）溢余工程物料未确认收益，少交所得税。

（45）调整变更或增加工程项目未按规定确认收入，少申报纳税。

（46）提前竣工奖、工程质量奖等价外费用未按规定确认收入，少申报纳税。

（47）无偿为他人提供服务未做视同销售处理。

（48）个人消费与交际应酬费划分不清。

在发票管理方面存在四个涉税风险点：

（49）取得虚开、代开的增值税专用发票。

（50）提供建筑劳务未注明服务地点，对方无法抵扣增值税。

（51）服务中止未开具相应的发票而多交税。

（52）开具红字发票未按照流程操作。